李 红◎著

农村学校
班主任专业成长研修
共同体的构建

Study on the Construction of Learning Community
about Rural Schools 'Head Teachers'
Professional Progress

科学出版社

北京

内 容 简 介

　　建设一支高素质的农村学校班主任队伍，具有重大的国家战略意义。本书遵循农村学校班主任专业成长特点与规律，以群体动力、教师研修共同体等基本理论为基础，吸取中外优秀经验与案例，创新性地提出了从实际出发的相互协同、相互融合、功能互补，以及具有可操作性的农村学校班主任研修共同体组织运行体系、协同运行机制及其运行策略。

　　本书从研修的目的设计到过程落实，再到动态监控，详细阐述了一个完整、可操作、可借鉴的农村学校班主任专业成长研修共同体建设案例。实践证明，这一农村学校班主任专业成长研修共同体的研修模式，不仅切合农村学校班主任的实际需要，能有效实现研修渠道与资源整合、研修环节的优化及研修对话平台的构建，还多维度指向了农村学校班主任作为学生"健康成长的人生导师"的角色担当与行动改进。此外，从大学和区域合作的角度，研究区域农村学校班主任专业成长，为当前区域及城乡教育均衡发展研究提供了一个崭新的视角。

　　本书可供中小学校长、班主任工作管理者，教师教育管理、培训、研究者，师范大学教育类专业本科生及研究生参阅。

图书在版编目（CIP）数据

农村学校班主任专业成长研修共同体的构建 / 李红著. —北京：科学出版社，2017.6
ISBN 978-7-03-053235-0

Ⅰ.①农… Ⅱ.①李… Ⅲ.①农村学校-班主任工作-研究 Ⅳ.①G451.6

中国版本图书馆 CIP 数据核字（2017）第 128424 号

责任编辑：乔宇尚　崔文燕　王丽娟 / 责任校对：何艳萍
责任印制：张克忠 / 封面设计：楠竹文化
编辑部电话：010-64033934
E-mail：edu_psy@mail.sciencep.com

科 学 出 版 社 出版
北京东黄城根北街 16 号
邮政编码：100717
http://www.sciencep.com

三河市书文印刷有限公司印刷
科学出版社发行　各地新华书店经销

*

2017年6月第 一 版　开本：720×1000　B5
2017年6月第一次印刷　印张：15
字数：269 000

定价：79.00元

（如有印装质量问题，我社负责调换）

序　言

构筑研修共同体　助力农村学校班主任专业发展

在人的生命成长中，教育是最具影响力的因素，而基础教育阶段是一个人最关键的成长阶段，是重要品质形成的关键期。教育部相关数据显示，我国目前共有初中、小学专任教师914.7万人，其中县、镇以下（含县、镇）农村初中、小学专任教师752.4万人，他们是我国农村基础教育的脊梁，担负着我国农村1.3亿学龄儿童的教育重任。原教育部部长周济在"2008年万名中小学班主任国家级远程培训"开班典礼仪式上讲道："目前，全国约有435万个教学班，约有440万名老师担任着班主任的工作。"如果按照上述城乡中小学教师的比例推算，在全国440万名班主任中农村学校班主任（为便于表述，后文简称为农村班主任）的比例约为82.26%。如果说班主任队伍建设是中小学教师队伍建设的重要工作，是提高教育质量、全面推进素质教育的关键所在，那么，农村教师队伍的中坚力量——农村班主任的专业水平不仅直接影响到城乡教育均衡发展，而且影响到农村基础教育质量提升乃至整个国家基础教育的质量。

显然，农村班主任队伍建设与专业水平提高，在基础教育改革中的重要性是不言而喻的，建设一支高素质的农村班主任教师队伍具有重大的国家战略意义，是发展农村教育的重中之重。为此，国家与各级地方政府的教育行政部门，以及学校也做出了巨大的努力，提供了大量的政策及人力物力的支持，通过"国培计划""区培计划"等工程项目的实施推动了农村班主任专业成长的进程。

然而，从目前班主任参与在职培训学习的现实中可以发现，真正能够让教师不断融入其中、触及其专业反思和实践改进的学习活动有限，不少参与者几乎没有发生真正意义上的学习。学习过程"不是传输的过程，也不是接受的过程。而是需要人的意志的、有意图的、积极的、自觉的、构建的实践"（戴维·H.乔森纳，2002），只有当"一个人的学习意图被调动起来，学习的意义才会形成"（莱夫，温格，2004）。为此，农村班主任专业学习过程的发生与发展，从一开始就需使学习活动贴近农村班主任特殊的工作背景，与他们的专业基础与发展愿望结合在一起，并引领和服务他们的发展。

近六年来，围绕着农村班主任专业发展问题，以农村班主任专业成长研修共同体构建为主要模式，广西师范学院与地方教育行政部门合作推进了广西"百色市农村寄宿制初中班主任能力提升工程""柳江县（2016年3月，国务院批复柳江县整体撤县立区，2017年1月6日柳江区正式挂牌成立）农村班主任研修共同体构建项目""金城江区乡村班主任综合素养提升工程"等系列项目的实施。这一系列农村班主任专业发展的研修培训活动，通过专题合作研讨、基地跟班学习、工作室同伴互助、导师贴身支持、素养工程实施、班级管理改进行动研究等开展，让研修成为农村班主任合作学习、团队建设发展的现实动力。下面我们通过"星辉工作室"［柳江县农村学校班主任专业成长研修共同体（第一期）：名班主任培养项目工作室］两年研修学习的总结报告的片段，从"一颗沙里看世界，一朵花里见天堂"（威廉·布莱克的小诗《从一颗沙子看世界》）。

一路成长　一路星辉
——"星辉工作室"研修学习总结报告（节选）

起点与终点只是行进中的相对目标，收获永远在路上。

——题记

一、回眸星辉：我们的足迹——从"聆听"到"动手"

（一）聆听

星辉的工作，从聆听开始。听，是一种状态；听，也有不同的层次。

1. 第一种听：听理论

近两年来，我们一共参加了至少五次集中培训学习，聆听了以李红教授为首的，包括郑学志、钟杰、莫烘霞、唐凤珍、党雪妮、陈劲、樊蓉、卢静、李永洲、杨玲、罗晓云及石鹏校长等十多位专家老师的二十多场讲座，让我们对"班主任"甚至"教育"有了全新的认识：班级管理应以文化为载体，科学带班；班级管理处处有章可循，又可以灵动无比；教育必须尊重生命，回归本源……

2. 第二种听：听他人

这两年来，我们去基地跟班学习了两次，南宁十四中的班主任精英们和我们同样战斗在一线。我们听他们分享经验，看他们管理班级，感受他们满满的智慧与幸福。我们总是暗想：我们其实也能做到，只是还没有想到……回去，依葫芦画瓢，也可以实验一下……

我们的工作室经常聚会，开心之余敞开心扉地聊，聊班主任工作的收获。其实，更多的是聊班主任工作的辛苦和我们的困惑。在听的时候，大家总会有一种相互珍惜的感受。

3. 第三种听：听学生

我们开始去问孩子们："你们喜欢什么样的老师，喜欢什么样的课堂，喜欢什么样的班级……"

4. 第四种听：听自己

在聆听理论、了解他人、走进学生的同时，我们也不断和自己对话，我们会反思，我是孩子们心目中的老师吗？我的课堂是孩子们喜欢的课堂吗？我带的班级是孩子们喜欢的班级吗？我该如何做才能成为孩子心目中的老师呢？我们开始模仿同伴、名师的做法，我们也开始尝试实践自己偶然"蹦"出来的想法……

（二）动手

工作室成立之后，我们亲爱的导师石鹏校长和王文蓉教授带领我们一起讨论、确定工作室班级管理研修主题——"学生参与班级管理"的自主管理主线。

围绕研修主题，我们开始尝试做"个人班级管理提升计划"，确定班级管理改进的突破点，并在实践中且行且思且改进。

张海青老师外出学习期间，就尝试不要代理班主任，甚至不要代理学科教师代课，由班级孩子自主管理班级、自主调控课堂。孩子们在班级管理中的干练与大气超乎想象，班主任秘书把班级所有事务安排得井井有条，语文科代表居然能够给同学讲评练习……张老师深受感动，幻化成班级管理故事《"灵机一动"的收获》，记录下孩子们在自主参与班级管理中的点滴成长。

二、遍洒星辉：我们的努力——从"动手"到"动脑"

只动手不动脑，不一定有效，在尝试过程中，我们更多的是借他山之石给自己的反思补充足够的营养。

（一）从"听"到找理论支持

2014年7月以来，在王文蓉教授和石鹏校长的指导下，我们建立了QQ群和微信群，有了可时时交流的平台。两位老师一直指导我们在这一平台上探讨班级管理质量的提升问题、学生的教育问题，也和我们一起分享成员的教育反思等点滴收获，还通过网络平台向我们推荐了丰富的阅读资源。石鹏校长还毫无保留地给我们分享了他在英国学习期间的笔记及思考。我们在两位导师的点拨帮助下，阅读了大量的书籍，丰富了自己的班级管理智慧。

（二）从学生身上找办法

我们工作室成员中进步最大的要数韦寒泉老师了。用"得过且过"来形容寒泉老师以前的班主任生活丝毫不为过。而今，两年的时间，近100篇约10万字的班级管理日志让我们看到了一个极速成长的乡村班主任！在石鹏校长、王文蓉教授及工作室同伴的远程指导帮助下，寒泉老师不再像原来那样稀里糊涂做班主任，而是根据学生年龄特点、学生成长规律来治理班级。根据初中生正值叛逆期的特点，寒泉用"宽容、信任"的理念来帮助、教育班级调皮孩子，使他们获得进步；根据孩子都会"关注自我，并渴望得到他人关注"的特点，寒泉老师在班里开展了为每个孩子过生日、唱生日歌庆生的活动，让孩子们在自己生日这一天得到所有同学的祝福，极大地满足了"关注感"，从而开心快乐地学习、生活；寒泉老师还以宿舍文化为依托科学带班：实行宿舍自主管理制度，使得孩子们人人有责任做好自己，治理好宿舍这个小"家"，从而治理好班级这个大"家"……学校领导老师都说，寒泉老师参加名班主任培训以后，管理班级方面渐渐成"专家"了！

寒泉老师深刻地意识到，班级管理的智慧源自学生。

（三）从经验中寻求规律

李耀锋老师在王文蓉教授的点拨下，通过阅读《班主任兵法》《班级管理心理学》等书籍，由原来一遇到问题学生就粗暴斥责转变为以关心、表扬为主，把自己与学生的心理距离由"遥远的天边"拉回到"就在身旁"。其中，万玮老师的"逐个击破"及《班级管理心理学》的"表扬"让李老师活学活用得不亦乐乎。他班里最令家长、老师头疼的小凡和小金两位男生，在李老师的"逐个攻破"、点滴关心与不断挖掘闪光点并即时表扬下，由原来的"一荣俱荣，一损俱损，相互不揭老底"的"攻守同盟"慢慢转变为"同争上游"的"共进联盟"。看到"同争上游"的孩子，家长对李老师的用心付出和有效教育由衷地表示感谢。

李老师深深感受到，班级管理真是有规律可循的。

三、我们的变化：从"我"到"我们"

一开始，我们只是一群想做好班主任的农村老师，但是走着走着，"我"变成了"我们"。

（一）我的变化

1. 对学生认识的变化

韦敬娱老师说：两年的名班主任培训让我的学生观发生了很大的改变。以前，学生在我眼里只有成绩好和成绩差之分，只有听话和不听话之分；如今，学生在我眼里都是有尊严的，是有才的，是会犯错误的，但又是会改变和发展的。如今有了这样的观念，我的教育更有耐心、爱心和智慧。

兰宝贵老师说：我在培训前，一看到孩子犯错或不按照学校和我的要求去完成任务，就会很生气，就会对他们一顿责骂。自从参加名班主任培训后，我的心态平和了许多。我的教育观念及方式方法也改变了。我认为孩子犯错是成长不可或缺的一部分。

覃菊斌老师说：通过培训、学习，我更加坚信，每个孩子都是可以塑造的，因此，我不再埋怨、批评、指责我的学生，而是给予他们更多的鼓励和赞美，多和孩子们进行平等的交流和沟通，聆听他们的心声，给孩子们创造一个轻松和谐的成长氛围。

......

2. 对班主任工作感情上的变化

韦韩芬老师说：名班主任培训前，我认为班主任是一种责任，要教书育人，又杂事如山，有点苦。参加名班主任培训后，我认为，班主任是点燃学生希望的明灯，是引领学生快乐成长的舵手。当班主任其实是一件充实而幸福的事！

覃东艳老师说：通过班主任培训，我体会到，我们教师的工作，就是要用爱心、耐心和智慧去唤醒、引导和激励孩子们打开自己的改变之门。

3. 对班主任工作专业上的变化

刘君君老师说：在参加名班主任培训之前，在我眼里，那些不爱学习的、性格张扬的、不听话的学生就是我那一亩三分地中的杂草，我天天疲于拔草，草却越长越盛。参加"名班"培训后，导师们教给了我智慧与耐心，在智慧的浇灌下，在耐心的守护中，那些草儿竟开出了美丽的花儿。花儿在阳光中灿烂，在风雨中坚强，我在花丛中微笑。

张海青老师说：一直以来，对于班主任工作，我都很自信，因为我觉得自己身上有一股永远都不会消退的热情，有一直忠诚、热爱教育事业的责任心。进入"名班"以后，我才意识到自己的肤浅，原来除了热情和责任心，成功的班主任更需要真诚的爱心、教育的智慧和班级管理的艺术。

（二）我们的变化

1. 学生的变化——自主管理，爱老师

李耀锋老师说：以前的我对待班级事务事必躬亲，"眉毛胡子一把抓"，现在的我抓大放小，学生有了自我管理、自我锻炼的时间和空间。学生说"老班"抓学习时间不再那么抠门了，我们的班级活动越来越丰富了，"老班"脸上的笑容也越来越灿烂了。学生都说：我们真喜欢这样的"老班"！

2. 班级管理方式的变化——学生自主

黄兆绪老师说：通过培训，我尝试采用班级自主管理来发挥班干部作用。布置班级文化，制定班规，每周评出文明宿舍。每天善于发现学生的进步与改变，多鼓励少批评。经过一个月的磨合，学生们的自觉性有了很大的提高，脸上洋溢着幸福的笑容。而我由原来的一线检查员和执行者变成了指导者。

张海青老师说：班级里的孩子可以自主安排班级事务，班干部自主调控课堂。

3. 工作室的整体变化——同伴互助

韦寒泉老师说：两年弹指一挥间，在导师们和团队室友们的全心呵护和鼓励下，我们共同努力、共同学习，也共同成长。在这里，我明显感到了教育激情的跳跃和生命的升华。没有完美的个人，只有完美的团队，因为我们手拉着手、心连着心，所以我们才能走得更远。

4. 和导师关系的变化——成了朋友

回首与导师们的第一次见面，我们战战兢兢，而李红教授、王文蓉老师及石鹏校长等的亲切、耐心与大气，瞬间让我们释然。而今，我们亲爱的李红教授成了我们的"红红"，敬爱的石鹏校长变成了"鹏哥"，可爱的王文蓉老师则成了"蓉姐"——我们和导师们成了好朋友。最后，感谢给予我们指导与帮助的所有正能量——我们尊敬的领导及导师们，我们可爱的同伴及孩子们，我们心爱的家人及朋友们！感谢你们让我们快乐并充实着，收获并成长着，这一路，有你们，我们的心灵充满阳光。

两年的研修学习虽然结束了，但我们星辉工作室所有成员在今后的日子里依然会风雨兼程，恪守我们共同的约定——星辉的未来，我们依然会一路成长，一路星辉！

【后记】

别离的笙箫悄悄吹起，学习的脚步从未停止，最美的风景永远在路上！

之所以把这篇工作室研修总结报告放进我的序言之中，是因为这个总结报告，不仅勾起了我对这批可爱、可敬的柳江农村班主任老师如何参与到研修共同体的活动之中，又如何通过研修活动获得对教育意义、对班主任角色的有较深领悟与理解，如何在研修的参与中固化班级管理技能，进而成为学生成长中"重要他人"真实成长历程的回忆；也使我的研修导师团队的合作伙伴们在农村班主任专业发展研修之路上是如何磋商探索、结伴而行的合作场景历历在目。

　　本书在尝试吸取中外教师研修共同体建设，与我国在班主任研修共同体建设过程中的优秀经验与案例的基础上，探索一条大学、地方教育行政部门与中小学三方合作的、区域农村班主任专业发展组织的道路。这一路径以"人"为本，摒除了以往研修培训中单向传授的弊端，倡导轻松、多向、丰富、有趣的互动方式，实现大学教育学者与研究或培训机构中德育工作研修专家、第一线优秀班主任持续深入的交流与合作，推动实践与理论的双向建构，最终达到理论主体与实践主体的双向成就。在理论上，本书试图遵循农村班主任专业发展特点与规律，运用教师研修共同体基本原理，以及情景学习、群体动力、经验学习圈等理论；研究的目的就是探讨农村班主任研修对于参与教师的作用方式和教育意义，为促进农村班主任的专业发展寻找一种可能的、可行的途径。

　　通过对农村班主任研修共同体的实践探索，本书创新性地提出了从实际出发的相互协同、相互融合、功能互补的区域农村班主任研修共同体运行体系，并对区域农村班主任研修共同体运行体系进行了反思，证明了该共同体的研修模式不仅切合农村班主任的实际需要、整合学习资源、优化环节设计、提供分享与对话平台、协同各种研修渠道，还多维度指向了班主任作为学生"健康成长的人生导师"的角色担当与行动改进。

　　六年的农村班主任研修让我们经历了研修之旅不断影响和改变农村班主任群体的质量与生活状态，让农村班主任从自为走向自觉的专业发展，最终谋求职业生命的完善的过程。

　　我们的研修路只有起点，没有终点。农村班主任研修共同体的研修活动，将焕发农村班主任生命的活力与张力，最终成为农村班主任专业发展的动力源泉与生命家园。

李　红

2017 年 3 月

目　　录

序言　构筑研修共同体　助力农村学校班主任专业发展

第一章　走近农村学校班主任专业成长　/ 001

　　第一节　农村学校班主任的专业发展呼唤研修共同体建设　/ 001

　　第二节　探寻农村学校班主任研修共同体研究踪迹　/ 012

　　第三节　确定基于实践的研究取向　/ 026

第二章　农村学校班主任研修共同体构建的理论解读　/ 031

　　第一节　农村学校班主任研修共同体构建的理论基础　/ 031

　　第二节　农村学校班主任研修共同体的基本特征　/ 043

第三章　英国、美国教师研修共同体构建的经验与启示　/ 047

　　第一节　美国教师研修共同体构建的经验与启示　/ 047

　　第二节　英国教师研修共同体构建的经验与启示　/ 058

第四章　我国中小学班主任研修共同体构建现状审视　/ 065

　　第一节　我国中小学班主任研修共同体实践形式研究　/ 065

　　第二节　我国中小学班主任研修共同体存在的主要问题　/ 071

　　第三节　我国中小学班主任研修共同体存在问题的原因　/ 076

第五章 **农村学校班主任研修共同体的设计、组织与实施**
——以柳江县农村学校班主任研修共同体为例 **/084**

第一节 柳江县农村学校班主任研修共同体状况 /084

第二节 柳江县农村学校班主任专业成长研修共同体新模式构建 /091

第三节 多维聚合的农村学校班主任研修共同体运行机制 /102

第六章 **农村学校班主任研修共同体中的个体专业成长 /127**

第一节 学习中行动，行动中研究
——钟老师在农村学校班主任研修共同体中的学习 /127

第二节 把握与定位好在教学中的自我
——龙老师在农村学校班主任研修共同体中的学习 /137

第三节 在改变中寻找班主任的幸福感
——韦老师在农村学校班主任研修共同体中的学习 /147

第七章 **农村学校班主任研修共同体实践探索理性审视 /162**

第一节 农村学校班主任研修共同体实践成效 /162

第二节 研究的不足与反思 /196

参考文献 /200

附录 /204

附录1 "农村学校班主任研修共同体"项目研究调查问卷 /204

附录2 我的成长足迹——农村学校班主任专业成长记录册 /208

后记 有梦才会有原动力 /221

第一章
走近农村学校班主任专业成长

2006年6月4日教育部出台的《关于进一步加强中小学班主任工作的意见》就明确指出，"班主任岗位是具有较高素质和人格要求的重要专业性岗位"，"做班主任和授课一样都是中小学的主业，班主任队伍建设与任课教师队伍建设同等重要"。这就是说，中小学班主任岗位由传统的"经验型副业"转变为"专业型主业"，这在我国中小学班主任工作发展史上具有里程碑意义。目前，对于班主任专业发展的研究立足点往往是城市班主任群体，对于农村地区班主任专业发展的研究甚少。此外，农村班主任还面临着许多特有的难题，如寄宿制学生管理、留守儿童教育等。因此，对于城市班主任专业发展的研究成果无法全部直接适用于农村地区。外部研究力量有限，内部又有许多特定问题，导致农村地区班主任专业发展处于尴尬的境地。

第一节　农村学校班主任的专业发展呼唤研修共同体建设

近年来，中小学班主任专业发展得到了国家、各级教育主管部门及其学校广泛的重视，教育部不断加大对农村中小学班主任的培训力度，把班主任队伍的专业化建设问题放到了更加基础、突出、重要的地位上。从2006年8月教育部启动"中小学班主任培训计划"，到国家项目专项资金支持的"国培计划""区培计划"（"中西部骨干班主任培训""万名中小学班主任国家级远程培训""优秀农村班主任百千万工程"）等大型的培训项目及各地教育行政部门配套资金项目的陆续实施，使各级各类的农村班主任培训学习日渐丰富、红火乃至有些"泛滥"。"班主任研修共同体"作为近年来班主任专业发展新理念、新模式、新动力已经进入一些地区班主任在职教育的计划和实施中。

一、农村班主任专业发展的时代背景

目前，国家虽然高度重视中小学班主任专业成长问题并相继出台了大量的政策文件，投入大量的专项经费保障学习与培训工作的实施，但是与城市班主任专业发展相比，农村班主任的专业发展依然没有得到足够的重视，专业化发展水平在这个群体里明显低下，发展状况令人担忧。

（一）被忽略的农村班主任专业发展问题

1. 农村班主任专业发展研究缺失

对于班主任专业发展的研究已经形成初步的理论框架，然而这些研究的立足点往往是城市班主任群体，对于农村地区班主任专业发展的研究甚少。与此同时，农村和城市地区在经济条件、教育资源配置、师资水平、学生和家长素质等诸多方面存在着天壤之别。农村班主任还面临着许多特有的难题，如寄宿制学生管理、留守儿童教育等。从现实情况看，由于广西为欠发达地区，农村中小学班主任比例远超全国平均水平，针对农村学校班主任能力提升的研究的缺失，已经远远不能有效满足他们专业能力提高的要求。

2. 农村班主任专业发展缺乏管理机制

科学的管理机制是组织实现目标的基础和保障。对于农村中小学而言，相对于教学管理和教师管理等相对成熟的管理机制，班主任专业发展管理机制是比较缺失的。班主任的任命、培养到考核，再到评价等涉及班主任专业发展的工作没有科学合理的管理机制可以遵循，学校领导的主观性是主要的作用因素。这样一来，农村地区的班主任专业发展道路就充满了不确定性。

3. 农村班主任专业发展缺失专业引领

作为一个动态的发展过程，班主任专业化发展也要求班主任不断地学习、参加各级各类在职培训，接受专业化导师的引领。但是对于农村地区的班主任来说，由于受自然环境的制约、个人职业理念的千差万别及教育资源配置的影响，他们参加职业培训的机会是比较匮乏的，和专业化导师保持长线交流的机遇难得。即使他们有机会参加专业化的学习培训活动，也无法保证活动的模式、时间、内容、方式方法等符合农村班主任专业化发展的要求。缺乏专业化的引领，不仅体现在机会上，也体现在对班主任工作的态度、认知、技能等诸多方面。农村班主任专业成长举步维艰。

4. 农村班主任专业发展缺失学校组织文化

组织文化是指组织全体成员共同接受的价值观念、行为准则、团队意识、思维方式、工作作风、心理预期和团队归属感等群体意识的总称。随着现代教育管理理念的层层渗透及学校发展的稳步进行，越来越多的教育管理者意识到：除了制度管理以外，学校还存在着这种原动力——组织文化。美国心理学家哈瑞斯曾经说道：教育管理有技术性的方面，但它的主要方面是组织中的文化。（转引自：纪红艳等，2008）通过学校成员共同价值观和信仰的培养，以及优秀健康的文化组织建设形成组织成员间持久深刻的凝聚力。

对于许多农村中小学而言，学校组织文化建设的脚步比较缓慢，大部分学校对于组织文化的探索还停留在学校物质文化和办学理念的层面，无法落实到人与人的层面。对于班主任专业发展模块的组织文化建设更是屈指可数。班主任团队建设严重滞后，无法形成班主任团队凝聚力，无法助力班主任专业发展。

5. 农村班主任专业发展缺失自我发展的目标与激情

在我们项目实施的前期调研中，73%的农村班主任都存在着职业倦怠。具体表现为：①对班主任角色的认同度不高。"不喜欢班主任工作，感觉很累"是农村班主任常提的观点。②缺乏职业目标。调研中有这样一个问题："您喜欢参加班主任培训吗？"选择"喜欢"选项的仅占被调研者的8%。③在班级管理理念问题上，71%的班主任认为："看好学生，只要不出安全问题就行。"这说明很多农村班主任还处于发展的初级阶段。毋庸置疑，农村寄宿制学校工作任务繁重是农村班主任无法聚焦自己专业发展的重要外部原因。此外，农村学校管理对班主任工作的认同度、支持度低下，有效的激励机制缺失更是农村班主任缺失自我专业发展目标与激情的重要的内部原因。

教育改革的进步取决于农村班主任个人和集体的能力，也取决于学校与农村班主任促进学生综合素质提高的能力，而这一切的核心问题是班主任专业发展。近年来，上述农村中小学班主任专业发展意识淡薄，研究、探求和创新能力欠缺等问题逐年凸显，这种状况不仅已经直接影响着农村中小学班级管理的效率、学生的身心健康发展，还直接影响着学校的德育目标的实现。从长远看，它关系着基础教育质量的提升与中华民族的伟大复兴。

（二）研修共同体建设对农村班主任专业成长的作用

破解时下城乡教育资源分布不均、师资力量不均衡的难题，让优质的教育资源得到共享并发挥最大效用，解决农村班主任队伍的专业发展问题，迫切需要建立农村班主任专业成长研修共同体。

1. 有助于农村班主任专业发展管理责任的落实与优质资源的整合

目前，我国农村义务教育实施的是"以县（区）为主"的管理体制，农村基础教育发展的滞后性与上述的种种影响因素影响农村班主任的专业成长。农村班主任专业成长研修共同体的构建，使班主任专业发展的管理主体责任落实到位，区域班主任专业发展活动优质资源得到有效整合。同时，有效的研修需要集体的智慧，包括校内外各种智力方面的合作与支持，尤其是要依托培训机构和高校资源。区域政府部门与高校建立合作项目关系，专家学者和丰富的教育理论的资源能够指导研修共同体的有效构建和运行。优质学校相互协作，联合开展各种研修活动，共同分享培训资源及教育教学经验。这对自身开展研修活动资源相对缺乏的农村学校、流动人口子女学校来说尤为重要。此外。农村班主任研修学习阵地重心下移，不但让农村的班主任在离学校不远的地方就能得到专业发展、专业支持，而且能有效解决农村班主任专业发展中群体资源缺乏、专业引领及工学矛盾等问题。

2. 有助于农村班主任专业发展平台建设与良好生态环境建设

从宏观上来说，农村班主任专业发展依赖于国家的政策法规作保障。例如，《中华人民共和国教育法》《中小学教师职业道德规范》《中小学班主任工作规定》等都明确规定了中小学班主任工作的本质，也明确了班主任工作的专业性，为我国班主任队伍建设和班主任专业发展提供了良好的制度环境和政策支持。而在微观上，农村班主任专业发展必须具备良好的职业成长环境和群体间互动氛围，需要一种研修相长的生态环境和良性的运行机制。农村班主任专业成长研修共同体是一个由教育行政部门和学校共同创建的班主任专业成长的研修平台，这个平台旨在增进班主任专业发展的团队学习，创设团队学习文化。在这个平台上，每个班主任都可以带着自己的性情倾向、教育背景、经验差异，不断地接近他人，不断地超越合作、超越差异，在不断的交流、争辩、互相学习与研究中形成"共舞"伙伴，在协调步子的同时保持自己的独立性，最终达到发展自我、提升素养和促进专业发展的目的。对话、协商、实践增强了班主任研修的参与性和时效性，更重要的是通过这样的"共舞"，研修共同体实现再生产、不断循环发展下去的良好生态环境。

3. 有助于农村班主任个体激情唤醒与幸福感增加

领悟与理解班主任工作的本质和内涵，不仅是班主任专业素养的核心问题，也是解决农村班主任职业倦怠、唤醒个体激情与体会到班主任工作幸福感的前提。农村班主任专业成长研修共同体不仅引领所有参与的班主任发生关于教育本质问题的独白、自省和对话，在班主任研修共同体运行中，班主任还有机会将自己的教育经验向同伴们敞开，在相互倾听、观察他人行动策略中，可以发现差异，收获班级管理的智慧，与此同时能在这种共同体中获得一种安全感与归属感，促进班主任自我认同与所在的学校领导、老师，以及家长、学生等认同的同一，构建新的身份认同，进而产生悦纳自己、悦纳学生的幸福感。

4. 有助于农村班主任校本研修的品质的提升

校本研修，顾名思义，是指在学校内立足于农村班主任教育教学实践、着眼于教育教学问题的研究，以满足教育教学改革需要、促进农村班主任专业成长为目的的一种融"教、研、训"于一体的活动。在以往的校本研修中，不少人把校本研修简单地理解为一所学校内的"封闭式"活动，以致不少学校在设计校本研修活动时，目标不明、定位不准、以本校现有的条件"看菜吃饭"、活动形式单一（以听课为主）等。农村学校，特别是农村小学，由于办学规模小，农村班主任数量少，缺乏能够在校本研修中发挥引领作用的骨干农村班主任，从而导致其校本研修整体上处于粗放阶段，缺乏深度作用的发挥。例如，当前农村学校在开展校本研修活动时所存在的学科研修不均，其重要原因之一在于同学科农村班主任数量的限制，在这种情况下，校本研修开展得比较正常的往往集中在语文、数学等主要学科上，而音体美、综合实践，以及小学的英语、科学学科相对较少。因此，有效的校本研修必须走出校门、打破边界，拓展学习和交流的资源。建立农村学校"校本研修共同体"，打破了学校单打独斗的局面，改变了校本研修闭门造车的思路，使校本研修走上多元化、开放性的发展之路。它有助于农村学校的校长和班主任在做好岗位工作的前提下，能够在更广阔的途径、更丰富的活动内容、更高层次的引领中，通过与名优骨干农村班主任增进互动、共享经验成果，参与课题研究等主题研修活动，以开阔视野、开展深度探究。

5. 有助于促进区域学校及城乡教育均衡发展

促进基础教育优质、均衡、协调发展，是当前我国教育改革与发展的重要目标，《国家中长期教育改革和发展规划纲要（2010—2020 年)》将推进教育公平提升为教育的基本政策，将"区域内义务教育均衡发展"作为未来十年的战略性任务。区域教育均衡发展不仅是国家发展的需要，更是社会的急切需求，实现这一目标的根本点则是农村班主任队伍的建设。众所周知，制约当前农村学校优质发展的不是硬件设施，而是内涵发展的水平。对于农村学校而言，单个学校的校本研修正常开展，在一定意义上对促进农村班主任的专业成长，提升农村班主任队伍素质有积极的作用。但要想在更高的水平上提升是有较大困难的，因为目前大量的优秀骨干农村班主任，主要集中在城市学校或农村的中心学校，许多农村的薄弱学校几乎没有一个县（市）区级骨干农村班主任，更不要说名师、特级农村班主任了。这一差异的形成因素是多种多样的，而农村班主任的专业化学习组织弱化、农村班主任的教育教研能力不能有效提高是重要因素。

怎样更高效地整合区域性的教育资源，将教育资源合理组织和分配，让教育资源发挥最大限度的作用，是区域教育均衡发展面临的挑战。推进区域教育均衡发展，并没有典型的成功案例可以借鉴。建立区域校本研修共同体，推进学校从相对封闭状态的校本研修向开放性的校本研修转化，不仅为克服区域分界和行政层级管理所带来的示范校、骨干农村班主任和专家等人力资源及信息流动的屏蔽效应，充分发挥优质学校、骨干农村班主任、强势学科的引领、示范和带动作用，实现学校间的优势互补，缩小各校校本研修工作中的差距，而且可以通过搭建资源共享、交流互动的平台，促进优秀的教育经验、理论、模式等进行相互传播，使研修共同体内的公共教育资源配置得以有效整合，使更多的学校享用当代教育文明的成果，使校际的差距逐渐缩小，特色得以彰显，这对于推进教育资源均衡分布、师资力量均衡发展具有重要意义。

6. 有助于促进农村班主任专业发展规律的探究

目前，一些学校在实施以校为本的教师校本研修过程中，存在着实践与理论脱节，仅凭经验和较肤浅的认识来做校本研修，甚至"校本研修是个'筐'，什么都往里装"的现象，这些问题产生的根本原因在于组织者对教师学习研修规律的把握不足。有效的农村班主任研修共同体的建设需要对其规律进行把握。研修共同体成为农村班主任全员培训的一种重要形式，它既具有一般意义上农村班主任培训的特点，又有其自身的特殊性。

农村中小学班主任研修共同体是一种立足实践、面向全体农村班主任的培训学习的载体，它讲究研修内容的专业性、研修主体的自主性、研修团队的合作性和研修成果的可检验性等。因此，在行动方案的制订中既要求农村班主任全员参与，尊重他们的内在需求，注重营造变"要我学"为"我要学"的浓厚组织氛围，又要充分考虑农村班主任的个体情况，对不同年龄、不同学科、不同需求的农村班主任，开展形式多样、途径多元、分层实施的培训。

"任务驱动""问题研讨""课题研究""体验反思"等是教师共同体研修的基本特征，而"农村学校班主任专业成长研修共同体"比较好地包含了这些特征。研修共同体通过确定一个集体的和真实的共同体目标，以促进共同体成员的深度协作和投入；运用研修项目小组的方式，提供社会性协商，以激励多种观点的产生；个人选择研修材料，小组决策，以鼓励其在研修学习中的自主意识和主人翁感；通过搭建共同体的活动平台，如名优农村班主任与专家的引领和同伴之间的支持交流，帮助参训者建构知识与技能。

显然，农村班主任专业化的提升工作在基础教育改革中的重要性是不言而喻的。随着城市中小学班主任专业发展的学习越来越多地表现为一种"研修"的状态，针对农村中小学班主任专业发展的研修学习开展研究，对于提高农村基础教育质量，促进城乡均衡发展，丰富和提升农村班主任专业生活品质，可谓是紧迫、现实又颇具前沿的。

（三）农村班主任专业发展对班主任研修共同体的诉求

1. 农村班主任研修共同体需聚焦学生的成长

构建农村班主任研修共同体的目的是促进农村班主任的专业发展、培养高素质的农村班主任，而培养高素质的农村班主任则是为了促进学生的全面发展，促进学生的全面发展是教育的核心。所以，农村班主任研修共同体必须坚持以学生为本的宗旨，使农村班主任研修共同体的活动聚焦于学生的成长。

2. 重在农村班主任的学习习惯与能力培养

只有农村班主任研修共同体具备了真正意义上的组织学习能力，才能带动农村班主任研修共同体的所有农村班主任共同发展，才能将农村班主任的自主专业发展落到实处。在这一思想的指导下，农村班主任研修共同体更应将培养班主任终身学习的习惯和能力的实现程度作为评价自身发展的一个重要指标。

农村班主任研修共同体的建立，为广大农村班主任提供了一个专门进行合作学习的平台。在这个组织中，每个成员都应该以"学习"为中心，所有的班主任都是学习者，而班主任学习的目的是希望通过提高自身专业能力来促进学生更好、更快地发展。此外，要使农村班主任的团队学习拓展为整个农村班主任研修共同体的组织学习，就必须把农村班主任共同发展的愿景和组织学习的理念推广至整个农村班主任研修共同体，使农村班主任研修共同体形成共同参与、共同学习的机制。

3. 农村班主任研修共同体应注重合作并超越合作

合作和竞争体现了农村班主任个体与共同体成员在一定文化背景下的交往与互动。从这一方面来说，农村班主任研修共同体的发展是基于合作的，但它又不是基于一般意义上的合作。首先，农村班主任可以利用这一平台就各自持有的不同的教育教学观念进行争辩，各位农村班主任在专业争辩中得到启发，找到个体专业发展的突破点。但是，我们应该看到，农村班主任研修共同体发展所基于的合作，不仅仅包括农村班主任成员的同伴合作，更应该包括农村班主任与学生之间的合作。合作无疑是农村班主任研修共同体存在的基础。此外，农村班主任可以依靠这个平台进行合作与交流，可以利用这一平台讨论农村班主任个体依靠自己的能力无法解决的难题，发挥农村班主任集体的智慧，为农村班主任个体的发展提供支撑，最终实现个人发展。

4. 提倡农村班主任研修共同体成员学习实践性知识

农村班主任职业特征要求我们重视农村班主任的实践性知识，农村班主任的实践能力的发展与农村班主任理论知识的发展同样甚至更为重要。农村班主任理论知识是为农村班主任实践服务的，农村班主任实践性能力的培养是农村班主任专业发展的核心，应采取实践取向、偏重于农村班主任实践能力的培养。而农村班主任实践能力的提升可以采取学习实践性知识和进行行动研究相结合的方式进行，结合两种方式的优点共同促进农村班主任实践能力的提高。

在农村班主任研修共同体中，农村班主任分享专业知识与经验。实践性知识是农村班主任相互分享与交流的主要对象，也是众多农村班主任希望从农村班主任研修共同体中获取到的主要知识。这种实践性知识有五个特点。

1）它是存在于情景的经验性知识，是一种鲜活的、功能灵活的知识。

2）实践性知识一般具有一定的适用性，它能用于解决特定类别的教育教学问题，可以作为经验进行交流。

3）它虽然可以作为经验进行交流，但是它更多的是直接内化到人们的行为中，成为隐性知识。

4）实践性知识作为被农村班主任个体所拥有的知识，具有一定的个性特征。

5）它是以具体的实践问题为对象的，从多学科的视角为农村班主任提供解决教育教学问题之道。学习实践性知识可以拓宽农村班主任的视野，使农村班主任有更多的关于教学实践的知识积累，可以为农村班主任提供研究课题，也可以作为农村班主任应对教学新问题的一个保障。

综上所述，构建农村班主任研修共同体不仅仅是为了建立一个农村班主任学习的组织，更多的是希望在构建的过程中帮助每位成员激发出他们终身学习的意愿。在这样的一个自由和谐交往的环境中，每位成员能够不断超越自身的上限，提升各自的素养，在工作中体验生活的意义。

（四）研修共同体促进农村班主任专业发展的可行性

1. 具有明显聚焦农村班主任专业发展需要的优势

传统班主任专业发展模式大概有"外部控制"与"自然发展"两种。实践表明，这两种方式在促进农村班主任专业发展方面都存在明显的缺陷，效果都不够理想。前者没有以农村班主任实际情况与班主任专业化发展需要为根据，没办法发挥班主任的主观能动性，学习效果不理想。而后者易导致班主任个体的长期自我封闭、消极保守，因为不能在学习中很好地向同行学习和求助，也不会去做深刻的实质性批判与指导。而农村班主任专业成长研修共同体模式，与上述传统模式相比，除了具有一般的学习共同体的优势外，还具有明显聚焦农村班主任专业发展需要的优势。

1）通过集体研修，加强对话、方式、协商、实践，增强班主任研修的时效性。

2）充分发挥班主任研修中的主动性，下放主动权，提高班主任参与度。

3）丰富的理论为研修共同体的构建提供了坚实的基础，能够指导研修共同体的构建和运行，从而更好地促进班主任专业化发展。

2. 农村中小学班主任研修共同体构建的有利条件

根据上述分析，构建农村班主任研修共同体具有以下有利条件。

1）学校的优势就是便于形成科学高效的专业队伍，而这一点也恰是农村班主任专业发展的最重要的指标之一。具备一定教师资格的农村班主任，一般都具有一定的科研能力，为农村班主任研修共同体中的"对话、分享、协商、反思"奠定了坚实的基础，这对于培养反思型农村班主任、研究型农村班主任来说，是一个非常重要的条件或者优势。

2）随着我国教育改革的进一步深化，各级行政部门开始关注农村班主任的生存状况，在绩效工资或职称评定等政策制定方面，开始向农村学校的班主任倾斜。此外，一些发展较快、管理较为先进的农村学校，针对如何充分提高班主任的积极性做了很有意义的尝试，如让班主任自主选择搭班上课的学科教师团队等。班主任的班级管理主动权不断增强。这为农村班主任研修共同体的高质量构建和操作提供了可行性。

由于我国基础教育发展的不平衡性，在研究与实践过程中，我们也切身感受到了农村中小学校班主任专业化学习的不足。在许多农村中小学校中，针对班主任专业成长的研修活动少之又少，有的也会出现流于形式的状况。中小学班主任的职业兴趣和能力成长诉求，常常处于内部环境重视与组织力度不够，外部环境协调与支持力度不够的境遇之下，没有完全得到激发，相反，某些时候还被扼杀于萌芽阶段。在此现实背景下，对于提升班级管理效能，共享集体的知识和经验，为班主任的专业发展提供保障、环境支撑和协作机会而言，全面提升农村班主任专业能力和基本素质，推动农村班主任专业发展，创新构建一种新的农村班主任学习组织模式——专业成长研修共同体，以及开展积极有效的专业学习共同体研究是极其必要的。

二、农村班主任专业发展实现途径的现实探索

审视当前基础教育中的农村班主任培训，一种基本的专业活动——农村班主任研修凸显于研究视野。这些研修带给这些班主任怎样的影响？班主任研修是否具有促进其专业发展的教育功能？这些问题的回答不仅可以回应当前我国农村班主任教育所面临的新挑战，也是对农村班主任专业发展实现途径的现实探索。

"社会世界中存在的都是各种各样的关系——不是行动者之间的互动或个人间的主体际性的纽带，而是各种马克思所谓的'独立于个人意识和个人意愿'而存在的客观关系。"（布迪厄，1998：133）农村班主任就在与情境的关系中呈现出多种专业发展特点，作为一名专业人员，其本人显然有关于教育的个人理解、知识、经验与方法。在日常工作中，这些都会不同程度地以其教育态度、教学风格、教育策略、交往方式等表现出来。但是面对教育本身的变化和发展，农村班主任也有一种渴望发展、成长的内在动力，希望获得专业提升。这些都与农村班主任所置身的教育情境分不开。正是有了不同的条件和氛围，农村班主任因个体与情境的对话而产生了新的社会关系。因此，研究农村班主任专业成长，离不开真实的社会情境。班主任研修既是农村班主任专业成长的途径，又是教育本身，是真实的发展。对农村班主任研修的研究就是对农村班主任专业发展现实性的一种本质诉求。

基于上述思考，本书的目的如下。

1）让整个社会及关心农村班主任专业成长的人更加深入地理解和重视农村

班主任专业发展的意义和价值。

2）以研究为契机展现班主任专业发展的真实途径和方式。探索构建个人自我发展与外部条件相互沟通、理论教育与实践教育紧密结合、专业精神与专业能力培养融为一体的，具有鲜明实践意向的农村班主任专业成长研修共同体构建模式，引领农村班主任有效研修学习的共同体建设模式，以及农村班主任在研修共同体中进行有效专题对话、现场研讨、拓展体验、反思改进、展示分享等的方法、策略及管理机制。

3）启发班主任工作的教育管理者，致力于构建有利于班主任专业成长的研修共同体，营造有助于班主任专业成长的良好环境，使研修共同体成为农村班主任专业发展的现实推动力。

4）了解班主任参与研修建立起的学习、合作的相互关系和专业期待，发现班主任参与学习的教育意义。

5）为广大在职的中小学班主任专业发展提供经验案例。形成一套具有推广、宣传和借鉴作用的中小学班主任专业成长个案和经验（最佳实践）成果。

总而言之，本书就是为了探讨农村班主任专业成长研修共同体对参与者的作用方式和教育意义，为促进班主任专业发展寻找一种实现的、可能的、可行的途径。

第二节　探寻农村学校班主任研修共同体研究踪迹

作为农村教师的一种重要岗位，农村班主任的专业发展也从属于广大中小学农村教师发展范畴。研究班主任研修所发生的个体与群体的参与状况，必须将班主任嵌入到农村中小学班主任这个具有一定的社会关系、背景、条件、知识、活动的情境之中加以分析。分析中所触及的基本概念既是研究本身的操作视角，又是分析本身蕴涵的对于班主任专业发展的一种理解。因此，它也就成为贯穿于本书分析框架的"操作变量"。

一、农村班主任研修共同体相关概念厘清

（一）农村班主任专业发展相关概念辨析

1. 农村班主任专业发展的内涵

我国于 1994 年 1 月开始实施的《中华人民共和国教师法》规定，"班主任是履行教育教学职责的专业人员"。这是我国教育史上第一次以法律的形式确认了班主任的专业地位，体现了从事班主任工作的人员的生存和发展的需要，也是从社会分工角度来看班主任这一专门职业的专业性要求。1995 年，我国又建立了班主任资格证书制度。这些都为班主任专业发展提供了有利的条件。

关于农村班主任专业发展的内涵，专家学者有着不同的理解，代表性的观点如下：①华东师范大学唐玉光教授认为，班主任作为教育教学专业人员，要经历一个由不成熟到相对成熟的发展历程（转引自：王荷君，2012）。成熟是相对的，发展是绝对的。班主任专业发展空间是无限的，发展内涵是多层面、多领域的，既包括知识的积累、技能的娴熟、能力的提高，又涵盖态度的转变、情谊的升华。②华中科技大学朱新卓教授认为，班主任专业发展是农村班主任以知识、技能和情谊等专业素质的提高与完善为基础的专业成长与成熟的过程，是由非专业人员转向专业人员的过程（转引自：刘亭亭，2016）。③呼伦贝尔学院朱玉东教授认为，农村班主任专业发展是农村班主任在专业素质方面不断成长并追求成熟的过程，是农村班主任专业信念、专业知识、专业能力、专业情意等不断更新、演进和完善的过程，班主任专业发展伴随班主任一生。

还有学者从两个方面进行归纳：一方面强调教育教学中农村班主任的自我觉醒意识，认识到农村班主任是履行教育教学工作的专职人员，有特定的行为准则和高度的自主性，而且班主任需要长期的培养；另一方面指出农村班主任专业发展是增进农村班主任专业化，提高农村班主任职业素养的过程。农村班主任专业发展贯穿整个职业生涯过程，但又不仅仅是时间上的延续，更是农村班主任心理素质的形成与发展过程，即农村班主任的职业追求信仰、需要、职业能力的发展变化过程。

从以上农村班主任专业发展的内涵可以看出，农村班主任专业发展是以班主任个人成长为导向，以专业化或成熟为目标，以农村班主任知识、技能、信念、

态度、情意等专业素质提高为内容的班主任个体专业内在动态持续的终身发展过程。

农村班主任的专业发展是班主任质量提升的必然要求，更是我国教育改革向纵深发展的决定性因素。因此，自20世纪80年代以来，农村班主任专业发展就成为我国乃至国际社会教育改革关注的焦点，虽然经过30多年的理论研究和实践探索，但该话题具有较大的研究价值。

2. 农村班主任专业发展的特点

（1）终身性

农村班主任的专业发展空间是无限的，成熟只是相对的，而发展是绝对的。农村班主任的专业发展，是一个贯穿于农村班主任职业发展始终的教育系统工程，包括职前的院校教育阶段、任职的针对性培训及走上工作岗位后的阶段性培训等。

（2）自主性

农村班主任的专业自主性，是农村班主任专业发展的前提和基础。农村班主任在设计班级管理活动、规划德育活动及选择德育素材时，应有充分的自主性，农村班主任本人必须把外在的影响转化为自身专业发展过程中的动力，必须具有自我专业发展的意识。农村班主任自我专业发展的意识，可增强其对自身专业发展的责任感，使其不断寻求自我发展的机会，逐渐获得自我发展的能力。农村班主任专业发展要通过各种相关的制度，激发农村班主任的自我控制、自我引导和自我成长。

（3）阶段性和连续性

农村班主任的专业发展过程呈现出明显的阶段性，有发展、有停滞、有低潮。研究农村班主任专业发展阶段性有助于农村班主任选择、确定个人的专业发展计划和目标，学者也提出了各种不同的发展阶段理论。农村班主任专业发展又具有连续性，农村班主任只有不断地进修和研究，以终身学习为基本理念，才能不断促进自身的发展，以确保教学的知识和能力符合时代的需求。

（4）情景性

美国学者 Travers 说过，班主任（辅导员）角色的最终塑造必须在实践环境中进行。班主任的许多知识和能力是依靠个人经验和对教学的感悟而获得的，班主任应该不断反思自己的教育教学理念与行为，不断自我调整、自我建构，从而获得持续不断的专业发展。另外，教学情境具有不确定性，也富有挑战性，班主任的专业发展必须与教学实践、教学情境相联系，并与同事、专家、家长合作，在学校中建立一种相互合作的文化，以促进班主任的成长。

（5）多样性

教学工作的复杂性决定了农村班主任专业结构的复杂性，从而决定了农村班主任专业发展的多样性。农村班主任工作包括观察学生、创设学习情境、组织教学活动、训练学生、评价学生学习等，农村班主任专业发展体现在这些不同的活动中。教学既是对知识、技能的传授，更是师生之间的情感交流，农村班主任专业发展应注重教育知识、技能层面的发展，又应兼顾认知、技能、情意各方面的成长。

3. 农村班主任专业发展的主要内容

（1）知识系统

知识是农村班主任专业结构中的一个重要组成部分，是农村班主任专业发展的基础。班主任不仅要具备普通文化知识、学科专业知识、教育教学的知识，还要具备个人的实践知识，具有建构自己知识体系的能力。农村班主任的专业发展要建构农村班主任合理的知识结构，提高农村班主任的基本素养。

（2）教育实践和教育研究能力

根据《中小学教师专业标准试行》的要求，教育实践能力是衡量所有的中小学班主任专业能力与水平的一项重要指标，是班主任专业能力中的核心内容。这一核心内容包括语言表达能力、组织能力、学科教学能力等。教育研究能力和水平体现着教育实践与教育理论的密切结合，是教育教学创新对广大班主任发展的必然要求，同样是农村班主任专业发展的基本保证。

（3）积极情感和高尚人格

农村班主任的积极情感和高尚人格是影响教育教学效果的重要因素，是农村班主任专业活动和行为的动力系统。

（二）农村班主任研修共同体概念辨析

1. 教师研修共同体

教师研修共同体是指由教师共同构成的以完成共同的学习任务为载体，以促进成员全面成长为目的的，强调在学习过程中以相互作用式的学习观为指导，通过人际沟通、交流和分享各种学习资源而相互影响、相互促进的学习团体。教师研修共同体包含两个方面的内容：①共同发展是他们追求的目标，研修共同体中的教师管理者及其他参与者不断地进行学习和合作，提高自身的专业素质，进而推动整个研修共同体的发展，最终促进学生的学习和发展。②学习和合作是教师研修共同体良性运转的基本保证。所有成员处于一种民主平等的氛围中，他们相互学习、分享经验、协同工作、互相支持、共同承担责任等。他们在基于一定支撑的环境中共同学习，分享学习资源，彼此交流情感、体验和观念，进行对话和反思，协作完成特定的学习任务。同时，他们通过共同参与活动，建立彼此相互影响和促进的人际关系，进而形成对研修共同体的较强认同感和归属感。

2. 农村班主任研修共同体

我国学者刘雪飞认为，农村班主任研修共同体是以农村班主任职业为基础，以农村班主任自愿为前提，以分享、合作、发展为核心精神，以专业理想为纽带，以促进农村班主任个体、农村班主任整体及学校发展为目的，在互动协作的过程中形成的一种关系的联结（转引自：高立强等，2010）。宋燕在其博士论文中提出：农村班主任合作研修共同体是由志趣相投、倾心互助且具有不同水平的各层次农村班主任（包括中小学一线普通农村班主任、中小学骨干农村班主任、高校农村班主任等），基于尊重、平等、合作、互助的原则组成的合作群体。可见，农村班主任研修共同体是具有专业意向、研修共同体、实践反思三大特征，凸显对话、互动、思考与行动过程，旨在增进农村班主任专业发展的团队合作学习的群体。

在研修共同体中，创设适合农村班主任研修共同体自组织发展的客观条件，用开放的眼光去看待研修共同体的发展。农村班主任专业成长研修共同体的发展是协商的而不是预定的，是不断生成的而不是被发现或被设定的。这样的共同体的自组织生成依赖于共同体成员每个人的行为，依赖于集体的合力。共同体成员不仅对自己的未来负责，也对他人的未来负责。

在研修共同体中要保证共同体成员的平等性。人人都是专家，人人都有发表自己看法的权利，人人都需要认真倾听。其主要交流方式就是深度会谈与讨论。每一次的交流都是一次思想的激荡和反思，目的就是在相互协商中解决某一特定问题。

在研修共同体中，其核心精神是"合作与共享"。它是共同体能够自组织发展的文化起点，是共同体成员农村班主任能够团结在一起的组织凝聚力，为农村班主任成员的职业与生活增添色彩，焕发农村班主任生命的活力与张力，推动共同体成员不断实践、不断反思、不断学习，在不断提升自我的基础上推进农村班主任研修共同体的发展，推进农村班主任教育事业的发展。

3. 区域农村班主任专业成长研修共同体

我们把农村班主任专业成长研修共同体界定为按照农村班主任专业发展的目标要求，在一定制度和规范的框架范围内，由若干所同类的农村学校或以研修项目为单位联合起来而组成的班主任研修型组织，它包含两种类型：①这若干所学校研修项目在地域上是相邻的，如同在一个或两个乡镇；②这若干所学校或研修项目在地域上虽然不连在一起，但通过建立稳定而紧密的校际合作关系，在教育教学问题研讨上形成比较固定的联系。

构建区域性的农村班主任专业成长研修共同体，对于提升区域的教育水平，促进区域内农村学校发展，提高农村班主任教育教学水平，具有重大意义。在实际建构中，区域农村班主任专业成长研修共同体构建，首先要符合农村班主任专业研修共同体的一些基本的特征；其次，农村班主任专业成长研修共同体的组织建设要考虑到国家政策的方向和区域教育环境。如何有效推进农村班主任专业成长研修共同体的组织运行是一项复杂的系统工程。

就广西师范学院与柳江县、金城江区等合作实施的区域农村班主任专业成长研修共同体项目中的系列班主任团队研修而言，它强调共同信念和愿景，强调各个成员分享各自的见解与信息，相互协作、承担责任等多方面的合作性活动。通过专题对话、现场研讨、拓展体验、反思改进等方式，让研修成为农村班主任合作学习、团队发展的现实推动力。农村班主任专业成长研修共同体一方面坚持以提升农村班主任的教育理解力和班级建设能力、改进和完善班级教育实践、促进班级学生整体发展的目标定位为班主任研修的意义追求，力求使研修具有鲜明的实践意向；另一方面坚持以深入调研为基线，研制课程方案，兼顾班主任"学习—实践—研究—反思"等多个环节，同时辅以研修过程的动态跟进与调节。由此，农村班主任专业成长研修共同体这种基于实践、为了实践、在实践中不断投射出农村班主任在职教育的实践意义的，以同质促进、异质互补的原则建立起来的共同体，在班主任研修实践活动中联合互动，共同开展研修，从而形成一种主题中心任务驱动、资源共享、相互借鉴、协同研究、共同发展的良好机制。

二、农村班主任研修共同体研究文献述评

农村班主任是农村中小学教师群体的重要组成部分。因此，从寻找研究问题

开始，针对教师培训的文献研究就是关注的重点。总体来看，不少研究从政策制定、制度运用、经验总结及案例分析，对教师培训的特点、原理、需求、作用、方式、效果等方面进行论述。

（一）关于"教师研修共同体"的研究

1. 国外研究现状

20 世纪 80 年代以来，英国谢菲尔德大学教育学院针对以高等院校或教师培训机构为中心提供的教师在职进修进行调研，发现存在许多弊端，由此设计了中小学教师校本进修的"六阶段培训模式"：①确定需要；②洽谈；③协议；④前期培训；⑤主体培训；⑥小结。这种模式以教师所在学校为基地，小组成员由校内同事组成，以解决教师在课堂教学中面临的问题为出发点，可以请校内外的学科专家来学校讲学，也可以由校外进修机构提供课程学习。它通过不断发展建立了教师、学校及校外教师进修机构之间的一种新的更亲密的伙伴关系，形成了合作解决问题的在职进修新体系。这种模式后来成为英国中小学教师任在职进修的主要模式，并得到了许多国家的响应。

20 世纪 60～70 年代，美国中小学教师培训不断发展，建立了专业发展学校（PDS），它是以中小学为基础，与大学合作的一种新型模式。把美国教师教育改革与公立学校的改革紧密联系起来，使教师教育质量的改进与中小学教育质量的全面提高形成一种共生的关系。魏会廷在《教师学习共同体：促进农村班主任专业发展的新途径》一书中总结道："PDS 以学生的学习与教师的发展为导向，以专业的合作小组为特征，以阶段性的形成性评估为保障，促进职前与在职中小学教师共同的专业发展。"美国教师学习共同体构建的理念，包括关注互助学习、关注合作文化、集体探究，关注实践、行动指向，边做边学、关注学习结果等。

还有一些学者对中小学教师研修共同体的特征和含义方面进行了研究。斯多尔等针对中小学教师研修共同体有效性的特点提出了一些见解（转引自：刘亭亭，2016），中小学教师研修共同体体现了这样的特点：①指导学习的共同愿景和价值观；②对学生学习的集体责任；③反思性的专业探究；④为了实现共同目的的合作；⑤个体和团体的学习都得到促进。日本佐藤学从中小学教师文化的角度进行研究，认为要以促进中小学教师的专业发展为目的，并在《课程与中小学教师》中提出促进中小学教师自律文化形成是共同体发展的关键。路易斯认为中小学教师研修共同体的特点是共同去个人化的实践、集中于学生学习的集体、合作（转引自：刘亭亭，2016）。乔司与肖沃斯提出了中小学教师合作学习的实践操作模式——集体探索、相互启发、共同进步，并强调它有如下特点：困难分担、资源共享、相互支援等（转引自：刘亭亭，2016）。

我国农村班主任研修共同体这一领域的研究在很大程度上依托于理论的推演，更多地借鉴西方的研究成果，但是西方学者的研究也只在一定程度上具有参考作用，只有结合我国的实际国情，以及中小学农村班主任发展的实证研究，才能借石攻玉。

2. 国内研究现状

国家对中小学教师专业发展问题的高度关注，引发了国内学者对中小学教师培训模式的研究，班主任作为教师的重要组成部分，其研修模式也进入人们的研究视野。

目前，国家高度重视中小学教师专业发展，以及相继出台了大量的中小学教师专业发展的政策文件，投入专项经费保障培养工作，引发了人们对中小学教师成长的高度关注与研究。关于"教师研修"研究的论文在不断增长，其关注度也在不断提高（图 1-1）。这些文献的关注点主要在：①培训对教师专业发展的价值和意义；②校本培训在教师专业发展中的运用；③培训模式与培训效果的关系；④针对"教师研修"的研究在明显地增加。中国知网收录的 2009～2015 年关于"教师研修"的论文有 1426 篇，关于"农村班主任研修"的论文有 108 篇，其发表时间分布如表 1-1。

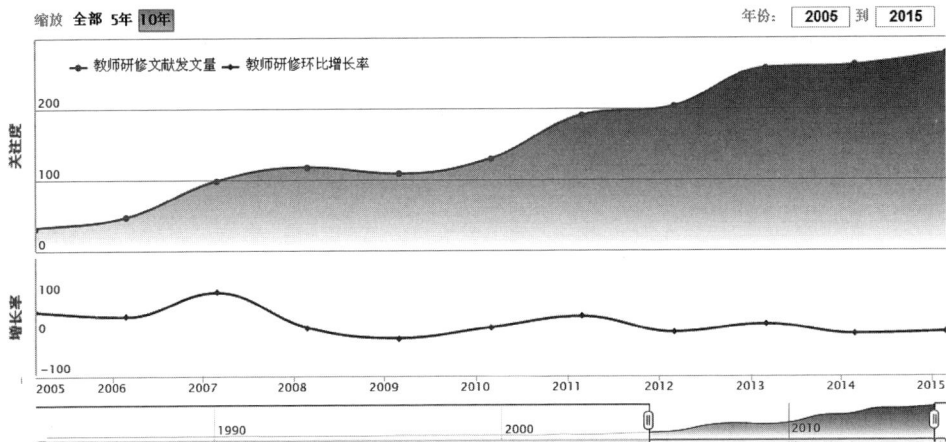

图1-1 关于"教师研修"研究论文的增长率和关注度

表 1-1　教师研修与农村班主任研修发文量对比

时间	2009 年	2010 年	2011 年	2012 年	2013 年	2014 年	2015 年	合计
教师研修/篇	108	129	190	203	257	261	278	1426
农村班主任研修/篇	9	10	8	16	18	20	28	108

　　如表 1-1 所示，"教师研修"方面的文章量呈逐年递增的趋势。可见，"教师研修"的模式已经成为基础教育、教师培训的一个越来越被人们熟悉和重视的概念，并直接指向了现有教师培训的改进。同时，人们对"农村班主任"这一教师群体中的特殊群体的关注也在增加。笔者针对"班主任研修"文章进行了归类，发现以下文献研究内容及观点比较有代表性，如表 1-2 所示。

表 1-2　国内"班主任研修"有代表性的文献研究内容及观点

作者	论文题目	主要观点
王海燕	《"后班主任时代"的专业研修》	提出了班主任专业化发展现状，具体介绍了"实践取向—践行发展—引领激活"的班主任专业研修的策略及成效
方锐、谭德生	《农村初中班主任校本研修课程化的实践与思考》	提出"校本研修课程化"是学校的校本研修按照课程的特点来设计、组织、实施、评估等，是一种具有相对的长远目标、长远规划和发展周期并且配有一套相应的课程教材的校本研修形式
林炊利	《中小学班主任专业发展现状及研修策略》	分析了班主任专业化发展的现状，提出了在教育理论、教育科研、实践反思上进行班主任专业角色的转换、专业能力的提高、专业自主的增强
曾蓉蓉	《班主任立体高端研修实践》	提出了方案设计上要任务驱动，学员导师双线并行，并展示了其研修的成绩和影响，如打造风格团队等
孙延坤、徐恩芹	《影响班主任远程研修学习效率的因素分析》	提出了影响班主任远程研修的一些因素，如所用的教学资源未能按学段进行划分、网络平台的交互性作用没有得到充分发挥、自主学习过程的有效性还需加强等
张青涛	《互助研修：促进班主任专业化成长的有效模式》	提出了互助研修模式。互助研修模式是以学校自身力量、资源为主要依托，在班主任自我反思的基础上，在农村班主任发展共同体的相互影响下，由学校自行设计与策划，并具体组织安排实施的一系列分阶段、有层次的校本德育培训与研究有机融合的活动内容与形式
罗嵘	《"智慧共享，合作互助"，班主任主题研修的思考》	提出了研修问题的设定、解决问题的设想、信息整合、成果共享等具体操作方法。主题研修目的是通过特定问题的实践探究，引导班主任在具体的教育活动中体验，在探究中共享经验与成果、他人的长处，从而产生新的认识，以此达到主动采取行动改善教育行为的目的，以便达到促进班主任主动参与研修，使校本研修扎实有效开展的目的
陈苗、沈小碚	《网络研修互动效果分析及建议》	针对网络研修存在的不足提出了一些建议，如树立正确观念导向、消除形式主义、进一步提高农村班主任的综合协调能力、大力发展农村地区的信息工程建设
熊华生	《班主任混合式培训模式实践探索》	提出了五个结合：集中面授与网络研修相结合、线上学习与线下实践相结合、主题研修与自主选学相结合、必修与选修相结合、专家引领与团队协作相结合

续表

作者	论文题目	主要观点
俞尤棠	《完备体系·创新模式·力求高效——浙江省富阳市农村班主任进修学校班主任培训的研究与实践》	提出了"集中培训—经验介绍—现场观摩—撰写随笔"的班主任任职资格培训形式、"自主研读—集中辅导—参与体验—交流总结"的班主任全员专业化培训形式、"自主研读—专家辅导—课题研究—实践反思"的骨干班主任研修培训形式、"自主学习—外包培训—研讨交流—外出考察"的班主任带头人高端培训形式与体现信息时代特征与要求的 PLA 培训方法、网络培训相结合
张红	《展示为本，探索新时期班主任培训新模式》	提出了以展示促培训，引领班主任未来发展新方向的观点，并具体阐述了如何开展展示活动，展示的内容定位
蒋萍华	《中小学班主任培训的问题及对策》	提出了四点班主任培训的对策：①加强以班主任职责为本的职业理想教育；②形成促进班主任专业发展的培训机制；③构建与班主任专业发展要求相适应的培训内容；④打造发挥班主任主体能动性的培训方式

此外，关于"班主任研修"常用的研修方法的研究，也是目前国内研究者高度关注的问题之一，分析"班主任研修"的相关文献发现，目前"班主任研修"主要采用的研修方法有下面几种，如表 1-3 所示。

表 1-3　班主任研修常用的研修方法

方法	内容	优点
"问题型"研修方法	以班主任工作常见的问题的逐步探索解决为线索，带动基础理论和基本方法的学习，通过学习来指导问题的解决	有利于研究型、创新型班主任的发展、成长
"需要型"研修方法	建立在广泛深入地调查班主任的研修需求的基础上，是从班主任工作的实际需求出发，根据现实需求设计研修内容和研修方式	有利于增强培训的可操作性和实效性，调动班主任参加培训的积极性
"网络型"研修方法	通过网上平台，进行远程教育、学习文件资源网上共享，充分挖掘学员内部的课程资源	①学习活动更加自主化、个性化；②互动方便，每位班主任的问题能及时得到回应，经验能及时与同行分享
"反思型"研修方法	对自己和他人的教学活动的过程、结果进行分析，相互交流，主动地获取知识、应用知识来解决实际问题，提高自身的教学能力的一种培训方法	有助于班主任树立反思意识，不断反思自己的教育教学理念与行为，不断自我调整、自我建构，从而获得持续不断的专业成长

我们从表 1-3 可以看到，"班主任研修"研究者关注到了"以班主任工作常见的问题的逐步探索解决为线索"、班主任自身的需求、班主任专业成长中的自我构建等问题。

（二）关于"班主任研修共同体"的研究

尽管世界各国的学校教育绝大多数都采取班级授课制，但大多数国家没有明确设置班主任岗位，不过也存在着一部分承担类似于我国班主任的职责的教师，而且这样的角色是专业化的。例如，美国、加拿大等北美国家就有类似于我国班主任的被称为咨询工作者（辅导老师）的专职人员。咨询工作者有一个培训体系。1960 年，美国有八个州规定学校咨询工作者必须有证书。由此看来，这些类似我国班主任的被称为咨询工作者的人要经过专业培训，要达到专业化。目前，国外很少有专门针对班主任这类群体的"班主任研修共同体"方面的相关文献与研究。因我国班主任与国外班主任在培养制度、工作现状、专业发展方面还存在着很多不同，所以根据本国具体国情、具体班主任职业现状、发展需求进行研究，更符合研究的本质要求，体现研究的实效性。我们在查阅文献的过程中发现，我们的研究文献更多地停留在"教师研修"的主题上，如表1-1所示，2009～2015 年，发表的相关研究文章共 1426 篇；关于"农村班主任研修"的文章只有 108 篇；针对"农村班主任研修共同体"的研究文献就更是凤毛麟角了，具体如表 1-4 所示。

表 1-4　关于"农村班主任研修共同体建设"发文的增长率

时间	2009 年	2010 年	2011 年	2012 年	2013 年	2014 年	2015 年	合计
农村班主任研修共同体/篇	0	0	0	5	8	16	13	42

在广泛搜索后，笔者对"农村班主任研修共同体"的 42 篇文章进行了重点阅读。通过对相关文献的阅读分析（表1-5），我们可以从中发现目前有关"农村班主任研修共同体"的研究主要集中在哪些方面、从哪些视角进行研究、有哪些不足，可以从中找到一个新的视角。

表 1-5　国内"农村班主任研修共同体"方面的研究

作者	文献	主要观点
顾泠沅	《农村班主任在教育行动中成长》	农村班主任的专业成长过程中需要合作，专家、优秀农村班主任同行和农村班主任本人在共同的备课、听课、评课的过程中得到了共同的成长。农村班主任通过共同的行动，逐渐养成对专业理论和专业能力的渴求。同时，调研显示：94.76%的农村班主任认为"集体研讨"比"独立钻研"更有效
张铁道	《农村班主任同伴研修的理论和实践策略》	顺应农村班主任学习的需求特点，组织农村班主任群体以同伴研修方式进行资源建构，有效地促进农村班主任群体分享教学经验和智慧，将个体的教学经验升华为群体的专业知识资源，从而有效地增强农村班主任团队的教学专业能力
康长运	《建立"学习与发展共同体"LDC》	LDC 以促进农村班主任专业成长与发展为主要目标，以农村班主任自愿参加、广泛吸纳大学同事、教研人员等参与为结构特征，以共同反思教学实践、探讨教学策略为纽带，以成员之间的合作研究、交流和分享教学经验为基本形式。LDC 逐渐把个体的农村班主任变成一个农村班主任有效合作的学习与发展共同体。这是一个自组织状态的共同体，农村班主任研究逐渐成为一种自主研究的形态和自觉的意识

续表

作者	文献	主要观点
宋燕	《和合学视野下农村班主任合作研修共同体建构的研究》	从"和合"视角研究，积极回应"和谐"教育思想观。农村班主任合作研修共同体所蕴含的伦理意蕴与中华传统和合文化中所追求的和谐思想一脉相承，并在一定程度上有所创新。在农村班主任合作研修共同体建构的过程中，吸收和合文化的和为贵、和生万物、和而不同等思想精髓，遵循其整体和谐原则、有序对称原则、和合协同原则、平衡互动原则，并从和合学的原理中获得启示，这些为构建农村班主任合作研修共同体提供了强有力的理论支撑
王晓波、卫才发	《推动基于网络的农村班主任研修共同体和谐发展》	利用网络在农村班主任个体研修、同伴合作和专业引领三个方面，拓宽农村班主任的研修发展途径，在政策制定和制度设计方面，为农村班主任网络研修共同体的发展和壮大提供保障
高霞、康永邦	《构建农村班主任研修共同体，促进学校内涵发展》	以建设研究性学习小组为切入点，促成农村班主任研修共同体的构建；以变革研修内容和模式为突破点，促成农村班主任研修共同体的优化；以推进区域教育高位均衡发展为生长点，促进农村班主任研修共同体的内涵提升
徐旭、翟垫	《高校参与下的中小学农村班主任网络研修共同体模式构建》	文中将模式分为两层：内层为研修共同体构建策略层，是研修共同体构建的软要素；外层为资源和环境支持层，是研修共同体构建的技术基础。整个模式以研修共同体为载体，研修共同体是一种特殊的学习共同体，是农村班主任进行研修活动时所形成的学习共同体
陆静尘	《实践共同体视野下幼儿农村班主任专业发展》	从情境学习理论中有关实践共同体、学习、知识的论述出发，运用人类学研究中人种志研究方法，通过对一所幼儿园中班主任日常教育行为的参与式观察、深度访谈和案例分析等方法研究了农村幼儿园班主任的学习行为，并提出农村班主任实践共同体的运行模式，以支持农村幼儿园班主任的专业发展

此外，还有学者提出了"构建多种形式的区域农村班主任研修共同体"，其作用在于增强农村班主任研修的实效性，促进不同学校、不同层面农村班主任的专业发展。王晓东、徐东生在《自助式协作研修共同体》中提出，研修共同体要从解决平日所遇到的教学难题和困难入手，互相促进，共同研修，并提出处于相互作用环境中的人或集体，其中一方一旦达到目标，同时也会帮助他方达到目标，这是一种相互依存、共同提高的助长关系。纪为光在《农村学校区域校本研修共同体》一文中，提出了农村班主任培训机构要以服务型培训理念为指导，采取积极有效的建设策略，实现科学、高效。纪为光认为农村班主任学习共同体可以使农村班主任个人和集体的学习得到促进和提高。郭向军认为，农村班主任学习共同体的特点还包括异质性的共同体构成成员，对话、互动和协作的活动、方式，成员间互动的活动是学习共同体中学习发生的载体，对团队的认同感、归属感。王海燕将农村班主任学习共同体本身作为一种理论视角进行研究，通过研究展现农村班主任研修给一线农村班主任带来真实影响、发生作用的相关因素。彭寿清在实践中尝试建立农村班主任学习共同体，在西部农村地区基础教育进行农村班主任共同体建设的探索。吴巍莹用叙事研究方法展现了学习共同体建立、发展的具体过程，剖析了学习共同体在其发展

进程中可能遇到的问题及其原因，探讨了影响学习共同体发展的因素。我国台湾的一些学者推崇同伴互助，认为农村班主任通过共同阅读与讨论、示范教学、课程研究等，来彼此学习新的教学模式或者改进教学策略，进而提高学生学习成效、达成教育目的。

探寻"农村班主任研修共同体"研究痕迹，我们发现这些文献为我们提供了良好的研究基础。但我们也发现，针对农村班主任研究共同体的文献资料不仅数量较少，而且主要集中在"必要性"的研究层面。虽然有不少文献提及实践层面的方法，但更多的是停留在对现象的描述和对经验的浅层次的总结。其中，符合我国农村特点的、聚焦农村班主任专业发展问题和"研修共同体"的系统构建及科学运行模式方面的研究更是缺乏。

（三）文献研究给我们带来的启示

1. 班主任培训学习越来越多地表现为一种"研修"的状态

通过对"教师研修""班主任研修""农村班主任研修共同体"等相关文献的研究和解读，我们发现班主任专业化发展的继续教育中，班主任培训越来越多地表现为一种"研修"的状态。通过上述的文献研究，我们发现目前的中小学班主任培训学习多通过以下几种方式实施：①班主任研修利用学校现有资源，实现班主任校本研修；②关于班主任研修的模式，多是就区域性整体推进、小组合作研究、大学支持教研等不同的推进策略进行论述；③信息技术支持班主任研修，以网络、远程教育为平台论述农村班主任研修得以跨越时空的可行性。此外，文献中也涉及对诸如研修意义、课堂管理、主题班会设计、农村班主任专业发展的问题、新时期班主任专业化发展要求等方面的内容思考。由此可见，"班主任研修学习"已慢慢成为我国班主任培训中一个为人熟知的概念，直接指向对传统讲授型的班主任培训方式的改进。

2. "农村班主任研修共同体建设"的研究严重缺失

在文献检索的过程中，我们发现关于"班主任研修共同体建设"的研究成果较少，2011年之前发文量为0篇，2011年以后平均发文量也只有42篇。而发表的这些论文主要是从以下这几个方面展开论述：一是校本研修；二是主题研讨；三是师徒结对；四是高校引领的合作。

我们也发现，针对"教师研修"的组织与管理方面主要存在以下问题：①目前班主任培训学习的现状是，当下对促进班主任专业化发展的培训活动，更多的是采用传统的"集中培训"的形式完成，即便是有"研修共同体"的组建，也是服从于"集中学习"的需要的，具有促进班主任专业成长真正意义的"研修共同体"还没有真正形成。②关于班主任"研修共同体"的系统建设、模式构建、保障机制建设的有效途径与方法方面的研究很少，更多的也只是停留在对研修现象的描述和对工作经验的总结层面，深入活动本身的规律挖掘、共同体内相关人员之间的关系解析等还显不足，更谈不上对"农村班主任"组成的专业成长研修共同体，如何在科学理论指导下的系统、模式、策略实践探索的研究了。

3. 研修共同体构建需体现班主任专业发展的特点

对相关文献资料的研究一方面显示出了班主任研修本身具有的复杂性，另一方面也为本书提供了关于有效体现班主任专业发展特点的问题思考。通过文献研究，我们发现：①目前有关班主任研修共同体的研究，存在着重研修共同体"作用"的一般研究，轻"作用"发生的过程的研究，即研修共同体是如何促进班主任专业化发展的？它的运行有何规律？②目前有关班主任研修、学习共同体的研究，存在着重引介、引入的文本研究和轻转化、实践的研究。多是处于提出原则和模式的定性分析，很少从研修内容与班主任的专业化发展内在关联出发。这又是本书的一个"新"补充。③对于研修效果的质疑依旧是一个研究的热点，也是班主任研修中的现实的难点问题。我们在研究中需要关注班主任研修本身的教育意义，并对其进行效果分析。

基于以上认识，农村班主任研修共同体活动的开展过程，是教育本身所具有的系统性与复杂性的缩影。因此，要揭示班主任研修共同体对于班主任本身的影响，需要走进其研修生活。

4. 有选择地借鉴教师共同体构建的成功经验

在文献研究中，我们发现：校本研修、网络研修、高校引领下的区域性研修等研修方式是目前班主任研修活动的主要形式。作为教师研修共同体的一个部分，农村班主任研修共同体既有教师共同体的特性，遵循教师专业发展的成长规律，又有自身班主任角色与农村学校班级管理工作的特殊性。因此，探究农村班主任研修共同体建设，不仅要充分厘清农村班主任专业发展的现状、班主任工作特点与农村班主任专业发展需要的条件，还应借鉴国内外先进的教师研修共同体构建中的成功经验与模式，开展本书的相关研究工作。

针对以教师研修、农村班主任研修及农村班主任研修共同体建设为线索的文献学习与研究，让我们的研究问题与研究的突破点更加清晰。如何借鉴教师研修共同体的经验来指导农村班主任研修共同体的构建与实践？如何凸显农村班主任工作的独特性和专业性，真正地将研修共同体指向与服务于农村班主任专业发展？如何提高共同体中研修学习的有效性？我们应将研修本身蕴涵的多种关系与现实中鲜活的研修活动结合在一起，展示教师研修生活的真实存在，进而提出农村班主任研修与农村班主任专业发展的相互关系。这也是本书对促进农村班主任专业发展实践探索的一个研究贡献。

基于这样的认识，我们把具体研究问题确定为以下几点。

1）农村班主任研修共同体的基本定位是什么？共同体在研修中坚持怎样的教育理念？班主任研修共同体与班主任专业发展之间的关系是什么？

2）农村班主任研修共同体的基本特征是什么？目前，我国农村班主任研修中存在的问题是什么？

3）农村班主任研修共同体策划、组织和实施是如何进行的？

4）农村班主任个体在共同体中发生了什么变化？农村班主任对其工作的角色认同度、教育的内涵理解、班级管理及个人行动反思能力等方面是否有所变化？这种变化是如何发生的？

5）共同体中的班主任群体在研修中发生了哪些变化？个体间的相互影响和整体变化有哪些表现？具体是怎样运行的？互动的良性机制是什么？

第三节　确定基于实践的研究取向

"实践"是当前教育中一个使用频率甚高的概念。正如"现象学教育学"的开山鼻祖范梅南教授在其著作中提到，"西方哲学现象学转向的口号'回到事情本身'，这种接近问题的态度和方法，跳出了传统哲学现象与本质、知性与理性的原则区别，打开了一条取消主体与客体分立的哲学传统道路"（范梅南，2003），"这种现象学特有的意蕴提供了新鲜的方法论含义"（范梅南，2003），其影响力正在教育领域不断显现。在对教师培训与教师发展关系展开研究时，遵循这一方法论转向使学术理论与行动理论的不断对话呈现出研究的实践取向。

一、在实践中改进的研究

农村班主任的研修共同体建设活动是一种动态的发展过程，作为一种教育实践的亲历者，在围绕农村班主任研修共同体建设这一实践活动的研究中，置身在研修本身，不断对研修发生过程给予真切关注：农村班主任在研修中获得了怎样的收获？对学生的评价的方法是否增加？对留守儿童的管理增加了哪些知识与情感？他们以怎样的态度、方法或行动参与研修？在过程中反思，在反思中行动。研究本身具有了自觉行动的可能性。通过对农村班主任的已有经验给予关注，寻找其中的动态变化，由此揭示农村班主任"不断成长，日趋成熟，每一瞬间都是全新的……每一状态都是历史中的独创的时刻"（约瑟夫·祁雅理，1987）。

因此，要揭示农村班主任研修对于农村班主任究竟具有怎样的影响，需要从容走进研修生活。我们尝试运用一种基于情境、现场和关系的分析，走近研修中的人——个体和群体，在寻找可以建立的人的互动关联中发现问题，研究问题，采取行动，改进策略，进而提出建议。

二、基于实践发现的研究

农村班主任研修共同体作为一种特有的教育研究、教育实践，着眼于班主任对教育目的、人的发展的现实追求，关注班主任作为专业人员、作为教育工作者的成长，必然蕴涵着作为一种教师教育实践的理论。"教育学理论从根本上是一种实践。无论我们获得什么样的教育知识，无论我们在教学上、为人父母上，或照看孩子上获得什么样的知识和洞察力，这种能力必须对我们与孩子们相处有意义。我们也可以将这句话反过来说，我们日常与孩子们相处，我们的实践活动，是我们对教育学进行反思乃至形成教育理论的起点。"（范梅南，2001）可见，对农村班主任教育研究的理论寻找过程，可以是基于实践的发现，其理论具有实践性。

农村班主任研修作为教育实践的展开，既有农村班主任作为个体的行动参与，又有农村班主任作为群体的互动关联；既有对教育目的、人的发展的基本追求，又有对农村班主任作为专业人员的基本关注。因此，农村班主任研修本身就应充满着对教育实践的生动理解，充满着对于农村班主任专业的真、善、美的解读与表达。农村班主任研修的研究需要紧紧依靠实践。就农村班主任研修的研究而言，农村班主任研修生活的设计、组织、实施的过程就成为研究的立足点。资料的收集、整理都是深入研修实践的切实体验。

三、"看""听""做"混合的研究

对于农村班主任研修共同体研究的重点在于研修共同体运行体系对班主任专业发展的影响和联系。这是一种以人的活动为基础的研究，对此需要研究者积极主动地走进班主任研修，用心灵和数据亲身去证明班主任专业知识、专业能力的增长，体会班主任专业精神的增强，从而不断地修正原有的理论和体系框架。

本书尝试采取量化研究与质性研究的融合。量化资料可以表转化，可以完成客观的比较，且量化研究的测量可借由系统的或可以比较的方式对所有的情境或现场加以描述。两种研究方式相结合进一步扩展了研究的广度、深度与力度。本书也采取了行动研究的策略，专业实践的不断变革与探索，揭示了教育的复杂性和生成性，从而形成一种实践分析。

研究的行为表达可以形象地概括为"看""听""做"。这些是人感知和进入生活世界不可缺少的基本方式，缺其一都会带来生活的艰辛与缺憾。

"看"是人感知事物的一种方式，是对实物的观察与判断的来源。这使得研究可以既保持中立、客观、冷静的态度，又因投以关注、兴趣、期待而不断凝聚焦点。那么如何"看"？对于班主任研修共同体的研究而言，可以采取量化研究的方式，收集研修共同体体系下班主任的外显语言、动作、表情等，并给予数量统计分析，由此获得一些数字的支持，也可以采用质性研究的方式描述研修共同体运行下班主任的活动状态。

"听"是主体对外界事物主动捕捉与接纳，可以表现出对于新的观点的吸纳，也使研究接近人的信念、动机、判断、价值、态度、情感等深层特征。那么如何"听"？针对班主任研修共同体的研究，可以采取量化研究方式，记录班主任针对模式运行有效性相关问题的回答，并进行统计；也可以采用质性研究的方式，对班主任专业化发展状况进行访谈，从而分析谈话中的内涵和

精神。

"做"是一种担当与行为，是与外部事物建立起直接、参与的融合关系，是主体进入事物之中成为其中重要构成。这种方式的研究需要研究者参与，更需要其全身心投入，去分管一部分任务，从而能够更好地概览整个培训过程，发现培训模式的运行情况。如何"做"？研究不拒绝人的实际行动，对于构建的培训模式下班主任的培训状态、行为方式、活动策略都给予关注和审视。

"看""听""做"的共存统一可以显现量化研究与质性研究两大范式的融通，也可以显现行动研究接近事实、改进行动的实践探索。因此，本书的"混合研究"一方面力求凸显与学术理论的对话，另一方面力求凸显实践理论的现代意义。

四、立体多角度聚合的研究

当确定了以一种混合研究范式进行研究的思想方法后，笔者就开始了围绕研究问题设计一种多维聚合的研究流程。在笔者的理解中，多维更多地体现为对班主任研修共同体体系构建中理论基础的研读，研修过程中个人参与、群体互动的不同要素的关注；聚合是将这些关注点都与班主任专业化发展相联系并分析研修共同体运行对班主任专业化发展的有效性，从而进行改进、完善。具体来说，本书中使用的主要研究方法有以下几种。

1）文献研究法：通过文献搜集与整理分析，了解班主任专业化的发展状况，探究农村班主任培训模式和班主任培训模式已有的理论研究成果和模式构建的规律，分析模式构建与中小学班主任专业化发展的联系与切入点，从而完善模式。

2）对比研究法：通过前后调研数据分析比对和样本班设计，借鉴数学建模的方法对各种数据进行有效性分析。

3）行动研究法：笔者作为该项目的主持人，从 2012 年开始，以广西"百色市农村寄宿制初中班主任能力提升工程""柳江县农村班主任研修共同体构建项目""金城江区乡村班主任综合素养提升工程"等系列项目为实践载体，实施农村班主任研修共同体构建的行动研究。同时，在农村班主任研修共同体开展的研修活动中，行动研究也是农村班主任研修学习的重要方法。

　　总之，在明确了农村班主任研修共同体是研究的基本问题之后，我们聚焦出指向研修组织、班主任个体与群体发展的具体研究问题。确定基于实践的研究取向的问卷调查、个案研究、行动研究等多维聚合的方法设计，寻找农村班主任研修共同体建设的理论支持，成为科学研究的重要条件。

第二章

农村学校班主任研修共同体构建的理论解读

当我们确定把农村班主任专业成长研修共同体界定为按照班主任专业发展的目标要求，在一定制度和规范的框架范围内，由若干所同类的农村学校或以研修项目为单位联合起来而组成的班主任研修型组织，并确定以农村中小学班主任研修中的共同体活动对农村班主任专业发展实际发生作用的过程作为研究的基本问题后，农村班主任研修与一般的教师研修同样作为一种教育实践活动，就不再是空洞和抽象的，而是具有了意向性、整体性、情境性和主体性的特点。在研究中，怎样表述研修活动中个体与群体的关系？怎样架构研修共同体有效运行的基本框架？怎样体现与描述参与者在研修活动中鲜活、真实的互动对话体验？对此，我们需要回归理论的学习与探寻。

第一节　农村学校班主任研修共同体构建的理论基础

走进研修本身，可以细腻、真切地捕捉到其中的参与者的个性与"间性"，使研修展现出人际互动、交往、生成的教育世界。经验学习圈、情境认知、群体动力、社会互依、实践共同体等相关理论，成为构建农村班主任专业成长研修共同体实际有效运行框架的理论基础和思考基点。

一、经验学习圈理论

（一）经验学习圈理论的来源

库伯的经验学习圈理论是在杜威、皮亚杰、勒温等思想理论成果的基础上建立起来的，如表 2-1 所示。

表 2-1　库伯经验学习圈参考的理论基础

代表人物	理论名称	具体观点
杜威	经验学习三阶段	①细心观察周围发生的情况。②细致了解熟悉过去发生的类似的情况、情境。有两种获取知识的途径，一种是回忆，另一种是具有广泛经验的人给予的现成的知识、劝告和警告。③把细心观察、后期回忆和向他人学习进行整合、重新建构，重新明示其意义
勒温	螺旋循环模式	①现有的经验；②观察、分析资料；③归纳形成"理论"；④反馈给主体调节行为
皮亚杰	互动学习	认知发展分为四个阶段：①感知运动阶段；②前运算阶段；③具体运算阶段；④形式运算阶段 认知发展四阶段所对应的学习依次是：①动作学习；②表象学习；③归纳学习；④演绎学习
库伯	经验学习圈理论	①具体经验；②反思观察；③抽象概念；④积极实践

我们从表 2-1 发现，杜威、勒温、皮亚杰的理论观点，对库伯产生了直接的影响，库伯的理论观点是在他们的基础上进行的革新与升华，其中将单一传统的"反思"过程分解成观察、反思两个过程，并整合了"抽象概括"这一环节，经过科学建构，形成了经典的学习模式——经验学习圈模式。

（二）经验学习圈理论的主要内容

1. 经验学习圈模式的四个阶段

图 2-1　库伯经验学习圈模式

经验学习圈模式分为四个阶段，每个阶段都表明了一种学习方式和一个获取知识的过程，四个阶段完成后，能够真正实现知识的内化和实践（图 2-1）。这四个阶段是根据人接受知识的顺序进行设置的，是有梯度的循环的过程，是每个人学习过程中应该遵循的一种方式。循序渐进、有条不紊，是经验学习圈模式的一大原则，如图 2-1 所示。

图 2-1 中库伯经验学习圈模式的四个阶段，有着不同的要求与意义，我们下面对其进行深入的分析。

（1）具体经验阶段

学习者以实际学习、实践为依托，从中获取直接经验。在此阶段中，学习者要抱着积极主动心态进行学习，注重经验情境的体验实践，通过观察发现问题，对旧的经验进行重新建构，新旧经验实现有效融合。

（2）反思观察阶段

反思观察阶段体现的是对过去的经验和新获得的知识进行加工的方式，在第一阶段获得具体经验后，要对经验数据进行搜集和整理。这种方式根据以往的知识、理论、经验对第一阶段获得的具体经验进行重新建构、观察和思考，探求新旧经验的联系、不同，反思丰富自己现有的知识，寻找更好的方法、途径，以便更好地学习。

（3）抽象概括阶段

此阶段是对上一阶段的反思观察进行归纳总结，依托实践平台，细致分析实践获得的经验和反思观察后对自己学习本身产生的影响，抽象出一般的、普遍的规律，概括出合理、具有一定概括性的概念。

（4）积极实验阶段

在积极实验阶段，学习者要带着自己的知识储备，进入到实践平台，检验学习成果，验证前面各阶段所做出的结论。这种检验的过程又成为一个具体经验，成为进一步反思的起点。成功的实践将证明获得的经验是否真的有用。

2. 经验学习圈理论的三个主要观点

（1）任何学习的过程都应遵循经验学习圈

我们获得的知识、对世界的认识首先来自经验。自身对世界的直接感知，对某事物的直观了解，我们称之为"直接经验"；通过向他人学习、讨教获得的经验，我们称之为"间接经验"。

在培训中，我们称"经验"为知识和能力，有了最初的知识和能力之后，我们就要进行自我反思，这就是我们的"反思观察阶段"。就像孔子《论语》里讲的"吾日三省吾身"，这种反思能够对所学的知识进行打乱后，再做整理、提炼。这是对知识的第一步加工，这种加工有助于人们更加清晰地理清知识内部的脉络，强化记忆，分析问题所在，做到及时纠正知识。

经过第二步的整理，我们进入到"抽象概念化"阶段，这个阶段就是要从理论的视角对知识进行进一步的"包装"，使知识更为"理论化""系统化"，这使得我们的知识发生质的飞跃，知识在我们进行理论加固和分析内化过程中，能够真正地进入人的内心。这种升华是学习每一个知识都必须走的步骤，否则知识不可能真正进入到自身知识结构系统中。

知识的学习是为了应用，知识来自实践，也应该服务于实践、指导实践，这就是最后一个阶段"主动实践"阶段。这个阶段使学到的知识、内化的知识实现了实用价值。这种价值体现在知识能够实现实践的落到实处，能够实现实践的不断革新，能够使得实践发展方向保持正确性，此外在实践中我们可以再次检测学习的知识是否达到自己的预期效果，是否存在问题。新的问题会促使我们再次进入下一个"具体经验"阶段，实现经验学习圈的螺旋循环上升、知识经验的不断积累的良性循环。

（2）注重每个人学习的差异性

"世界上没有相同的两片树叶"，学习者更是这样。每个学习者都有不同的教育背景、性格特征、学习状态、教育经验，这导致了每个学习者都有不同的学习规律、学习风格、学习"兴奋点"。在库伯的解读中，他只划分了四种不同的学习者，有注重经验学习的经验学习者，有强调反思过程的反思学习者，有注重探究理论的理论学习者，有乐忠于实践的应用学习者。每一种学习倾向都不能拿好坏来评价，就像不能评判每个性格的人的本质优劣一样。每一个学习风格都要重视起来，这样我们的学习效率、效果才能得到保证。因此，我们要严格遵循经验学习圈四个阶段的不同风格、不同层次的学习。

（3）集体学习比个体学习效率更高

学习要讲究形式，实现独学是基础，对学是常态，群学是升华的方式。开放性、灵活性是集体学习的特点，其方式给学习者创造了互相交流、切磋的机会，学习者本身存在着教育背景、知识、学习风格、价值观的差异，集体学习能够实现这些不同的元素在同一时空的最大融合。这种经验思想的碰撞使得每一个学习者都进入了一个大脑高速运转、注意力高度集中的阶段。这种思想火花的碰撞能够高效地实现个人知识与能力的提高。毋庸置疑，集体学习的模式更有利于知识和能力的建构和传播。

（三）经验学习圈理论对本书的启示

经验学习圈理论对农村班主任研修学习与共同体的组织建设有着重要的指导

作用，主要表现在以下几点。

1. 经验学习要处处体现

班主任研修学习的优势在于其具有一定的情绪自控能力、问题分析能力及自我学习能力，尤为重要的是过往的丰富实践经验会帮助他加深理解，迅速找到问题的关键点和问题解决的途径。经验学习圈理论告诉我们：成人的经验如能加以充分利用，不但能够点燃他们的学习兴趣，还能够挖掘他们各自的优势，生成新的实践知识。班主任研修学习活动设计要将班主任原有的经验加以激活和利用，可以根据经验学习分为四个阶段对研修中参与者的经验加以引导。

1)"为什么"阶段：设计情境体验环节，激发参与者的学习经验和兴趣，引导、鼓励参与者在过去经验的基础上，提出问题，并适时引导他们利用自己或他人的经验去解决问题。

2)"是什么"阶段：关注班主任专业理论与实践相结合，通过系统地向学员讲解教育教学、管理等关于班主任专业化发展的知识，以及每个部分知识的理论内涵和具体实操，建立理论与实践操作经验的链接，参与者捋顺"是什么"。

3)"怎么办"阶段：按照课程想要传达给学习者的思维方式及学习方法，总结归纳，形成自己的一套解决问题的宝典，找到实践平台去进一步深化和丰富自己的理论内涵。

4)"如果……会怎么样"阶段：让参与者学会思考问题，并且能够进一步探索取得的经验意义，学会在实际情境中加以运用。库伯认为每个人的学习类型都是处理信息的不完全形式。经验学习圈模式的四个阶段必须由学习者自己经历、实践。

2. 自我反思要时时进行

经验学习最重要的一点是学会反思。对于经验的反思包含两个部分：既可以是经验过程本身的反思，又可以是经验内容的反思；既可以对自己进行自我反思，又可以对他人进行反思。它可以同时发生在具体经验之前、具体经验的过程活动中，以及具体经验之后。由此可见，反思对班主任专业成长中研修学习的重要性。

按照常理，"行动—反思"为促进班主任专业发展的导向性框架，其知识类型与经验学习圈理论模型中"顺应性知识"相对应，以修正和改进为主旨，"顺应性知识"为我们设计班主任专业成长研修共同体的学习方式提供了方法论的指导，在具体的行动中形成适合经验背景和个人知识结构的研修模式。

3. 研讨归纳要不断深入

成人学习经验基础丰富，研修指导教师要注意引导学习者在反思的基础上，将新旧经验建立联系，搭建桥梁，不断地思考和感悟，并且把这些感悟、经验进行深度的总结和归纳，促使学习者进一步理解经验活动的成果，并使之理性化。对于本书来说，有效的研修活动的开展不仅需要对经验进行剖析，更重要的是形成新的行动计划。

4. 实践运用要密切跟进

经验学习圈理论告诉我们，在实践过程中学习者会达到"临界点"，在此阶段给予学习者必要的支持与帮助，可以使问题得到有效的突破、实践知识得到升华。经验学习是以一次相对结构化的完整过程为单位的，但对于现实来说，一次经验学习过程对于农村班主任专业成长还不够。因此，研修共同体运行体系构建中要设置一次又一次螺旋循环式的经验学习过程。

经验学习圈理论中"集体学习比个体学习效率更高"这一观点告诉我们，在研修共同体中需要创设多样化的集体研修机会和群体对话与研修经验分享的平台，形成促进群体成员良性互动的组织管理机制。

二、情境认知理论

（一）情境认知理论的来源

著名心理学家维果斯基（1997）研究发现，个体的、独立的学习方式存在着缺陷，因为人是社会的产物，所以缺乏了社会的互动，他就永远不可能发展出人类进化中所形成的属性和特征。基于维果斯基的心理学理论，以及其他人类学、社会学和认知科学理论，在20世纪80年代情境认知理论产生了。

（二）情境认知理论的主要内容

该理论认为，知识存在于个体和群体的行动之中，随着个体参与到新的情境中并在新情境中进行协商，知识产生了。知识和能力的发展，就像语言的发展，发生于真实情境中不断进行的利用知识的活动中（巴拉布，达菲，2002）。情境认知理论"不是把知识作为心理内部的表征，而是把知识视为个体与社会或物理情境之间联系的属性以及互动的产物。因此，参与基于社会情境的一般文化实践是个体知识结构形成的源泉"（高文，2001）。该理论反对把知识当作"一个整体的、自足的，从理论上讲与学习和使用它的情境相脱离的东西"（Brown et al.，1989）。因为这样的知识是"呆滞的知识"——仅为人脑所接受却不加以利用，或不进行检验，或没有与其他新颖的思想融为一体，因而，当需要用这些知识来解决实际问题时，它们往往被证明是没有用的。也就是说，情境认知理论超越了传统的知识观，强调知识的情境性、真实性、社会性、应用性、互动性。

（三）情景认知理论对本书的启示

情境认知理论对于情境中的学习，强调了学习场景的独特性、学习的建构性，进而关注到学习情境中的个体性。

1）学习是学习者在一定的情境脉络中主动地建构知识的意义的过程。首先，建构必然发生在个体的内部，并最终由个体来完成，因而，知识意义的制定过程具有了个体性，学习的情境具有了个体性。其次，情境认知强调给学习者提供反思的时间和空间，让学习者在反思中形成抽象的观念，这种反思必然具有鲜明的个体性。最后，创设的学习情境是自然的学习场景的"仿真"，力图蕴涵自然场景中学习的精神、回归自然场景中学习的生态。学习情境由此具有了独特性、个体性（巩子坤等，2008）。

2）情境认知理论把学习看成是一个社会文化现象，而不是单独地从非情境化的知识主体中获得一般信息。意义制定是任何活动参与者之间的社会协商过程，从这一观点看，学习就是对话，既是内部的，又是社会协商的。学习就其本质而言是一个社会对话过程。人是社会的创造者，他们依靠来自他人的反馈，决定自己的存在及个人信念的多样性。当个体参与到话语或实践的情境中时，个体的知识和信念就会受到情境的影响。个体之间的同一性就由此形成，这也是学习的主要成果。

3）存在社会关系及工具的现实社会情境是最好的学习环境。梅里安（2006）曾指出，仅仅将情境加入到学习经验中是不够的，更重要的是在社会实践中处理好人、工具、活动的关系。换句话说，存在社会关系及工具的现实社会情境是最好的学习环境。可以说，对学习环境的关注为研究教师作为研修个体参与群体中，融入研修氛围并相互作用提供了启示。首先，要看到学习是意义制定的过程，是教师的知、情、意、行全面感受融入的过程，依托意义制定过程可以发现教师的研修体验，可以保持研修作为一个教育实践活动的完整性和全面性。其次，强调研究教师研修要看到其中的关系和意义，关注到教师个体在参与研修中变化的可能性与影响源。

情境认知理论关注学习发生的个体性与整体性，重视作为社会活动的学习的交互关系，启示着对于教师研修的研究，应将其中的人与环境、个人与他人、个人经验的建构、学习的承载物等因素之间的关联作为研究的重要内容。

三、社会互依理论

（一）社会互依理论的来源

20 世纪初，格式塔心理学派创始人科特·考夫卡首先创立了社会互依理论。科特·考夫卡提出团体是一个互动的整体，团体成员之间的互相依存关系是动态变化的。20 世纪 40 年代，科特·考夫卡的同事科特·勒温又发展了社会互依理论。科特·勒温认为，团体成员因共同的目标而具有相互依存的关系，团体的本质就在于其团体成员的互依关系（转引自：魏会廷，2013）。团体作为一个互动的整体，团体中的任何成员或者子团体的变化都会引起其他成员或者子团体的相应变化。

（二）社会互依理论的主要内容

美国明尼苏达大学戴维·约翰逊教授在其《社会互依性：在理论、研究和实践间的联系》一文中，也对社会互依理论进行了详细的阐述。戴维·约翰逊教授提出了两种类型的社会互依结构：一种类型是积极的社会互依；另一种类型是消极的社会互依。戴维·约翰逊教授主要从行动、心理过程、互动形式和结果四个方面对这两种互依结构进行阐述。社会互依理论至少包含两个方面的内涵：①个体要想获得成功，必须很好地借助他人的力量，单纯依靠个人的努力难以实现个体的愿望。②单纯的竞争是消极的社会互依，这种消极的社会互依会导致个体成员之间关系淡漠，甚至阻挠他人取得成功；合作是积极的社会互依，它体现在群体成员之间积极互动，彼此之间关系融洽，共享资源，相互促进。

（三）社会互依理论对本书的启示

1. 研修共同体建设必须注重建设积极和谐的关系网络

首先，这种农村班主任专业成长的研修学习，离不开人与人之间共同形成的研修氛围与情境；其次，尽管是班主任群体的专业活动，但其目标直接指向了每个人的发展，也形成着教育者特有的实践性知识。可见，个体与个体之间、个人与群体之间、人与环境之间、人与他物之间，以及活动本身构成了教师研修作为共同体的关系网络，使研修具有了教师实践共同体的可能性。

2. 专业成长研修共同体建设需要共进双赢

个体的奋斗不但带来自身的成功，而且促进团队其他成员的成功，从而实现了一个共进多赢的理想结果。更多的合作活动的开展有助于团队成员之间的相互促进和相互依存，以及促进性互动产生。团队成员相互鼓励、相互促进并推动他人共同努力去实现整个团队的目标。

3. 专业成长研修共同体建设必须关注积极的文化氛围

和谐的团队文化使团队中每个个体受益，也增进他们对团队其他成员的了解及成员间的感情，有助于增强团队成员的自尊心，提高成员的社会生存能力和对冲突的消融与驾驭能力。

四、群体动力学理论

（一）群体动力学理论的来源

群体动力学是群体心理学研究中的一个重要组成部分。群体动力学理论的创始人是德国心理学家科特·勒温。

（二）群体动力学理论的主要内容

科特·勒温认为，所谓"群体动力"指群体活动的方向，而研究群体动力就是要研究影响群体动向的各种制约因素（转引自：魏会廷，2013）。它的宗旨就是寻找和探寻群体行为与每个个体行为的动力源，然后从心理及社会环境两方面去寻找对群体及个体行为的推动力量。一般的群体动力系统包含驱动力、凝聚力、耗散力三大要素，三种动力构成要素同生并存于群体中，它们相互作用、抗衡，彼此消化、转化，推动着群体的演化和发展。其中，凝聚力是保证群体稳定的因素，驱动力是促使群体不断发展和演化的因素，耗散力则是破坏群体稳定和演化、降低群体绩效的消极因素。

（三）群体动力学理论对本书的启示

我们应该从内因的角度去考察和研究群体行为的产生和发展规律，为群体行为的发展创建一种积极的相互依赖的学习氛围。

应该从群体成员间的关系及整个群体氛围去考察群体行为的变化规律。因此，在农村中小学班主任专业成长研修共同体中，我们应重点考察协作团队中的班主任群体行为，他们的社会交往的规律，以及个体、群体和共同体的关系。

个体行为不仅受到个体内部条件的影响，而且受到群体环境的制约。群体动力学理论为我们研究农村班主任专业成长研修共同体的内部组织情况提供了很好的佐证，使我们在群体动力场中能比较深入地分析影响群体与成员相互作用的因素。

群体动力学的理论精髓使我们对"蓬生麻中，不扶而直"有了更深的认识：要提高农村班主任个体的专业能力，最好从改变农村班主任队伍或者某个学校或若干学校组成的区域农村班主任群体入手，因为任何一个班主任都有一种群体归属感，都不愿意被他所属的群体厌弃。同样，农村班主任专业发展的研究，不但要研究个体的发展，更要研究群体的发展，农村班主任专业成长研修共同体是群体动力学指引班主任专业发展的必然产物。

五、实践共同体理论

（一）实践共同体理论的来源

"实践共同体"（communities of practice）源自莱芙和温格（2004）的《情境学习：合法的边缘性参与》一书，该书强调"实践共同体是一个活动系统的参与；是一系列个体共享的、相互明确的实践和信念以及对长时间追求沟通利益的理解；关键是要与社会联系——要透过共同体的参与在社会中给学习者一个合法的角色（具有真实意义的身份）或真实的任务"。

（二）实践共同体理论的主要内容

任何知识都存在于文化实践中，参与这种文化实践，是学习的一个认识论原则。实践共同体实际意味着在一个活动系统中的参与，参与者共享他们对于该活动的理解，这种理解与他们所进行的行动、该行动在他们生活中的意义及对所在共同体的意义有关。学习不是通过复制他人的作品而进行的，也不是通过获得教学中所传授的知识而进行的，学习是在周边共同体的学习型课程中通过向心性参与而发生的。

温格（1998）在《实践共同体：学习、意义和身份》中系统阐述了实践共同体，他指出，实践共同体是指这样一个群体：所有成员拥有一个共同的关注点，共同致力于解决一组问题，或者为了一个主题共同投入热情；他们在这一共同追求的领域中通过持续不断的相互作用而增长自己的知识和发展专长。所有实践共同体的基本结构都包含三个要素：知识的领域，共同关注该领域的人的共同体，以及这些人为有效获得该领域知识而发展的共同实践。

在对学习的解释上，基于社会理论的实践共同体理论强调整合学习过程中的各种社会参与特点，而社会参与不仅指一定人群之中的某些活动的部分加入，而且指更为广泛的在社会共同体中积极地参与实践，并且在其中确认自身和这些共同体的关系。这一点亦如社会建构理论的学习观所主张的那样，只有当个人建构的、独有的主观意义和理论跟社会和物理世界"相适应"时，才有可能得到发展。因为发展的主要媒介是通过交互作用导致的意义的社会协商（高文，2011）。对个人而言，学习事关承诺并且为其共同体做出贡献；对共同体而言，学习事关改善其实践，吸纳新成员。对组织而言，学习事关保持各个实践共同体之间的联系，此提高组织有效性。因此，学习不是孤立的行为，而是我们日常生活的一部分，是我们参与共同体和组织的方式。我们必须对学习的概念进行反思，只有这样，我们才能够建立新的概念，从而指导行动。（温格，1998）

人的行动是社会生活的重要内容，人既是客体又是主体，既是认知者又是行动者，因此对人的理解就要放在社会关系中进行复杂性的解读。探寻个人与他人、群体、组织之间的关系的理论，关注人在交往中的实践性、社会性和情境性、反思性，都对研究教师研修具有理论指导。

（三）实践共同体理论对本书的启示

1. 成为理论研究与实践行动准则

实践共同体理论成为农村班主任研修共同体建设的理论研究与实践行动准则。实践共同体理论揭示了作为个体的人所发生的知识学习、意义建构和身份认同都是处在一定的实践共同体中，个人时刻处在实践共同体的境脉中，构成了人理解知识、走进学习的基础；强调了在创新知识、发现意义的过程中应该注重培育支持学习、关注实践的实践共同体，"提供理想学习环境所必需的社会性参与的类型和质量"，这样才会更好地激发学习、促进学习。

2. 把研究放置在中国农村基础教育的背景之中

农村班主任专业成长研修共同体作为一种群体活动的开展，有着其情境性、关系性。情境认知理论启示我们，需将研究放置在中国农村基础教育的背景之中。对教育意义内涵的理解、农村班主任身份认同的关注，是本书确定研究班主任个体参与的第一个考察点。经验学习圈理论、实践共同体理论让研究获得了围绕班主任研修实际运行过程的实践关注点，理论所阐述的学习过程、组织管理、资源共享、技艺切磋、导师引领等基本特征，成为研究农村班主任专业成长研修共同体整体运行组织系统、直接构建群体学习与发展的最佳研修模式，这是第二个考察点。社会互依理论使研究在关注个人与群体、学校群体与区域学校群体互动的关系中，探寻这些关系和谐一体的良性互动机制，使各种参与群体在研修中成为知识的生产者、传播者、分享者，这是第三个考察点。三个考察的交相辉映，让农村班主任专业成长研修共同体框架构建逐渐具体、清晰和可操作。

构建一个分析框架是研究本身的理论建设，体现着研究过程对于班主任研修所秉承的基本理解，也是研究要揭示和论证的基本观点。本书所着眼的是农村学校背景下的中小学班主任研修，是班主任参与一个共同关注中小学生的班级生活教育，研讨班级生活管理的有效性，践行班级管理改进的团队行动学习，研究、改进一体化的活动中。这一活动直接指向了农村班主任日常教育活动，指向了农村班主任个人对于教育内涵的深刻理解，指向作为一名农村中小学班主任的身份认同，指向农村班主任群体的教育实践。在这个活动中，参与者、活动过程、活动载体、知识生产等构成了背景独特、专业色彩鲜明、影响范围广泛的教师研修实践活动。

第二节　农村学校班主任研修共同体的基本特征

农村班主任专业成长研修共同体，一方面是出于教师自身专业发展的自发组织，另一方面是出于区域教育均衡发展的需要、行政参与组织的极具目标性的共同体组织。农村班主任专业成长研修共同体扎根于区域教育和学校教学教育实践，真正地与教育实践的前沿问题相结合，及时发现解决教育教学中存在的问题。

在过去的六年，为了拓展农村班主任专业发展的团队合作学习领域，我们先后与地方教育行政部门依托"国培""区培"等项目，开展了"金城江乡村班主任能力提升工程""柳江县农村班主任整体素养提升工程""百色市农村寄宿制初中班主任能力提升工程"等系列活动，在已有的实践研究基础上已经形成了以下六大特点。

一、显著的专业意向

班主任研修作为一种成人的教育活动，直接指向对班主任专业发展的主体关怀和学生成长的主体意向。教育的本质特征在于人的发展，班主任研修活动的设计、组织和实施都需要始终保持着促进农村班主任专业发展的教育追求。使农村班主任获得发展，农村班主任队伍得到整体提升，是研修的基本出发点，正如教育部颁发的《中小学班主任规定》第二条所述，要使农村班主任自觉成为中小学日常思想道德教育和学生管理工作的主要实施者，中小学生健康成长的引领者，努力成为中小学生的人生导师，以研促建，是班主任研修的长期关注。焕发参与者专业理解、教育热情，促进农村班主任专业反思、改进实践，分享农村班主任实践智慧，通过班级教育行动改进促进学生成长都是研修组织者和参与者的最基本的教育意识。

当然，需要注意的是，班主任研修班的组建与推进，亟待加强对研修参与者的需求调查和分析、对农村班主任所在区域和学校的教育发展的现实需求的调查分析，并将其结果作为规划和设计农村班主任研修的现实起点，同时，我们应构建动态发展、过程监控的农村班主任研修组织体系。

二、覆盖面广、成员人数众多

不同于普通的农村班主任学习群体，区域性的农村班主任专业成长研修共同体是基于一定区域构建起来的，在一个区域内，其辐射范围要比普通的一个学校中班主任学习共同体大得多。它不局限在一所学校、一群农村班主任，而是囊括多所学校的多个学科、不同年龄结构的教育教学人员。区域性农村班主任专业成长研修共同体比一般农村班主任专业学习共同体的人员数量更多，涉及范围更广，它将推动一个区域内的教育活动的发展。一定区域内的教育活动实际上是一个复杂多变的综合体，其组织更具复杂性。因此，区域性农村班主任专业成长研修共同体的构建难度更大。

三、构建学习合作团队

班主任研修作为一种群体学习活动，必然致力于建设农村班主任参与的学习共同体。研究表明，农村班主任学习具有基于专业成长的自主学习、以案例为支撑的情境学习、以问题解决为基点的行动学习、以群体为基础的合作学习、基于实践经验的反思学习等特点（黄英，2008）。当农村班主任研修作为一种人对人的影响展开活动时，参与者所体验到的学习群体应是一种充满互动的人与人的交往活动。在研修中，农村班主任的年龄、教龄、学科、性别、经验、学历、任教班级等存在着差异，也就有了相互发现、对话的可能。

需要注意的是，要使农村班主任能够真正融入研修共同体之中，就需要农村班主任不断增强自我认同感并不断获得一种社会认同感。这样，农村班主任在研修中就不再是被动接受、被给予要求的"学生"，而是作为朝向共同教育愿景的合作伙伴，共同展开班级学生的教育和研究。要使研修具有共同体的力量，也需要研修群体互动中引入开放多元的思想和观点，让研修中指向促进学生发展的思想对话和经验碰撞成为促进班主任专业发展的现实动力。

四、活动载体多样化

区域农村班主任专业成长研修共同体不是几项活动的简单组合。它的构建过程所涉及的成员结构复杂，关系因子多，所以其有效活动的展开必须借助多种平台、多个载体，如网络、工作室、学科基地、学校等。区域性的共同体活动是根植于一定社会文化背景的。在区域性农村班主任专业研修共同体构建过程中，区域教育系统的各要素之间存在着复杂的相互作用，共同推动着区域性农村班主任专业研修共同体的深化发展。多样性的活动载体创设为共同体提供了可能性。

五、系统的组织结构

区域农村班主任专业成长研修共同体的构建不再是个体行为的简单组合，而是一个共同体的群体组织行为。这个组织结构存在着连接共同体的管理层次、沟通机制、资源支撑等多个层级。相比于单纯的学校内部的农村班主任专业学习共同体，区域农村班主任专业学习共同体的组织结构要求更高，制度更加明确，更具有系统性。

六、更具有实践性

农村班主任参与研修，一定意义上说，就是在一个组织学习中，不断与教育专业赋予农村班主任的期待和要求，与自己的专业发展期待和要求，产生尽可能充分的"对话"，进而建构出源自内心的、非制度化的教育情怀。农村班主任应具有高度的责任心和创造性；具有示范性；具有广泛性和连续性；是个体劳动和整体协同劳动；具有长期性和迟效性；具有社会性，价值难以估算。（陈永明，1999）作为成人学习者，当新的理念、知识、技能或方法等能够与其自身的实际生活联系在一起时，班主任就会感到学习的有效，也会更渴望参与学习。因此，班主任的研修学习的过程，是一种嵌入农村班主任日常班级教育、改善班级教育的智慧引领，促使农村班主任的知识在鲜活的教育实践场中不断得到迁移和外化。班主任研修的设计与组织，在对农村班主任潜能、经历、兴趣、困惑等给予关注的同时，也要关注到农村班主任参与研修之后的发展可能性。这种关照不是将研修本身无休止地放大而没有边界，而是要对研修所具有的教育意义充分预见和估价。

农村班主任专业成长研修共同体是扎根于区域教育和学校教育教学实践的，真正地与教育实践的前沿问题相结合，及时发现、解决教育教学中存在的问题。这些区域性农村班主任专业成长研修共同体的特点，决定了农村班主任成长研修共同体的研究需要关注区域教育系统的基本属性和现实状况，同时决定了区域角度构建农村班主任专业成长研修共同体需要我们从不同的角度和方法来分析，以便把握和发挥其真正的价值。

第三章

英国、美国教师研修共同体构建的经验与启示

20 世纪 80 年代以来，教师问题引起教育界的极大关注。诸多研究表明，教师专业发展是学生取得进步的必要条件，教师是教育诸要素中最为活跃、能动的要素。教师工作环境与学校文化对教师教学工作的影响，成为学校变革的中心问题。20 世纪 90 年代开始，专业学习共同体在美、英等西方发达国家悄然兴起。这一全新的组织模式，打破了长期以来学校所采用的工业模式，以全新的共同体理念诠释着学校作为学习场所的真正含义：学校载负着促进所有人学习的重任，学习是学习环境中所有人的共同事业，这项事业涉及学生、教师、管理者、校长、教育领导者等。同时，作为这项事业的支持，教师的学习共同体凸显着教师专业发展的意向性、教学实践反思性及教师团队研习等教师研修活动的特点。对英国、美国教师研修共同体先进经验与案例研究与分析，可以达到"他山之石，可以攻玉"之目的。

第一节　美国教师研修共同体构建的经验与启示

一、美国教师研修共同体及其主要理念

（一）美国教师研修共同体简介

美国教师研修共同体是以教师专业发展为根本目标，紧紧围绕学生学习需要

和教学的实际困难与问题，使教师承诺共同的理念与目标，并承担责任、共享经验、相互支持、协同学习的组织。其起源于对 1983 年"卓越运动"和 1986 年"重建运动"两次全美范围的教育改革失败的经验总结。

对两次席卷全美的教育改革失败的经验总结，使美国许多专家学者认识到教师是影响学生成就的最主要因素，教师的教学决策与教师日常课堂上的指导水平，在师生双边教学活动中起关键作用。而教学决策和日常课堂上的指导恰好是教师专业水平的体现。因此，联邦政府开始启动一系列经费与政策支持教师专业发展的活动。学校领导为了使学生学习和成就最大化，也积极地提供机会鼓励和支持教师专业水平的提升。在这种形势下，具有同伴互助、团队教学和集体研究活动的教师研修共同体，恰恰为美国教师的专业发展提供了一个合适的学习环境，美国教师研修共同体应运而生。

（二）美国教师研修共同体的理念

与一般意义上的学校学习组织群体不同，在美国教师研修共同体中，教师有机会开展相互对话、同伴互助、团队教学和集体研究活动，这些活动凸显着专业的意向性、实践反思性及团队学习的教师研修活动的特点。

1. 重视双方的学习

这里的重视双方的学习，包括关注学生的学习和关注教师自身的学习。迈克·富兰在其著作《变革的力量：透视教育改革》中这样写道：当教师在学校里坐在一起研究学生学习情况时，当他们把学生的作业状况和如何教学联系时，当他们从同事和其他外部优秀经验中获得认识、进一步进行自己教学实践时，他们实际上就是处于一个绝对必要的知识创新过程。教师研修共同体特征的主题词是研究＋行动＋反思＋合作。美国学者把学校学习型组织特征的主题词概括为 7个 C：①持续不断的学习：从经验学习，向同伴学习；②亲密无间的合作：彼此支持，良性互动；③彼此联系的网络：组织内外信息渠道畅通；④集体共享的观念：学习成就的分享；⑤创新发展的精神：开拓创新，积极寻找新的增长点；⑥系统存取的方法：善于运用信息技术进行知识管理；⑦能力培养的目标：终身学习的习惯和能力。每一位教师学习能力的增长能够给学生创设更好的学习条件，帮助学生不断学习与进步。

2. 重视知行结合

快速地将在教学中的愿望变成现实的行动，是美国教师研修共同体的又一重要理念。他们知道最重要的学习产生在行动中，因此，重视经验与指向教学行为改进是其研修共同体成员的重要特点。事实上，教师集体探究就是为了把想法变成真正的行动。美国教师研修共同体成员认为，边做边学产生了更深层次的知识，边做边学比在读、听、计划、思考中学的效果好。所以，美国教师研修共同体鼓励其成员要有所行动，并认为会得到预期的结果，即教师教学实践能力的改进和学生学习成绩的提高。

3. 重视探究与实践

教师研修共同体成员的集体探究，致力于改善教学实践和学习实践。他们对于当下的教育教学进行探究，包括正在教授的课程、学生行为发生的变化、学业成绩的进步及技能的形成等。他们通过分享知识、探究问题，进行思想碰撞，获得观点共识与方法的传承，而这种集体探究的形式不仅发展共同体成员新的技能和能力，还促使他们产生新的经验和想法。随着研修实践活动的不断推进，随着时间的变化，这些意识会转化为态度、信念和习惯，逐渐成为学校的文化。美国教师研修共同体是一个实践共同体，组织中所有的成员在共同追求的领域中不断地相互作用并发展自己的知识和专长。

4. 重视合作文化

在实施研修共同体的过程中，合作自始至终起着非常重要的作用。迈克·富兰于 20 世纪 90 年代进一步强调了教师专业合作的重要性，他指出，合作对于个人的学习非常重要。如果我们不与人交往，我们能够学到多少东西是有局限的。合作的能力不论在小范围还是大范围内，在后现代社会正在成为十分需要的能力之一。只要他思想开放（即提倡探索），个人的力量与有效的合作相结合将变得更为巨大。（转引自：邓涛，2007）在共同体中，各成员之间地位平等、和睦相处，围绕教育教学实践中遇到的问题，相互自由交往和对话，共享资源，还可随时接纳新成员。

5. 重视学习结果

关注学习结果，似乎与教育界一向倡导的关注学习过程的理念有些背道而驰，但这却正是判定一个专业型学习共同体有效性的终极标准。关注学习结果并非简单等同于关注学生的考试成绩，因为考试成绩只能算是一种数据。关注学习结果不但要重视数据，还要将数据转化为对教职员工有用的相关信息，使这些数据成为促成教师实践发展的催化剂。一开始实施就应有预设的目标，否则只能在黑暗中摸索。就像圣吉和他的同事总结的那样，任何学习型组织策略的合理性在于组织要有改善结果的前提假设。（转引自：张雪梅，2011）

二、美国教师研修共同体的实践模式

美国教师研修共同体的模式是美国教师专业发展学校（professional development school，PDS）。教师研修共同体无论基于何种理念与标准，如果不能运用于实践，那么其中的意义都将无法体现。在美国，教师研修共同体的实践模式并不是单一的，既有以学校为基地的大学与中小学的联合，又有以学校教师之间的协作为主旨的联合。在这里，笔者将选取美国教师研修共同体的主要的实践——专业发展学校进行详细介绍。

（一）美国教师专业发展学校概况

20 世纪 90 年代霍姆斯小组发表了《明天的学校》与《明天的教师》两份报告，强调大学与中小学之间合作的重要性，提出要建立 PDS，改变以往大学的教育学院与中小学教学脱节的状况。霍姆斯小组是这样定义 PDS 的：PDS 的主要特点是大学教育学院与中小学（其他教学实践者）共同合作的学校，主要目的是提升职前教师的教学水平，同时提高在职教师的专业发展，对教学实践与各种研究进行指导；PDS 为大学教育学院的师范生提供实习场所，为中小学教师与大学教师的相互交流搭建桥梁，也为大学教师、教授的各项研究与实践提供场地。作为研修共同体的一种实践模式，PDS 承载着三大核心理念。

1. 关注结果

研修共同体最终要通过结果判断其有效性，教师小组需要定期提供进展情况来评定教学与学习效果。PDS 拥有标准化的评价体系及细致的评价维度，并结合数据信息及日志等报告信息共同评估教师的教学成果和自身的成长进度。

2. 专注学习

在 PDS，全民学习是每一位专业人员的郑重承诺，大学教师携手中小学教师及实习生共同实践，建构共享的知识，参与探索学生的学习、自身的教学方法和教学理念等前沿热点问题。

3. 合作文化

研修共同体表明协同工作才能取得最佳实践，PDS 的合作方主要涉及大学教授、中小学教师、实习生三方，教师在团队中工作，参与不断促进学习的循环提问，这个过程反过来又引导学生获得更高水平的成就。除此之外，PDS 甚至可以吸引社区、学区和各种社会机构参与其中，通过合作研究促进教师的专业发展。美国全国教育协会为 PDS 制定了许多条例以规范其发展。

经过近 20 年的发展，美国教师 PDS 遍布每一个州，参与 PDS 合作的大学已有 1000 多所。PDS 在我国也结出了硕果，部分师范大学分别与当地教育行政部门合作，开启了以中小学为基地的教师培养模式。例如， 2001 年 5 月，首都师范大学教育科学学院和北京市丰台区教育委员会合作共建，率先在国内尝试，在东铁匠营中学等 4 所中小学挂起了"教师专业发展学校"的校牌。本书的一些思路正是借鉴了美国教师专业发展学校及相关领域研究，同时结合本土教育的现状，加之新的理解而逐步形成的。例如，借鉴 PDS 的经验，以学生的学习与教师的发展为导向，以专业的合作小组为特征，以阶段性的形成性评估为保障，促进职前教师与在职教师共同的专业发展经验等。

（二）美国教师专业发展学校运作

1. 美国教师专业发展学校模式分析

（1）提供教师研修共同体的实践操作指南

PDS 并不是一所真正的学校，通常建立在原先学校的基础上，或者附属于学校原本的机构，或者在学校中设置独立的行政机关，它是一个全新的概念，是一种组建团队进行共同合作的方式，是研修共同体的实践模式。

PDS 有多种形式的研修共同体：既可以是大学的教育学院与中小学的教师团体（如实习教师、指导教师和协调员），如 Akron 大学教育学院与 Barbertong 小学的教师团体；又可以是学区、教学联盟和专业协会共同参与的更大范围的研修共同体教师团体。PDS 从目标的确立、合作小组的建立和运行，到各项活动的评价与反馈都有明晰的规划与安排，为研修共同体的具体实施提供了有价值的蓝本，是研修共同体的操作指南。

教师研修共同体形成的重要前提是形成共同的目标和愿景。当然，这种"趋同"并不仅仅指就某一想法或政策达成共识，而是一种存在于人们心灵深处的能产生巨大力量的感召力，这对于个人或集体而言是极其重要的精神形象。

（2）对专业发展学校的组织机构要求较高

PDS 实质上是在大学和中小学之间成立的一个全新的组织，缺乏健全的激励机制和科学的第三方机构，也没有标准化的活动指南指导活动，更没有内部的监控措施。从这个维度来看，PDS 的正规化程度是不够的。通常，PDS 会成立一个学校指导委员会处理日常的工作事务，委员会由一些大学教师、中小学教师、中小学校长和其他管理人员组成，甚至部分家长与社区成员被邀请加人。不难发现，这样成立的机构的人员尽管各有所长，但人员复杂，难以管理和协调。即使成立一个第三方机构建立 PDS 工作小组，这个机构也将面临各种考验。首先，协调大学与中小学的目标与权力分配。其次，PDS 的运作涉及大学教师、中小学教师、实习教师甚至是学区、教育联盟和协会等各种机构，资金充足是一个必备条件。因此，让 PDS 的组织结构更加机构化和标准化可能是未来的趋势，建立跨系统的管理机构势在必行，草拟相关的正式文件、设置 PDS 运作的标准化程序有助于形成浓厚的合作氛围，保证其持续有效地发展。但创建这样的组织机构不是一件容易的事，需要协调与学校、与学区、与政府、与专业机构及与广泛大众的种种矛盾与联系，充分依赖、信任和吸引周边的社会物质资源与人力资源，并且对第三方组织机构人员也有较高的要求，这些都需要很长的时间，需要多方合作建立一个共同的规划，逐步确立发展的过程，实现学校教学与大学教师教育的同步改革。

（3）促进了职前教育和在职教师专业发展的一体化

PDS 是大学与中小学的沟通桥梁，为了更好地搭建合作关系，建立 PDS 的大学与中小学双方需要就各自的职责与相应的义务友好地进行讨论与协商，并且签订相应的合作协议。其基本理念是将教师专业发展视为双方的共同责任，建立共生关系，实现大学与中小学的联姻，提高教师的质量。大学为与其合作的中小学定期指派师范生与指导教师进行开放式的教师教育，中小学为大学的师范生提供实习基地和论文指导教师，同时联合大学教师组织专业发展活动。这与传统的

"训练—指导"模式有很大的不同，具体主要通过两种方式运行：①通过地区组织机构的人员培训；②通过工作坊和暑期研讨班等形式，由大学教授和专家指导。两者的不足之处在于过于强调理论性而忽视其应用价值，过于注重基础理论和观念的灌输，以及教学技术与教学资源的传递。

对于在职教师来说，参与 PDS 培训提高了自身的反思能力与研究能力，拓宽了专业发展的途径。传统的培训往往在夏季或周末进行，由大学或学院组织，主要内容为系统理论，而一些新的教学理念和思想难以融入实际的教学工作。PDS主要根据在职教师的实际需求，将中小学作为培训基地，有针对性地开展一系列培训活动。参与 PDS 的教师通常有较为强烈的学习愿望，会积极主动地学习。在PDS，中小学教师、大学教师及实习教师是一个反思型的研修共同体，可以进行充分的对话，可以相互观摩，定期会面，不断进行回顾和评论，共同分享教学改革的新内容和新方法。大学教师和中小学教师也可以进行一些合作研究，研究可以是大学教师的课题，也可以是中小学改革中的课题，还可以是指导教师和实习教师在教学中遇到的问题，在不断的研究和探究中使教师培训与学校改革有机地结合起来。同时，这个过程促使教师深化对教育理念的理解，丰富教学专业知识宝库，培养教师反思性和批判性思维，提高教师解决问题的能力，有效地提升教师的自身素质，促进教师的专业发展。

（4）专业发展学校的内部人员关系难以把握

内部人员关系主要涉及 PDS 的参与者，包括大学教师、中小学教师和实习教师。尽管 PDS 从初始建立的时候就强调所有人员的平等、相互尊重和民主的氛围，但由于目标存在差异，实际合作过程中难免会产生各种摩擦，尤其是在 PDS建立的最初阶段。最常见的摩擦是：①教师身份的不同导致的对知识的定位不同，大学教师重视系统理论和教师培训，中小学教师重视教师的教学实践；②学科探究式的大学文化意识和"实践出真知"的中小学文化意识冲突。例如，参与PDS 的教师是经过选拔的，学校中难免产生教师之间相互猜忌、相互竞争的氛围，从而造成教师孤立工作、暗地竞争的状态，这与 PDS 的初衷与合作理念是完全相悖的，更加不利于教师构建合作和反思型的研修共同体。

2. 美国专业发展学校运作策略

（1）协定目标，共同决策

团体成员为之奋斗的目标代表大家齐心协力勾勒的美好蓝图，研修共同体形成的重要前提就是形成共同的目标和愿景，如果缺乏趋同的价值观，团体只不过是没有灵魂的躯壳。当然，"趋同"并非就某一想法达成全然的共识，而是存于心灵深处的感召力，代表团队的精神形象。在创建 PDS 的前期，就某一课题协商一致的目标，大学与中小学双方需共同协商确立职责与义务，并签订合作协议。通常，基本目标主要有：①提供师范生的实习基地，提高他们的实际教学水平；②指导在职的中小学教师进行校本研究形成个人化的理论；③促进学生学习。因此，大学为合作的中小学定期派遣指导教师与师范生进行教师教育，中小学为大学的师范生提供实习机会和论文指导教师，同时联合大学教师组织专业发展活动。关于各种活动的方案与计划，具体步骤与实施内容都是由双方协商制定的。在传统学校，校长是权力的象征，校长等行政人员与教师之间是管理与被管理、领导与被领导的关系，通常是行政人员做出决策，教师负责实施。在以学习为核心的研修共同体中，传统的教师与管理者之间的等级关系被持续学习和探究所替代，真正实现了权力共享。

（2）合作学习，共享实践

研修共同体的核心特征是共同学习与应用，同时将自己的实践成果与成员分享。在研修共同体中，教师之间的反思性对话为教师开展持续的合作提供可能，教师围绕学生的学习、自身的教学等相关事件展开交流，同时伴随探究行为，而这种探究又引发教师对关键因素的讨论与思索，从而形成一种良性循环。PDS 的合作小组通常由 1～2 名联络员、4～5 名经验丰富的中小学教师、2～3 名大学教师、5～10 名研究生、若干名实习生和其他人员构成。这个研修共同体主要包括大学教育学院与中小学，也包括学区、教学联盟和专业协会等各方支持者。PDS 是有机型合作关系的典型，注重大学与中小学平等的合作关系，注重信息的开放与互惠互利，注重服务型的领导力与各方的创造性。

PDS 大学与中小学教师共同深入课堂听课，观摩教学，共同研究教学方案。大学与中小学教师共同参与教师培养，如研究小组、委员会和其他社团组织的研讨活动。双方成为合作伙伴，以研究为主线，共享资源，共担职责，在异质文化交流中得到共同发展。

共享个人实践成果要求成员必须对他人的教学实践进行反馈和评价，参与PDS 合作的大学教师负责开展高级研讨班，培养教师的沟通技能，成为教学的有效顾问；同时，开展各种研讨会，组织实习生的讨论和交流，并将反馈的结果呈交给大学。这种反馈与交流并不是简单的评价，而是开诚布公的观点分享，是教师同伴互助的有益途径。通过合作学习，教师的教学与学习凝聚了集体的智慧，借助同伴的异质性完善自身知识结构，提高专业水平。如此一来，经过学习型的交流与互动，教师自身的专业价值与学习成果也相应地扩大。

（3）标准化评估

通常双方或者多方的合作容易受到来自各方的影响，会表现出较大的差异性与不稳定性，造成实施的效果参差不齐。研修共同体聚焦成果的理念势必要求客观公正的评估体系来评价学生的最终学习成果，进而评价教师的教学成效。为了制定规范化的办学标准，提供统一的评估依据，让 PDS 成为一个服务于标准化的研修共同体，2001 年 11 月 16 日，美国发布了第一个《专业发展学校标准》，为 PDS 的进一步发展提出一系列指导性的办学思想、原则性的指标体系及分级评估标准。

（4）支持性条件

想要建构有效的研修共同体，各种支持性的条件，包括客观物质条件与主观人力条件都应被提上日程。客观物质条件包括聚会与研讨的时间、教师之间的接近机会、独立的教师发展角色、资金的支持及教师激励制度的保障等。PDS 的资金保障是必不可少的。因为 PDS 涉及大学教师、中小学教师和实习生甚至更广泛的人员，如果没有足够的资金，则难以安排和分配教师承担起各自的职责。而大学科研经费有限，中小学经费也不足，PDS 通常需要教育部门的资金支持。而主观人力资源条件包括：①参与 PDS 工作的教师积极的态度；②共享的愿景与使命感；③支持 PDS，以及吸引家长等更广泛的团体成员成为 PDS 的伙伴；④各领域教师之间融洽的人际关系。在 PDS 的日常工作中，联络员的角色是至关重要的，是大学与中小学之间的信息传输中介，其目的是促进合作双方的理解与信任，更加充分地利用大学与中小学的资源。PDS 不仅能提升职前教师的教学水平，加速职业化的进程，也能促进有经验的教师及时更新教学理念，改善教学方法，培养合作意识与探索精神，极大地提升了教师的职业品质。

3. 美国专业发展学校效果评价

美国教师专业发展学校共同体的效果最明显地体现在学校、教师、学生三方面：①对于学校发展的影响。研修共同体是一种全新的学校管理模式，是根据时代发展的要求提出来的持续的、追求卓越的模式，实施效果好的教师研修共同体能促进学校的变革，提高学校的整体水平。②对共同体中教师的影响。教师团队的优势使关系更加紧密，教师之间、教师与学生之间的距离更近；管理的一致性，如设置同一的行为标准、任务标准；教学上，分享教学实践经验的可能性提高，如合作学习；课程上，围绕学习领域开展连贯协调的课程。与同事合作进行分析、评价和试验正是教师得到改进的条件。只有这样，教师才能更加信任、珍视共享的专业知识技能并使这些知识技能合法化，听取别人的建议并给予校内外人士以帮助，他们更可能成为越来越优秀的教师。③对学生学习的影响。学生是学校教育的主体，是最大的受益者，学生的成绩在教师效能提高的前提下，得到了提高，这是一个相互促进的过程。

三、美国教师研修共同体带给我们的启示

（一）正确理念，始终贯穿

教师对研修共同体理念内涵的正确领会是实施共同体的前提。对于参与合作较少的学校的教师来说，刚开始进行合作时，教师会觉得无助、困惑，甚至不知道怎样应对。但是，随着对理念的深入理解，教师的合作会变得越来越顺畅，从最开始的不知道如何确定焦点，到找到焦点，找到解决问题的好方法，在课堂实践中应用，最终提高学生的成绩。这一过程看似简单，其实是很复杂的。这给我们启发：在农村班主任专业成长研修共同体实施的过程中，首先必须为参与研修学习活动的参与者进行共同体的整体设计理念、目标、运作模式的解读，以及让其体验活动，通过各种场合有效地让参与者正确领会研修共同体的正确理念，同时将教师合作理念贯穿始终，并坚信教师通过合作，一定能找到更好的解决问题的办法。

（二）尊重主体，考虑异质

PDS 尊重教师的主体性，充分考虑大学、中小学教师和实习生成员知识能力结构的异质性，将其纳入决策群体，同时吸收成员的意见与备选方案，使决策开始摆脱行政领导与教学专家的领导力束缚。此外，通过校本课程开发、课题研究、课程设置等活动将教师的专业融入自身的责任意识。为了达成共识，PDS 成

员会通过举办研讨会等方式，将教师聚集到一起讨论具体的实施方案，探索各种有效的教学方法，明晰各自的职责与目标。这种尊重主体性、考虑异质性、达成共识的操作路径，为本书中的农村班主任专业成长研修共同体构建的策略与方法选择提供了很好的思路。

（三）知识共享，奖励回报

PDS 告诉我们，在教师研修共同体中，教师更多分享的是教师的实践知识与经验，而教师的实践知识是最不容易被分享的，应建立合理的奖励制度，促进教师知识的共享。如何建立一种"对称性"和"回应性"的知识分享关系，使研修共同体内各种层次的参与者的"付出"和"回报"能维持大致的平衡？这是农村班主任专业成长研修共同体有效运行系统建设中需要面对的难题。PDS 的经验给我们带来了极大的启示：首先，共同体需要建立起知识分享的回报和奖励机制，使那些能够主动分享知识的成员得到一定的成本补偿，满足其公正性期待；其次，必须建立分享与责任结合的机制，使每个教师既要做知识分享的"索取者"，又要做知识分享的"贡献者"。

（四）宽松环境，和谐氛围

PDS 的经验告诉我们：教师研修共同体的建构应基于教师自然的合作文化。

教师自然合作的文化才是教师之间真正的合作文化，良好的合作文化氛围可以使教师面对教育教学中遇到问题时，不是逃避而是自愿交流经验。这种合作不仅有助于教师对教育教学中的问题有效对策与方法进行深度研究，而且有利于教师间的交流与共享，有利于整合教师个人零碎的实践知识和经验，有效促进教师的专业发展。因此，美国教师研修共同体中构建合作的理念，给了我们三点启示：①学校如果希望教师走出实践困境，发挥出教师的教育效能，需要以学校深层文化变革为前提，使合作成为学校的深层文化。②在研修共同体的顶层方案设计、过程管理中要紧扣一个重点：创设宽松、和谐的心理环境。因为教师合作文化必须根植于一个温暖的、可以信赖的、互相支持的环境。③教师自然合作文化强调教师在日常生活中自然而然地生成一种相互开放、信赖和支援性的同事关系，这种合作关系非外力诱发，而是由教师自发形成的，不带有义务性和强制性，也不是靠行政规定获得的。

（五）实践智慧，核心发展

教师研修共同体是教师教育实践智慧存在方式的一种表达，是基于对教师专业发展的关注和行动而形成的最基本的实践。关注实践性智慧的发展是现在教师教育的重要内容，也是教师专业发展的核心。教师实践智慧的获得不能靠"授课"式的教师培训模式，有效的策略和方法使教师以教学中实际的问题解决为途径，以学科教研活动为平台，开展主题式教研及科研活动，实现教师自主的实践反思，以及与专家和同辈的交互作用。

（六）教师发展，学生提高

研修共同体建立的终极目标是提高学生。建立研修共同体的最终目的是改善学习机会，提高学生成绩。美国教师研修共同体关注结果，使共同体追求更大的进步来满足学校和学区的学习目标；同时，关注结果也使共同体创造系列的对学生学年进展的评价，并得到更多学生学习的数据，共同体中的教师能根据结果分析出学生的优点和不足，得出学生普遍存在困难的领域，教师根据学生的不足之处培养、提高学生能力的同时，提高了学生的成绩，真正实现学生是教师运用新理念、新方法开展教育教学的最大受益者这一终极目标。

第二节　英国教师研修共同体构建的经验与启示

英国"创造和保持有效的专业学习共同体"（effective professional learning community，EPLC）项目是英国教师研修共同体建设中具有标志性的项目之一，对英国 EPLC 项目实践经验进行分析，试图让我们更深刻地理解教师专业研修共同体的内涵及其特征，为本书寻找可资借鉴的策略和途径。

一、英国 EPLC 项目简介

2002 年 7 月至 2004 年 9 月，由英国教育和技能部（Department for Education

and Skius，DFES）、英格兰国家教育委员会（National Council of Education in England）和国家学校领导学院（National Colledge for School Leadership，NCSL）资助的英国 EPLC 项目，通过专业研修共同体，创设支持、协作性学习环境，将学校所有专业教育者为实现共同目标而凝聚成一体，在共同的价值观和愿景的感召下进行持续、挑战性的专业学习和实践共享，从而达到改变课堂、促进学生学习的目的，最终实现学校的发展和变革。

二、英国 EPLC 项目实施主要经验与结论

（一）关于 EPLC 项目目标

项目的总体目标是通过研究得出关于学校作为专业研修共同体的可行性、可操作性的经验与成果，进而服务于决策者、专业发展的协调员、提供者及学校领导（管理者）；为教师队伍总结出那些能够帮助他们在创造和维持研修共同体方面发挥积极作用的文化、行为及组织形式。

该项目主要研究以下几个方面：①有效专业研修共同体的特点及其在各种学校机构的表现，主要推动和抑制因素；②得出并宣传能够吸引从业者兴趣的结论，使他们进一步围绕有效专业研修共同体展开实践；③生成能够阐明有效专业研修共同体各项原则的模型，并评估这些模型的普适性和可转换性；④告知校长培育与发展方案，以及初始计划、入学教育与持续职业发展计划，其中包括为各系主任和特殊教育需求协调者设定的计划。

（二）关于专业研修共同体的内涵

关于专业研修共同体的内涵方面，EPLC 项目研究提出有效的项目团队（PLC）的定义，即一个有效的专业学习共同体，有能力去推动并维持学习所有的专业人士在以提高学生学习为共同目的的学校社区的学习活动。EPLC 项目结论认为：①有效的项目团队的观点是一个非常值得追求的路径，其最终目的要落在促进可持续发展和学生学习的学校及体制上的能力建设。②有效的 PLC 的五个特征为共同的价值观和愿景，专注于学习、对学生学习的集体责任感，集体和个人的合作，专业学习及熟悉的专业咨询。同时，它指出成员之间的互相谅解、尊重和支持，开放性的网络和伙伴关系三个特征也很重要。为此，EPLC 项目结论认

为：项目的首要任务是识别和表达有效的专业研修共同体的特点，并间接地表明其为什么值得推广。

（三）关于有效的项目团队的标准

EPLC 项目的一个重要任务是：生成能够阐明高效的专业研修共同体的原理的模型，并评估其适应能力和可转移性。根据项目的研究发现，人们总结了对当前一些隐藏在工作定义和模型中的棘手问题的思考。例如，在关于什么是"专业人员"的标准上，提出被视为"专业人员"的教师和中小学校长是接受过培训的、合格的并且对学校的教学标准负有责任的。后勤人员是专业研修共同体中完全合法的成员。项目建议要用专业标准要求那些自认为是专业研修共同体的学校员工的工作，同时，也建议应该发展合适的专业标准来支持员工。一旦做到了这一点，每个学校的教职员工应确保他们专业标准是相一致的。

（四）关于有效专业研修共同体的进程

关于有效专业研修共同体的进程方面，EPLC 项目研究发现，专业研修共同体是通过四个关键的操作过程被创造、管理并维持的，它们就是促进并维持有效的项目团队的四个程序：①优化资源和结构；②推动个人和集体学习；③特别促进和维持 PLC；④领导和管理。

（五）关于环境对有效专业研修共同体的影响

EPLC 项目提出，有效专业研修共同体的作用受环境影响，这种环境影响包括学校内部环境影响和外部环境影响。学校内部环境影响要素包括：①学校规模大小；②学校所处的发展阶段；③学校的地理位置；④学生结合体；⑤历史文化等。外部环境的影响包括：①地方社区背景；②大型的社区，周围更大的社区里人们对教育的态度影响着教师的动机和对事业是否值得去做的信念；③政策导向；④专业学习基础设施。

（六）关于有效专业研修共同体的临时模型和发展概要

EPLC 项目的研究者提出一个可供团队建设者和管理者研修的模型，以及发展概要，两者都是建立在项目研究发现中认为重要的八个特征和四个进程基础上的，它们为实践和研究提供有用的基础。图 3-1 即为一个有效的专业研修共同体的学校运作的临时模型（provisional model of a school operating as an effective professional learning community）。

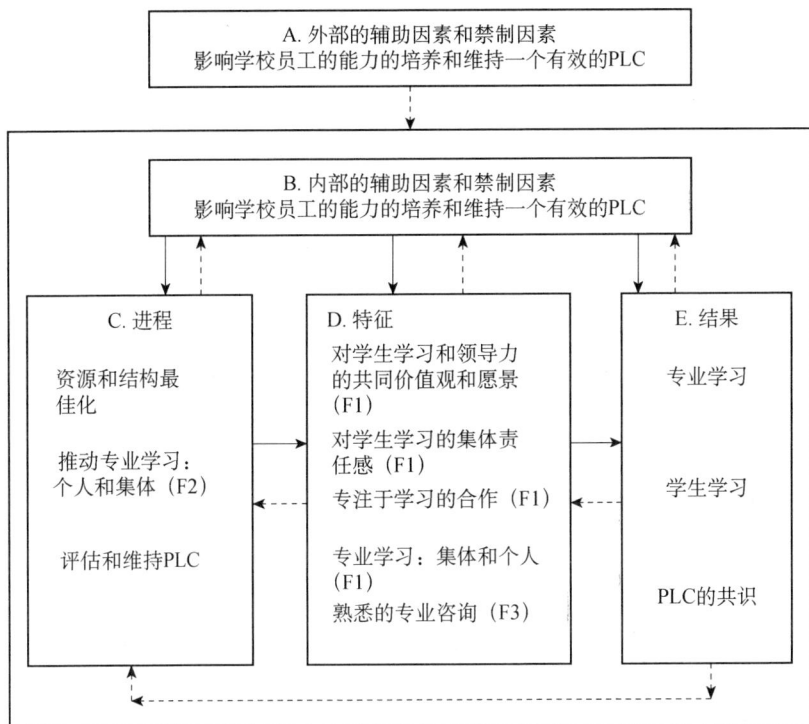

图 3-1　有效的专业研修共同体的学校运作的临时模型

　　有效的专业研修共同体的学校运作临时模型的提出，对有效专业研修共同体的研究与实践具有重要程序作用和导向意义。在临时模式中，EPLC 项目提出了有效专业研修共同体特征：①对学生学习和领导力的共同价值观和愿景；②对学生学习的集体责任感；③专注于学习的合作；④专业学习：集体和个人；⑤熟悉的专业咨询。发展概要成为有效专业研修共同体的学校非常实用的自我评价工具，通过自我评价更好地聚焦有效专业共同体预期目标。

三、英国 EPLC 项目经验给本书的启示

（一）组织改变从个体改变开始

　　EPLC 项目研究经验与结论提醒我们：一个组织中的个体改变后，这个组织才会改变。这也就是说，组织改变从个体开始。教育教学、班级管理植根于教师

的背景、简历、类别及技能。所以在考虑任何形式的教师发展时，必须注意他们的重点及生活。Huberman（1989）对瑞士教师职业周期的研究结果突出了教师生涯跟学习进步的关系，教师的改变和学习在一定的阶段会出现起伏。Claxton（1996）注意到"学习……发生在人们的脑海中"，他主张，应该注意让人变得有防卫性或者产生退缩的限制学习的因素，也应该注意促进学习的因素。这个经验给本书以启发：农村班主任专业成长研修共同体中，如何通过农村班主任个体的"生活状态"改变，促发、引动农村"班级管理状态"，从而改变农村学校师生的学校生存状态？

（二）领导者是影响共同体构建的重要因素

在有效教师专业研修共同体的运作过程中，学校领导发挥了重要的作用，例如，领导往往决定了学校资源的配置，同时校长及主要领导也会为教师提供继续学习的机会，为专业学校共同体的构建创造有利条件。EPLC 项目中教师具有共同的价值观和愿景，他们着眼于治学的通力合作，教师互相包容，能够做到这一点将有利于我们的学校形成共同的奋斗目标，加强凝聚力。很难想象，如果没有各级领导的积极支持，团队将怎样在学校中发展。因此，该研究经验提示我们，区域中教育行政管理部门、学校、共同体中的领导人员对当下农村基础教育改进的使命感、责任感、专业素养及领导力，都是影响农村班主任研修共同体有效构建与实施的重要因素与资源。同时，EPLC 项目强调个人与集体的专业学习、领导力的共享，做到这一点我们必须加强和完善共同体中相关管理者的领导力、变革传统的管理方式。

（三）提供多元化与开放性的运行系统

我国科层制的学校组织结构体系较为封闭，内部成员缺乏与外界的沟通交流。由于缺少有效交流与学习的机会，缺乏与外界的沟通与反观自照的条件，封闭组织中的成员——教师不能良好地适应外部环境的变化，对外部信息也缺少良好的整合。EPLC 项目一直认为教师专业研修共同体并不是一个封闭的系统，它是循环的，并与外界不断沟通和交流的。这给本书带来这样的思考：哪些是本书中模式构建的基本要素？这些要素之间有何关联？他们是怎样发挥作用的？如何才能做到模式系统的多元与开放性？

（四）建立开放性的交流和信任关系

尽管有学者认为，形成专业共同体唯一必须考虑的是学生的学习发展和幸福，但是学校里的高效工作还取决于同事之间的积极的关系及共同管理，一种功能失调的关系可能对学校产生不利的影响。如果教师没有安全感，他们很可能不会参与课堂观察和反馈，伙伴关系指导，教学讨论及课程改革。同事的信任和尊重是至关重要的。EPLC 项目认为专业共同体的最大的调节者便是工作成员之间的社会信任。当教师互相信任并尊重的时候，支持协作，反思性对话，非私人化及专业共同体特征的社会资源便诞生了。

（五）创造学习的文化

忽略学校文化而尝试学校改革是"注定于事无补的"，因为学校文化影响着学校是否愿意接受变革。校长和高级领导的领导性质和质量极大地影响着学校文化的质量。Schein 认为：有一种可能……领导所能做的唯一的变成为学校所有人的目标。参与学校决策，对于很多教师来说并不习惯，这时学校首先要采取一定的方式，鼓励教师参与学校管理，真正重要的事情就是创造并管理好学校文化，领导与众不同之处在于他处理文化的能力。EPLC 项目经验再度证明团队文化的建设对增强团队的凝聚力和向心力，对有效研修共同体的建设变得非常重要。

（六）充分关注环境的影响

EPLC 项目提醒我们，虽然有效的专业研修共同体有共同的特征和采用相似的过程，但是专业研修共同体的实用的意义只能在特定的环境和情境中的特定条件，如时期、大小和地理位置中被理解和运用。这一经验对本书有重要的借鉴作用，例如，协调来自不同学校，自身个性、能力不同的教师参与共同体研修学习；让各种具有规模大小不同、学校发展存在差异性的学校教师学习联合起来达到相互学习、共同进步的目的。

（七）构建学校学习网络

EPLC 项目经验与结论告诉我们：为研修共同体中的成员提供一个网络学习资源库与互动分享平台，能有效地促进专业研修共同体的形成。学习网络扩展并加大了拥有巨大利益潜能的实践的共同体。因此，我们需要在一个学校或多个学校之间，将教师的知识、能力和气质聚集在一起，建立融开放性、学习性、成长性于一体的知识共享机制，使成员平等地传播和反馈知识以促进分享学习和进步。哈格里夫斯（2003）提出，网络提供了一个观点库，每一个成员都可以使用。一个观点或者实践发生迁移，对于不同情况的适应与调整是不可避免的过程，而在这一过程中，在革新和进步的循环中形成接收者逐步提高然后回馈系统的潜能是很大的。正如 EPLC 项目经验中提到的：如果 21 世纪的当务之急是确保所有的学生体验并受益于最高等的学习机会，那么我们需要在这方面建立一个完整的系统，我们所要做的不仅是一些学校来强化他们自己的学生和教师的学习，更强调学校之间的相互学习。

我国自 20 世纪 80 年代以来，逐渐把教师专业发展这个主题提到日程上来，教育界开始并持续探索教师专业发展的相关研究。随着中小学班主任专业发展问题被越来越多的人重视，在班主任研修共同体建设中，理论与实践对接的研修性学习逐渐走进人们的视野，成为一种重要的培训学习形式。但总体来说，我国中小学班主任研修共同体构建还处在一个探索时期，学术界不同的研究领域对班主任研修共同体的内涵理解和研究在很多地方也尚未统一，关于中小学班主任研修共同体的实践活动则更多地停留在先进发达的地区或城市中小学，农村班主任研修共同体的研究与实践仍有待我们去探索。所以，本章的研究主体还是定位在一般的中小学班主任研修共同体构建的研修层面，先进发达的地区或城市学校中出现的各种班主任研修共同体的模式及其成功、失败的经验与案例是本书的基础，也将为本书提供借鉴。

第一节　我国中小学班主任研修共同体实践形式研究

现存的班主任研修共同体的形式是多种多样的，大致可分为正式和非正式两种，随着科学技术的发展、网络技术的进步，基于网络的班主任研修共同体也出现了。通过相关调研，很多学校也认识到班主任专业发展对学校德育工作有效开展及学生健康成长的重要作用，并且进行了积极的尝试，主要构建了以下几种形式的教师研修学习协作组织。

一、我国中小学班主任研修共同体实践形式研究

　　网络信息时代的到来和不同年龄、层次学生呈现出不同的心理特点使得班主任工作更加复杂化，强化了班主任专业自主发展的意识的需求。作为基于学校、基于班级管理问题而采用自主研究、同伴互助相结合的校本研修，其价值与作用日益得到广大中小学班主任的肯定，成为提升班主任专业素质的重要形式。

　　校本教研就是以学校为研训（教研和培训的简称）基地，以本校班主任为研训对象，紧密结合本校的德育教育、班级管理、教育教学工作，以实现本校办学目标服务的研训结合、研中有训、以训促研、训中有研、以研导训的在职教师的继续教育。校本教研避免了工学矛盾，同时也给班主任更大的思维空间，充分调动教师参与研修的主动性和积极性。学校中的"师徒式结对"方式，是班主任校本研修模式中最常见的方式，它不仅能使班主任摆脱单打独斗的局面和跳出个人固定的思维方式，更充分地反思当下班级管理与学校德育中出现的实践情境。这样的研修比传统培训活动中的严格程序上的讨论效果更好，对班主任的触动更大，更有针对性。但是，这种模式还局限于本学校内部的教师交流，缺乏与外界信息的共享，很容易造成学习资源缺乏与学习方式单一，容易形成小集体文化，使小集体内的教师产生优越感，在一定程度上不利于学校的整体教育改革。

　　调研发现，当前农村学校的校本研修活动主要是在学科教学中，尤其是与中考、高考等考试挂钩的学科教学中开展较多，以如何有效开展农村班级管理等为主题的校本研修活动极少。2017 年 3 月，我们通过对百色市、河池市金城江区、柳州市柳江区等三个区域 30 个义务教育阶段农村学校的 520 多名班主任的访谈与问卷调研发现，认为本校在近 3 年内开展过以班主任工作为主题的校本教研活动的仅占调研人数的 12%，并且只集中在 6%的农村学校中。调研发现，农村学校所开展的校本教研除了存在上述问题外，还存在着如研修活动缺少系统的规划与制度经费的保障、校本研修的价值与目标定位不够准、研修活动形式多于实质、对校本研修的概念理解以偏概全、校际的发展水平参差不齐等问题。这些问题的产生，虽有一些校长对校本研修重要性认识不足、措施与管理不够有力的原因，但更主要的在于农村学校特殊的发展基础、现有规模（特别是农村完全小

学）和城乡学校发展的不均衡，农村学校在研修氛围、能起引领示范作用的骨干教师的数量等方面明显弱于城市学校。为此，不少农村学校教师强烈地提出由单一学校向多校联动、改变各自为战、实施区域校本研修共同体转变的愿望。因此，通过构建区域性的农村班主任校本研修共同体，推动农村学校的校本研修的开展，推动农村班主任专业成长的意义非同寻常。

二、"名班主任工作室"

"名班主任工作室"是在教育学视野下，由教育行政力量推动的、由区域内知名的班主任牵头组成的，以问题研究为主线、以课题研究为载体、以团队学习、同伴互助、独立实践为表征，以学术交流、教艺切磋、互动提高为基本宗旨的学习小组团队。下面以张老师的"名班主任工作室"为案例进行分析。

张老师的"名班主任工作室"简介

我们的团队

本工作室由江苏省中学语文特级教师、全国优秀班主任、镇江市学科带头人张老师主持工作。工作室 10 位成员分别来自镇江市十个不同的学校（教师名字略），他们都是我市班级管理领域的佼佼者，获得过校级以上优秀班主任荣誉称号。

我们的理念

读书，一种教师生活的行走方式。读书中，教育教学思想不断得到洗礼，教育教学理论知识结构不断得到重塑，教育技艺得以升华。

倾听，一种教师生活的学习品质。耐心倾听，表达一份尊重；认真倾听，感受一份认同；含笑倾听，赢得一份信任；安静倾听，分享一份喜悦。

探究，一种师生互动的研究平台。班级管理是一片问题的海洋，充满着智慧和神奇的诱惑，高瞻远瞩，师生互动，做一位学生成长的引路人。

我们的追求

在相互呵护中催发对事业的追求与教育的睿智，不断地认识自我、完善自我、超越自我，做践行师德的高尚者、课改的推进者、教研的探索者、教学的引领者、人文精神的撒播者。

我们的策略

困惑驱动，问题打造：以探究的方式捕捉新课程教学问题，问题变话题，问题做课题，革新教学行为，占领教学新阵地。

专家引领，拾级而上：借专家的视野择高而立、平地而坐、宽处而行，与专家零距离接触中，启迪教育教学智慧，洗清教育教学理念。

示范观摩，博采众长：加强与同行的交流与切磋，以他人之长，补自己之短。

实践磨砺，协同共进：搭建展示才智的平台，在修炼中互补、互哺、共生、共长。

通过上述案例我们发现，一般情况下，"名班主任工作室"成员不会很多，在 12 人以下。他们的学科背景不同，都是班主任工作的承担者或本区域的骨干名班主任。工作室有自己的活动计划、工作理念、工作室文化和行动策略，并且会开展有相对固定的时间、不同主题的研讨活动，一般以小型沙龙研讨为主，每次活动都有详细记录。成员平时也可以自由来去，并不受什么限制。工作室的成员每个学期必须要完成一定的工作、承担一定的课题研究，当然，学校也为他们提供了优先发展的平台。该模式由于参与者可以获得通过很多讲授式学习无法获得的成长体验，以及其需求针对性强、活动形式丰富、问题主题鲜明、灵活多样、效果明显等特点，目前成为促进班主任专业成长的有效辅导方式。调研发现，这种"名班主任工作室"更多的存在于发达地区或城市里的优质学校中，被调研访谈中农村学校校长及班主任认为"名班主任工作室"是农村学校的"奢侈品"。

三、U-D 合作模式

U-D（university-district）合作模式，即大学与区域教育合作模式，建立大学与地方中小学合作共同体作为一种教育思想，通过合作过程中主要角色的持续互动，将外部的改革政策和自身的学校变革计划有机地融合在一起，把学校系统引入一个持续的、开放的、参与的新的变革框架中。它在整合教师发展和学校发展的基础上，促进了教师教育与学校的共同提升。在推进教育系统变革中，大、中、小学的合作成为推进教师专业发展的基本策略。

　　班主任专业发展 U-D 合作模式可以不限学科背景，高校学者或专家与地方中小学班主任在学校内合作小组，大学教师特别是师范院校与中小学教师在教、学、研中进行合作，结成平等的合作"伙伴"关系，是"一帮一，一带多，点面结合的互动模块"。在这个平等的共同体里，有班级管理方面研究合作，也有其他学科教学的合作，双方可就共同感兴趣的、有实践价值的或直接涉及教育教学过程的问题进行研究，共同寻找解决问题的有效途径，共同对教育行为和教育实践进行调整和完善，共同就取得的成果进行评价，共同分享成功的经验和喜悦，共同促进教师专业发展。例如，师范院校每年利用 4～6 周的时间开展短期教学实践活动，安排教师到中小学研习和实践。亲历实践，使高校教师和中小学教师的理论研究和教学实践有机结合起来。开展有针对性的教学研究活动，通过大量与基础教育教学改革密切相关和可直接应用的研究活动，提高大学和中小学教师的实际教学和科研能力。大学教师和中小学教师的伙伴关系，不仅能较好地解决基层学校教师离岗研训所不能解决的问题，也可促使教师发挥各自在教研、培训中的优势，在研训理念上互为指导、互为促进。

四、教师备课小组研讨模式

　　教师备课小组研讨模式主要为：学校依据不同的专业或者学科划分不同的备课组，在具体备课时，同一专业或者科目的教师选定同一个课题，然后各自制定教案，在上课之前，组长召集本组成员一起对教案进行探讨，集思广益，提出建议，然后教师整合这些意见，完善教案，最后在上课与评课之间反复进行。在备课组成员组成上，它采用"结合—竞争—互补"的结合方式，也就是老教师和青年教师结合，骨干教师和非骨干教师结合，形成最佳的组织结构。集体备课的优势是非常明显的，一方面，教师在合作式备课的过程中，积累了大量合作的有效经验，如学会了倾听，学会了主动与同事进行沟通等基本合作技巧等，彼此合作交流也拉近了教师与教师之间的距离；另一方面，教师通过集体备课，集众家之长，避一己之短。在同事的帮助下，教师不断进行反思，提高自身的教学技能，同时使其他教师得到启发。此外，这种内部交流方式同样存在缺乏与外界的信息交换，缺乏学习资源，思考方式模式化、单一，妨碍教师的创造性的发挥。当我们在一个乡镇寄宿制初中学校调研访谈中问到"你们学校是否在班会课设计中也开展集体备课的研讨方式"的时候，一位班主任坦诚地告诉我们："学校领导偶尔也会集合几个班主任开展集体备课活动，主要还是为参加乡镇或县里的班会课比赛时获得更好的成绩而进行的。"

五、片区共同体模式

随着人们对"优质学校""重点学校"的欲望不断上涨，以及依靠"好学校带动好地产，好地产拉动经济增长"的中国式的经济拉动模式，以优质学校牵头的集团办学模式"风头正劲"，随之而来的片区学校建立教师研修共同体模式也"遍地开花"。片区共同体实际上是一种纵横联系的模式，是通过纵横联合的校际联动形成的校际的片区共同体，"纵"是指教育局、片区和学校三个分层次推进序列，"横"是指片区内学校，以及与其他片区学校之间的横向交流。片区研修共同体的构建，不仅为了适应经济发展，更旨在加强片区各学校之间的合作，提高片区各学校之间的凝聚力，促进片区各学校的均衡、优质发展。片区共同体可以按学校地理位置、规模、学校发展水平进行搭配，校际联合，开展教师研修。片区研修充分发挥了名校和骨干教师的专业引领作用，实现了各校交流互动、取长补短、互助共进，促进了教师的专业成长，提高了片区教育教学的整体水平。

六、专家引领模式

专家引领模式主要是邀请相关的专家学者，针对中小学班级管理中存在的问题为班主任开展系列培训讲座，然后，专家参与班主任开展小型的小组研讨活动。在这种模式下，专家可以获得更多的教学实践案例，班主任可以得到更多的理论提升，实现专业发展，两者相辅相成。调研数据表明，75%的农村班主任表示，近3年"学校曾经邀请过专家到学校开展班主任工作培训"；认为"培训切合实际，有较大的帮助"的占调研的25%。这就说明这种模式并未受到农村班主任的认可，存在的劣势也比较突出：①专家学者一般是从理论层面切入指导，而教师更多面对的是教学实际中的困境，两者往往脱节，专家与教师协作的成效往往低下；②学校的安排没有统一规划，常常是上级"任务式"或针对当下班级管理中突出问题的"救火式"的培训；③由于专家学者和教师时间和空间上的距离专家学者对教师的交流指导不及时，教师也不能及时向专家反馈自己的感受，沟通上的障碍使得专家指导效率不能最大化等。

第二节　我国中小学班主任研修共同体存在的主要问题

作为教师研修共同体中的重要成员，班主任研修共同体的学习方式更为灵活、开放，它的活动内容更具有自主性和平等性，更加肯定了其对班主任专业发展中的重要作用。但是，我们在看到班主任研修共同体在促进班主任专业方面所取的成绩同时，也应该注意到班主任共同体在发展过程中存在的问题：虽然大部分班主任研修共同体已经具备学习型组织的基本特征，但是他们还没能完全达到教师研修共同体的标准，尤其在基于实践取向的班主任专业发展方面。所以，从促进农村班主任专业发展的角度来看，班主任研修共同体还存在一些问题。

一、目标定位模糊或低层次重复

目前，我国一些班主任研修共同体的目标定位模糊与低层次重复，导致其"形存"而"实亡"。

（一）目标设置指向不明确

以杜威为代表的教育家认为学生是教育活动的主体和对象，我们既应该把学生看作教育的对象，在教育活动中又要坚持把学生看成是一种资源。"一切为了学生，为了一切学生，为了学生一切。"这句话非常明确和具体地概括出了教育事业的基本价值追求，它直指教育事业之所以存在的根本原因，也道出了教师专业发展的基本方向。而在班主任研修共同体的建立和发展过程中，不少的研修方案的目标设置没有将研修与促进学生发展建立直接联系，更多的是关注自身的成长，学生也基本没有机会参与到班主任研修共同体中。另外，在促进班主任专业发展的研修共同体的实践中，班主任专业发展的内容很多是关注如何提高学生的考试成绩和升学率，学校也将所教班级学生的成绩和升学率作为考核的重要标准。这样容易造成班主任研修共同体的发展只见树木而不见森林，教师研究和分享的课题可能无法从学生的切身利益出发，可能忽视学生的实际需求。当班主任研修共同体的指向不正确时，也就更难实现班主任的专业发展了。因此，在研修活动目标的设置中，一个重要的体现就是对教育学生的理解和行动的不断重构。

（二）目标设置层次性缺失

随着班主任专业化发展越来越得到人们的重视，理论与实践的对接的研修性学习在研修共同体建设中成了人们采用的重要形式。因此，科学、合理的目标设置，直接影响着中小学班主任研修共同体构建的质量。在项目实施的前期调研中我们发现，虽然有些班主任研修共同体在活动中也采用了小组研讨、基地观摩、校本研修等一些学员喜闻乐见的方式，但实际收效仍然不大。究其原因，我们可以从这些研修方案对研修目标的设置进行分析。

1. 目标描述假、大、空

一些班主任研修共同体建设方案对目标的描述空话、套话太多，没有明确、可操作、可检测的目标描述。

2. 目标之间没有关联度

首先是总目标与阶段目标之间没有逻辑联系，没有深度、高度、广度上的延伸；其次是每个阶段研修目标与措施或研修内容不匹配，内容雷同或是在一个层次上的简单重复，没有服务于指向特定的目标实现。

3. 针对性不强

班主任研修共同体构建就是要促进班主任的专业发展。因此，目标设置要紧扣班主任专业发展的核心要求与需要，例如，紧扣班主任职业道德、职业精神、职业技能等方面来进行研修目标和内容的设计。对农村班主任而言，具备对农村寄宿制学生开展自主管理、为留守儿童等开展心理辅导、突发事件干预、班级开展心理团辅等的能力也是目标设置中要加以关注的内容。

总之，班主任研修共同体的目标制定事关共同体构建的成败，要以班主任岗位的要求、个人专业发展的背景与需求、学校德育活动目标为依据，其终极目标指向学生的发展。

二、学员缺乏自主学习热情

（一）工学矛盾突出

纵观上述各种形式的中小学班主任研修共同体活动的开展，不难发现一个问题：班主任每天工作都很累、很忙，参加研修学习还带来一大堆学校行政的事务性的工作，学习过程中不是精力不能集中就是学习任务完成的时间不能得到有效的保障。在我们农村班主任研修共同体项目实施前期调研中，在对问卷中关于"什么是影响班主任团队研修学习式培训效果的原因"的问题进行多项选择时，几乎100%的被调研对象选择了"班主任工作压力大，无时间、无精力"。正因为时间和精力不能聚焦于自身发展的共同体学习，而往往没有时间进行理论学习和行动反思的班主任，又会陷入低能、高耗的恶性循环的工作状态中。这个问题在农村中小学班主任身上表现得更为突出，他们不仅要完成日常的教育教学工作，还要扮演好以下三种角色。

1. 寄宿制学校学生生活技能的指导者

生活技能是人生存和发展的基本技能。良好的生活态度、健康的生活习惯也有利于寄宿制学生端正学习态度，助力其学习生活。作为寄宿制班主任，首先要帮助学生形成自助的生活态度，指导学生从基本的小事做起，掌握基本的生活技能，同时帮助学生养成良好的卫生习惯。只有在解决生活问题的前提下，教育才会有发挥作用的保障，班主任工作才会有用武之地。

2. 寄宿制学校学生安全的守护者

学生安全一直是寄宿制学校考虑的头等大事。除了常规的学校安全工作以外，寄宿制学生全天生活在学校对寄宿制班主任的安全工作又提出了更多的要求。其中，宿舍安全、学生身体健康安全、食品卫生安全、学生就寝安全等都是寄宿制班主任需要重点关注的地方。班主任要时时拧紧安全意识阀门，在积极参与安全工作的前提下也要注重对学生进行安全教育。

3. 寄宿制学校学生心理健康的辅导者

农村寄宿制学校的学生人群中存在着许多特殊的群体。其中，以留守儿童为主体的特殊学生群体更加需要班主任的心理健康辅导。由于长时间无法和父母生活在一起，这些学生必然会在心理层面出现一些问题，如易产生孤独感、安全感缺失、性格孤僻、心理自卑等。因此，班主任应该从心理层面出发，关注学生的心理需求，再落脚环境营造、活动组织、班集体建设等方面，引导寄宿制学生的心理健康成长。

我国正处于新课程改革的关键期。教师要改变传统的理念，转变传统的教学行为，就需要花大量的时间去了解和学习新观念、新思想。教师很想尝试新方法，但往往是心有余而力不足，工学矛盾严重影响着学员的学习热情和学习质量。

（二）学习的组织能力有待提高

发挥主观能动性，提高学员积极性是研修能够顺利开展的重要因素。有学者提出，科层制的学校管理强调规则与控制，致使学校变得呆板僵化，失去了对环境的感知能力，没有了变革的动力。我国的中小学校是校长负责制，事情不分大小基本由校长来决定。在学校，部分领导行政化倾向严重，在工作上呈现出教条主义，这样他们就不会关心教师的成败，使教师得不到归属感。占少部分人数的领导做出学校的各项决策，而占组织绝大部分的教师很少有机会参与决策。因此，这种决策往往得不到大部分人的支持。有的学校中改革措施的执行通常是采用由上到下的强制贯彻方式，在这种领导权威的统治下，教师通常是处于一种应付、被动的状态，得不到尊重，教师的主动性和创造性根本得不到发挥。长此以往，教师感到自我价值无法得到实现，他们专业发展的渴望也就无法被激起。

三、实践性知识形成遭遇障碍

（一）忽略实践案例的深度研讨

实践性知识存在于每一位教师的身心之中，伴随着每一位教师的教学生涯。因此，让班主任通过自身去发现这种知识还是存在一定困难的。然而，目前的班主任研修共同体的实践中，我们发现这些知识常常被忽视：①一些班主任研修共同体所组织的研修学习活动，更多的是停留在请专家做报告等上，更多地关注新事物、理念及对知识的补充层面，缺乏有深度的实践案例理性与反思的研习活动；②研修共同体中的成员未能将理论学习、互动探讨、自我反思和批判吸收他人教育实践中的问题作为其研修学习的关键要素，教师尽量避免在其他老师面前对自己在教育教学实践中遇到的问题进行探讨；③在班主任研修共同体发展的实际过程中，实践性知识只有得到共同体的认可才能真正被广泛地获取等。这就为班主任研修共同体的成员真正获得实践性知识带来了障碍。

（二）互动交往体验缺失

研修课程是研修学习中的主体部分，授课专家是研修班中的引领，课程内容是灵魂。从多个班主任研修培训学习课程反馈调研中发现，"讲授方式单一""脱离一线班级管理的实际情况""从理论到理论缺乏可操作性""增加案例学习""多增加互动、观摩、研讨的环节"等是参加研修学习的班主任常常提及的意见。

四、缺乏实质性的研修合作学习

（一）合作倾向于形式化

在一些班主任共同体的研修活动中，合作不涉及班主任专业发展实践的实质，倾向于形式化、肤浅化，迫于领导组织的压力，表现出不情愿的心理，没有真正地对实践中的问题进行探讨、交流。"教师合作有时是一种盲从与顺从，缺乏自身的个性，独立思考和创造性受到压抑，反而达不到合作应有的目的。"（魏会廷，1980：99）一些班主任往往回避自己在班级管理上的失败或困惑，因为一旦提及，随之而来就是同事的轻视甚至是嘲笑，还会受到学校领导的指责，从此就可能很难得到信任。

（二）明哲保身与学科背景差异

还有一些班主任不能积极地面对有益的批评，害怕因别人指出自己的不足而没有面子；有的人不愿意"君子成人之美"，甚至害怕别人超越自己而不愿与他人分享自己的教育管理方法和知识，愿意独自工作，即使在面对必须与其他班主任进行经验交流时，他们也有所保留，将一些对其他老师专业发展有所借鉴的东西保留下来，这样就降低了合作交流的效率；由于工作的分工和学科、专业、年级组等不同，班主任总是被分成不同的团队去完成某种任务，这也是在某种程度上无法实现全体共享。因此，真正实现班主任之间真正的合作存在困难。

五、研修过程条理不清，系统性缺失

（一）各环节内容关联度缺失

环节关联度是保证研修共同体运行结构紧凑性、系统性的必要条件。有的班主任研修共同体运行虽具备课程学习、组建专家团队、开通网上交流平台等环节，但各个环节关联度不够，缺乏对各个环节之间的运作机制的研究，"眉毛胡子一把抓"，没有形成一条主线。班主任研修是包含人文、技术、社会因素的综合化培训，是教育的形式之一，其教育对象是一直从事中小学生教育的班主任。这就要求研修的链条必须清晰。

（二）各环节结构程序性缺失

任何培训和研修都应遵循一定的逻辑结构顺序，如果没有系统的环节设置，各环节的引领目标没有做到环环紧扣、相互补充，将直接影响研修的有效性。班主任研修目标要指向班主任班级管理技能、班主任工作知识、班主任职业信念等方面，每一个目标的实现都需要从低到高阶梯式的培养，环节不可本末倒置，必须环环紧扣。

第三节　我国中小学班主任研修共同体存在问题的原因

我国中小学班主任研修共同体是一个综合的体现，因此，其问题出现的原因是多种多样的。研究实践发现，在班主任研修共同体构建过程中，对研修共同体内涵缺乏理解与科学理论指导、班主任观念的保守性与规划意识薄弱、工作职责的"无边界"与专业身份认同缺乏、教师文化的消极性与团队缺乏合作文化引领、考评机制的功利性与缺乏科学运行系统、支持性资源缺失与资源缺乏有效整合等，是问题出现的主要原因。

一、缺乏内涵理解与科学理论指导

科学理论从规律上预见了实践发展的过程和结果，又对具体的实践进行指导，因此，科学理论对实践有巨大指导作用。目前，我国许多教师研修共同体管理者更多的是经验型的管理者，缺乏对科学理论的研究，无法把科学理论与实践有效结合以推动共同体高效运行。

（一）对研修共同体实质内涵缺乏理论解读

对"研修共同体"理论基础和实质内涵不明确，如"班主任的独立性、个性与研修共同体的关系如何处理""怎样去设置分配共同体成员""是否创建班主任竞争氛围"等。宋燕（1982）在其博士论文中提出，"很多研修共同体没有很好地去分析交流互助、社会性因素是如何对教师的知识建构和能力发展产生影响的"。这些都是因为我们没有去研读情境认知、社会互依、实践共同体、群体动力等理论，不清楚共同体构建的基本要素，不理解研修共同体中相关要素的关系和规律。

（二）目标定位缺乏理论依据

班主任研修共同体构建的目标定位不准，大多数都是以解决问题为主要形式的班主任专业能力的培养，很多班主任排斥专业知识的学习，认为学习起来不仅难，而且课程形式大多枯燥。目标单一、不均衡，与目标相配套的机制也不健全，虽然有些研修认识到班主任专业化发展的重要性，并且也能够将其上升到目标的位置进行科学建构，但随之而来的如何重构目标体系，目标内容如何体现班主任专业化发展，目标广度、梯度如何设定，都是值得探究的问题。

很多研修在顶层设计上只是写明了研修目标、内容、时间节点等，其内在的理论基础、运行机制却不能呈现。很多期刊文献也只介绍了研修运行的策略和方法，但内在机理及逻辑科学性有待考究。它们缺乏对班主任这一工作的特殊性的认识，没能准确研读班主任专业化发展的方向、内容，不能很好地将研修共同体的构建与班主任专业化发展联系起来。

二、教师观念的保守性与规划意识薄弱

班级管理和人的健康一样，要以预防为主，预防就是班主任对学生进行细致的观察与研究，用自己的智慧让班级中的不良问题处理在萌芽状态。但现实中，有些班主任每天都是按部就班，很少考虑班级学生的年龄特点和心理需要，从班级活动到班级发展，用班级文化熏陶学生的心灵，其每天所做的无非是固定流程的依循。教师无意改革与学习的原因主要包括以下几方面。

（一）应付任务的敷衍心理

一些班主任对研修共同体认识肤浅，对班主任专业发展的重要意义认识不够，加上对班主任工作的理解和认识仅停留在"谋生"的需要层面，认为是学校行政命令，迫不得已的事情，所以，只要一有机会，就想着如何能摆脱班主任工作这一"苦海"。在另外一些人看来，作为班主任就是管住学生，让他们不出事就可以，自己的学科教学成绩才是最重要的。研修学习过程漫长，无法产生立竿见影的效果，加上随着国家对中小学班主任培训力度不断加大，经常出现各级各地培训活动扎堆进行，培训部门为了完成"培训任务"而完成"培训"活动的现象，因此，培训的针对性、实效性也就无从谈起。所以，有些班主任对学校要求的研修学习，尤其带有任务导向性的需要触及自己的思想灵魂的学习有一种抵触心理或敷衍心理，采取一种消极乃至应付的态度，甚至把学习当成是额外的包袱，但求能够交差、应付检查。

（二）自主专业发展的规划意识薄弱

通过调查与访谈得知，绝大部分中小学班主任的责任心很强，但受高考指挥棒的影响，很多教师只重"育分"，不重"育人"，只满足于当一个熟练的教书匠。超负荷的工作导致一些教师疲于应付，疏于学习，即便有学习的机会，也只是喜欢接受那些模式化的、简单易行的教学方法，一定比例的教师没有把学习当成提升自身素质的重要途径。这一状况的产生虽然有工作压力较大、时间紧张或资源不足等客观因素，更为重要的是这些教师主观上缺乏自我提升的动力与专业发展的规划意识。

三、工作职责"无边界"

（一）工作职责"无边界"

班主任工作是一个重要的专业性岗位，有其明确的工作职责。中华人民共和国成立以来，虽然多次颁布相关文件明确其工作职责，但在现实生活中，确实存在着班主任工作职责"无边界"与精力有限的矛盾。与城市中小学班主任相比较，农村班主任研修共同体中的这个问题更为突出。因为，和城市班主任的要求一样，"在普遍要求全体教师都要努力承担育人工作的情况下，班主任的责任更重，要求更高"。同时，农村班主任也需要按照国家的规定，"全面了解班级内每一个学生，深入分析学生思想、心理、学习、生活状况。关心爱护全体学生，平等对待每一个学生，尊重学生人格。采取多种方式与学生沟通，有针对性地进行思想道德教育，促进学生德智体美全面发展"（教育部，2009）。此外，农村学校多为寄宿制学校，这样一来农村寄宿制学校的班主任还要承担多重责任叠加的角色，农村班主任每天负重而行，怎能有专业发展的冲动与学习灵感？

正如第二章英国成功的 EPLC 项目经验所提出的那样：有效专业研修共同体的作用受环境的影响。因此，要真正地让农村班主任研修共同体运行起来，让所有的农村班主任融入班主任研修共同体，为农村班主任研修学习创设好支持环境，解决班主任职责"无边界"与精力有限的矛盾是重要条件。

（二）专业身份认同缺乏

有学者曾提出，身份意味着归属，身份的建构需要个体去寻找能够是自己归属的共同体，是自己获得身份所象征的知识、资源、关系等。王海燕（2011）指出，"班主任对于从事班主任职业的一种期望，是一种想象的身份，是源于已有职业经验与体验的推断"。在共同体中，学员专业归属感缺失，对教育背景、学科背景、年龄等身份差异不能融会和接纳，从而很难与其他成员建立起同伴关系，成员之间防范意识严重、缺乏开放心态。构筑良好的共同体文化有助于学员勇于展现自己的特征、乐于发现他人的不同，在交流沟通中不断建构新的认同，使得班主任在研修实践中不断构建专业身份认同，班主任表现为情感关系融洽、得到一种安全感、工作协作有默契、寻求个体与群体的协同发展，从而产生悦纳自己、悦纳学生的认同感。

四、组织体系僵化与制度不健全

（一）各种制度的缺失

班主任研修共同体的构建是一项复杂的系统工程。从组织管理的角度看，有效的制度能够促进班主任的专业发展，因此，制度是学习的重要保障。如果没有有效的保障制度，仅靠认同与观念是无法对每一位班主任与相关的部门或学校的具体行为产生强制力和约束力的。现行一些学校的制度明显存在着不足，其不足不仅不利于教师的学习，甚至阻碍了教师的专业发展。

1. 从评价制度看

首先，现行教师评价偏重于短期与指向过去的评价。学校评价教师基本上以学期为单位，关注本学期的评价容易导致教师产生急功近利的想法；另外，现行的评价是对过去工作的一个总结，因而它对指向于未来教师专业发展的作用也很有限。其次，评价的内容很少关注教师的专业发展。调查表明，近一半的教师反映学校对其专业发展"较少关注"。最后，现行的教师评价是一种关注教师个体的评价，而对其群体、学科组、教研组几乎不给予相应的评价，这不利于教师团队的合作与学习，以及知识的交流与共享。

2. 从学习制度看

学校中的大部分学习制度主要服务于学生的学习评价需要，对大部分教师学习起不到督促、约谏的作用。有的学校内部也制定一些有关教师进修和培训的规章制度，但大多数是关于新教材备课、学历提高、现代教育技术学习之类的内容。这些制度通常以学历和工作为取向，虽然那些短期的教育和培训，在提高教师的专业知识和技能上起到了一定的作用，但它带有明显被动的、制度性的、零星的学习的色彩。同时，这是一种针对教师的显性知识学习的规定，对于隐性知识则显得无能为力。

3. 从激励机制看

目前，我国学校管理中的激励更强调物质激励，而不是精神激励。这种激励机制的弊端体现在以下三个方面：①对知识的传播、交流与共享的激励十分有限。在知识经济时代，知识成为最重要的资源，成为教师地位与身份的象征与标志，因而部分教师将知识作为自己的私有财产，成为信息的独自占有者，而现行的激励机制对此显得软弱无力。②目前尚缺乏从内在需要出发而构建的激励机制。现行的激励机制并不能促使教师主动而积极地去学习和提高自身的素质，即这种激励机制缺乏对学习本身的激励。③激励与教师群体基本无关。与评价一样，学校组织内的激励也主要是针对教师个人设计的，很少考虑对教师群体的激励。个人主义取向的激励机制必然会阻碍知识在学校组织、教师之间的交流与共享。

（二）学校组织体系封闭

"科层制的学校管理强调规则与控制，致使学校变得呆板僵化，失去了对环境的感知能力，没有了变革的动力。"（杜育红，2004）而我国的学校大部分属于"科层制"的管理模式，中小学校是校长负责制，事不分大小基本由校长来决定。教师通常处于结构的最底层，过于强调等级层次、角色关系和标准化程序等观念，使得学校机构的运作不灵活，欠缺一定的适应性机制来应付系统内外部环境中许多无法预计和掌控的突发问题。在学校里，领导往往行政化倾向严重，在工作上呈现出教条主义，这样他们就不会关心教师的成败，教师得不到归属感。学校作为社会系统中的一个组织结构，必须要适应其内外环境日新月异的变化，因此，学校组织要不断地调整、变革和发展。

（三）教师文化的消极性与团队缺乏合作文化引领

1. 教师文化的消极性

共同体中的研修不是每个学员研修的简单相加，也不能视为班主任个人研修的延伸，它是在共同体文化的引领下，以更优化的形式形成班主任的研修合力，从而更好地促进班主任专业化发展。在科层组织的学校环境中，由于过度强调竞争与控制，有各自职责范围的学校各个职能部门出现层级分明、"井水不犯河水"的问题，使学校内部的信息流动性极低。有些教师即使参与同事间的一些活动，也不愿意做出实质性的指导与评论或干涉，当教师按照个人主义和自我效能的方式行事时，他们在团队中就不愿意互相提供反馈、参与同伴对话，而充当自己独立王国的守门人，这个时候同伴互助、同伴对话的大门也随之关闭。

2. 团队缺乏合作文化引领

美国学者洛蒂曾提出，教师个人主义是教师文化的一个重要组成部分，其在教师专业发展中的表现是，受这种文化取向影响的教师不愿意与其他教师合作，不能正确地对待其他教师的批评。（转引自：程琳，2012）班主任研修共同体就是一个团队，团队凝聚力和合作氛围是研修共同体所有任务完成的保障。如果班主任得不到来自工作群体中同事和领导的支持，只能孤军奋战来面对来自课堂内外的压力和挑战，就会使学校蔓延个人主义思想。因此，共同体文化的成熟与引导能够实现共同体与成员个体之间的和谐发展。

五、考评机制的功利性与缺乏科学运行系统

（一）考评机制的功利性

现有的教育评价体系和学生家长对教师的评价过于重视学生学业发展的指标，高分数仍是教学成果的主要参照物与终极指标。这种以甄别为目的、与教师的奖惩挂钩的价值判断，使教师不得不围绕这些指标而奔波。这种来自社会、家长的高期望值，让教师感到苦闷。很多情况下，学校领导无奈地将来自上级教育行政部门、家长、社会的期望和压力转移到教师身上，教学成绩成了教师的命根；过细的量化考核导致教师难以应付，疲于奔命，研修学习分身乏术，由此，许多教师陷入一种"忙、盲、亡"的专业发展的恶性循环状态。

（二）缺乏科学运行系统

科学有效的运行系统是研修共同体的动力源泉。调研发现，目前导致班主任研修共同体中运行系统缺失的主要原因有三个方面：①运行模式不完善。运行模式是研修共同体运行规律的体现，它是对特定的研修方式和方法进行有机组合，这种组合规律，不仅能有效地提高研修活动的效率，而且具有推广价值。但目前很多班主任研修共同体推进过程中没有对其运行模式进行精心研究与构建，或者模式构建不合理，导致整个研修系统运行缺乏科学的保障。②运行机制不合理。

这种不合理主要表现为管理机制不合理、激励机制缺失、保障机制不到位。③运行方法不科学。方法方式缺乏多样性、针对性与合理性。

六、缺乏支持性的研修资源与有效整合

（一）研修支持性资源缺失

随着基础教育改革和信息化的发展，中小学班主任参加的培训的课程资源、技术资源需要不断更新和丰富：①研修课程未体现不同类型学校、不同学科、不同班主任的实际需要，城市和乡村班主任发展不均衡，教育背景和教育经验存在差异性，这就要求课程设置要多向度。②没有科学的实践平台、丰富的学习资源，应大力开发科学素养课程、人文素养课程、技能素养课程。其内容要考虑到方方面面、实现多样化课程体系、丰富课程资源。

（二）人力、技术资源缺乏整合管理

从国家对班主任研修的政策支持到其下级部门的传达与指导，再到承接研修项目的团队的最后落实，以及学校对班主任研修的关注和支持指导，每项都是必不可少的条件和资源。这些资源若不能发挥合力，就像木桶原理一样，它们都不能达到最终的效果。比如，对于有的培训，国家物质经费、人力资源很充足，地方教育局也认真落实，但是由于全国培训量大，课程资源开发较缓慢、课程资源匮乏，师资力量不足，有的时候这样的培训就像是"钱没有花在刀刃上"，导致资源有限却大量浪费。

第五章

农村学校班主任研修共同体的设计、组织与实施
——以柳江县农村学校班主任研修共同体为例

农村班主任研修共同体构建活动的开展，与组织者对研修的理解、设计和实施有着密切的直接联系。从研修的目的设计到过程落实，再到动态监控，一个完整的研修过程，蕴涵着对农村班主任参与研修的实践意义的不断追寻。唯有研修组织者对于农村班主任专业发展的实现途径与方式有着深刻的实践理解，才能使农村班主任研修共同体的构建具有基于实践、服务实践、提升实践的发展性与教育性。同时，研修的组织与实施不是一个人、一部分人的孤独行动，而是体现合作、互助生成的一系列开放的教育活动。基于农村班主任、引领农村班主任、追求发展的农村班主任研修共同体的组织与实施，可以生动地显示出农村班主任专业成长的教育意蕴。

第一节 柳江县农村学校班主任研修共同体状况

个案研究是对一个场域、单个个体、文件数据或特定事件等所做的审视。选取柳江县农村班主任研修共同体作为研究的个案，就是对其中的一些关系、个体变化等进行"独特的、处于特定情境中"的分析，获得可借鉴与推广的农村班主

任研修共同体构建的模式与机制，探寻促进农村班主任专业成长的规律。

一、背景及过程

一般而言，区域是一个空间概念，通常指地球表面按照自然地理特征而划分的地域单元，该地域单元在内部构成上具有均质性。在教育管理上，我国通常以地域划分范围作为教育管理的依据。在此，笔者把区域教育理解为以行政区域为基础，便于组织、协调、控制教育活动而以整体加以考虑的一定的空间范围。本书中涉及的"区域"指柳江县以行政区划为基础的区域。

（一）自上而下，区域行政统筹规划

柳江县是举世闻名的"柳江人"遗址所在地，位于广西壮族自治区中部，面积为 2504 平方千米，辖八镇五乡，总人口 50 多万，少数民族人口占 77.6%。2015 年据广西柳江县教育统计报表的数据显示，柳江县有 129 所公办中小学，其中，农村学校占 93.3%；全县在校生 52 943 名学生，有 4823 个班级，4823 位班主任，其中，82%的学生就读于农村中小学，85%的班主任担负着全县农村学校的班级管理工作。我们都知道，班主任是学校教育和班级管理的主要执行者，班主任的品德修养、教育水平直接关系着学生的成长和进步。由于农村家庭教育的薄弱，农村班主任的行为影响更为重要。因此，随着中国教育体制的不断变革，班主任在学生教育中的作用逐渐被认识和肯定，而如何培养、提高班主任，特别是农村班主任的职业道德修养、文化素质和业务能力，成为教师培训的重点并不断被关注和研究。做好农村班主任队伍建设，着力构建研修共同体，更是教育行政部门必须抓好的重点工作之一。

柳江县农村班主任专业成长研修共同体的成立源于 2012 年 3 月，当时的柳江县教育局结合区域实际，下发了《柳江县关于依托班主任研修共同体，提升农村中小学班主任整体素养工程的意见》文件。教育局统一规划、遴选乡镇学校的骨干班主任，与广西师范学院联合实施"柳江县中小学班主任专业发展提升工程——'名班主任培养工作室'项目"，第一期骨干项目共建立四个班主任研修共同体，即"心缘工作室""星辉工作室""德行天下工作室""穿山甲工作室"，四个工作室中 85%的成员来自柳江四个农村片区的乡镇中小学。"重点以培养组织和开展研修共同体活动的骨干（种子）力量"是该项目的主要目标之一。

广西师范学院——柳江县区域教育合作项目
柳江县农村中小学班主任专业发展提升工程
——"名班主任培养工作室"项目实施方案（节选）
（第一期）
（2014 年 3 月至 2016 年 3 月）

项目目标

（一）总目标

以提升柳江县农村班主任队伍的专业素养、培养造就一支德才兼备的农村中小学班主任团队，探索农村中小学班主任专业成长的有效途径——"班主任研修共同体"建设为切入点，以辐射和带动全县农村中小学班主任队伍综合素质和整体育人水平的提高，促进城乡教育均衡为终极目标。

（二）具体目标

1）培育一个优秀农村中小学骨干班主任共同体。这个共同体应是具有较高的师德素养和现代班级管理水平，具有扎实的班主任专业技能，有个性、善合作、积极向上的群体。打造一批在农村中小学班级管理中具有辐射与示范引领的班级管理"品牌"班级与"品牌"班主任以及具有组织和引领农村学校开展以校为本的班主任专业发展研修共同体的"种子"力量，促进全县班主任专业发展研修共同体建设。

2）搭建一个农村骨干班主任专业成长支撑平台。建立"班主任工作室"，每个工作室配备两名导师，为学员营造共同学习、共同探究、共同分享、共同发展及资源共享的环境；发挥工作室孵化、培训功能，探索具有农村特色的班主任专业成长的有效途径。

3）形成一套具有推广、宣传和借鉴作用的柳江"名班主任培养工程"项目个案和经验（最佳实践）成果。

（二）自下而上，基于需要自发联结

其实，早在县教育局统一规划之前，柳江县农村班主任工作室成员学校就已开始了共同体研修学习。由于区域内的整体办学情况、师资情况、生源情况，共同体的成员学校都面临不同程度的学校发展困境，各个学校的校长都在积极探索更适合的发展道路。基于此现状，在共同体组建之前，学校就已经在想办法走出困境，私下形成"拉手校"。但是，当时的"手拉手"式的研修共同体活动内容，更多的是学校校长就学校管理问题的研讨活动或学科教学方面的研讨互动，以农村班主任工作室为主要载体的柳江县农村班主任专业成长研修共同体是一个自上而下和自下而上并行构建的共同体组织。区域上的统筹规划为原有的校际联结带来了新的景观，原有的校际联结为现在的共同体提供了动力。有了共同体的支撑，学校间的合作学习更自然，班主任之间的互动更频繁，发展也感觉更快。这种特殊形式的成立方式，为接下来共同体的发展建立了良好的基础。我们可以从柳江县农村班主任专业成长研修共同体"德行天下"工作室导师的一段话语中能了解到组织者关于整个区域研修共同体构建在组织布局的出发点。

柳江县农村班主任专业成长研修共同体由四大片区构成，每个片区中既有优质学校，又有薄弱学校和村小，我们片区有12所，其中农村学校占了10所。相对来说，优质的有2所，然后差点的和中间水平的有8所，一共12所学校。当时的这个分片的过程是教育局充分考虑了如何促进城乡教育均衡而规划的。我们成立了班主任工作研修工作坊，工作坊的成员由各学校推荐，教育局遴选后的骨干班培养对象组成研修共同体的成员，这些骨干成员又组建以校为本的班主任工作坊以开展研修活动。所以，片区农村班主任研修工作坊首先通过两年的研修活动培养骨干成员，然后让他们把研修计划、模式、资源、方法等带回到各自的农村学校中，在学校建立这样的班主任研修工作室，促进农村学校的班主任工作水平的提高，最后达到把这个区域的农村班主任整体专业水平推进到一定的层面。

二、基本宗旨与核心理念

基本宗旨与核心理念作为共同体发展的支撑，在区域性农村班主任专业成长研修共同体的构建过程中显得尤为重要，它是基本的定位与发展方向。一个正确的理念可以带动群体的发展，在一个多校联结的区域性的共同体组织内部，准确的目标定位、角色定位可以对共同体的构建与发展起到引领的作用。

（一）基本宗旨

柳江县农村班主任专业成长研修共同体的基本宗旨是：研究的平台、成长的阶梯、辐射的中心、班主任益友。基本宗旨与核心理念是共同体内部的核心价值观，只有统一价值观、统一思想才有可能进一步谋求发展，进一步分享资源，平衡发展。负责区域农村班主任专业成长研修共同体构建项目的专家组组长李教授就曾这样描述农村班主任专业成长研修共同体建设的基本宗旨确定的过程。

首先，这个宗旨的确定得益于多年来对农村班主任专业成长规律的研究与探索经验的总结。其次，基于目前农村中小学班主任工作时间长、压力大、待遇低、难度深，成效微等，导致班主任工作成了"烫手的山芋"，农村班主任专业成长研修共同体建立必须得让农村教师在班主任工作中看到希望、品尝到班主任工作的"乐趣"，体验能成就师生"幸福"和"双赢"的人生。再次，通过良性互动的机制建立，分享班主任成功的喜悦和分担班主任的忧愁，从而激发班主任内在潜能与班主任工作角色认同。最后，通过研修共同体的建设给予专业的支持、鼓励、引导班主任开展工作，促进农村班主任的专业成长。我们的农村班主任专业成长研修共同体就是奔着要解决这些问题而来的，因此，把"研究的平台、成长的阶梯、辐射的中心、班主任益友"定位为柳江县农村班主任专业成长研修共同体的基本宗旨，结合问题开展行动研究，力求通过多层次、多形式的农村班主任学习、研修，实践和培训活动，不断加强班主任专业能力建设，不断探索当前农村中小学班主任有效的班级管理途径，努力构建农村班主任生态成长家园，让农村班主任工作绽放出生命的绚丽色彩。只有解决这些问题，共同体才能有生命力。

（二）核心理念

柳江县农村班主任专业成长研修共同体的核心理念为"想着大问题、做好小事情"。这一核心理念的确定绝非凭空想象，其是经过自上而下和自下而上的深入思考、协商、调研后，根据共同体的原有状况和未来发展目标，同时结合区域共同体各校的优势特色项目而提炼出来的。

该理念出自北京大学中文系钱理群教授倡导的"想大问题，做小事情"。钱理群教授曾经这样说，"具体到中小学教育领域，所谓'好人'，就是我所说的'真正的教师'。"真正的教师有两个特点：一是他们自己爱读书，爱学习，有上进心；二是他们心存教育良知，爱学生，关心学生的生命成长。班主任在中小学生生命成长中的重要意义已经不言而喻，而做好班主任工作需要有班主任的专业素养，这一素养正如著名的班主任李镇西老师说的那样："有童心，有爱心，有责任心，是专家，是思想家，是心理学家。"这里说的责任心，既是班主任在日常点滴工作中，认真细致和绝不敷衍地做好每一件事情，更是着眼于未来培养学生良好的人格品质和行为习惯，这就是所谓的"想大问题"。"做小事情"的含义有三个：①要从做好小事做起，以研究的态度去对待小事情，比如怎样扫好清洁区、如何上好每一节班会课、如何让学生养成良好的行为习惯、如何让学生自主管理等。②从改变自己和周围的教育存在开始，尽力按照（或部分地按照）自己的教育理想与理念去教学，从改变自己的班级管理做起。③"做好小事情"，从事业心的角度看待班主任工作，班主任工作应是认真的，是有研究的，经常要从新的角度去思考。只有这样，我们才能在纷繁复杂的班主任工作中保持一颗初心。"穿山甲"工作室导师，来自南宁衡阳路小学的许书记是这样和研修共同体成员分享她对农村班主任专业成长研修共同体的核心理念的理解的：

　　我所理解的"大问题"并不是安邦定国之大计，相比那样的大计，这里的大问题又非常像最近网络上流传着改变人一生的五句话。第一句话是：优秀是一种习惯。这句话是古希腊哲学家亚里士多德说的。第二句话是：生命是一种过程。事情的结果尽管重要，但是做事情的过程更加重要，因为结果好了，我们会更加快乐，但过程使我们的生命充实。第三句话是：两点之间最短的距离并不一定是线段。在处事的过程中，我们很难直截了当就把事情做好。有时需要等待，有时需要合作，有时需要技巧，有时需要绕过去，也许这样做事情更加顺利。第四句话是：只有知道如何停止的人才知道如何加快速度。奔驰、宝马车为什么能够跑得很快，其中一个重要的原因就是它们的制动系统比其他车好。第五句话是：放弃是一种智慧，缺陷是一种恩惠。人一定要学会用你拥有的东西去换取对你来说更加重要和丰富的东西。所以，分享自己好的做法，学习别人的好办法是我所理解的共同体理念中最深刻的内涵。

（三）标识

　　团队的标识包括团队名称、标志和口号，它是一个团队的符号或图腾，具有导向、凝聚、激励、约束、协调、美化等功能，在社会活动中有着不可替代的价值和积极作用。

1. 研修共同体标志

图 5-1　柳江县农村班主任研修共同体标志

标志在团队标识中有重要的表征功能，记载着这个团体活动和社会变化及意识形态的转变，记录着一个团队文化特征和历史渊源，它所体现的文化内容和本身所具有的文化特点也正是一个团队地域的文化传统的体现。柳江县农村班主任专业成长研修共同体的图标，如图 5-1 所示。标志周围是"柳江县农村班主任专业成长研修共同体"的英文名称，图中的三个人手拉手、肩并肩包含着两层含义：①表示柳江县农村学校班主任专业成长研修共同体由若干个片区的班主任研修共同体——工作坊构成，各工作坊携手前进，不断发展壮大；②代表着共同体中的每一个个体成员，相互扶持，相互帮助，共同进步。标志中，彩虹代表着农村孩子的未来的五彩人生，班主任高高举起的双手，代表着班主任专业发展的终极目标就是要为农村孩子健康发展撑起五彩天空。

2. 研修共同体口号

柳江县农村班主任专业成长研修共同体的口号是"让别人因我的存在而感到幸福"。这一口号引自著名的班主任李镇西 2004 年写给他学生的一封信中的一句话。因此，以这句话作为我们农村班主任专业成长研修共同体的口号。正如李镇西老师说的那样："这句话并不只是一种伟大崇高的价值观念，同时也是一种平凡朴实的实践行为。"我们生活的团队中，一般情况下并不需要什么壮举，而往往只需"举手之劳"，如分享的收获，用心倾听别人的发言，尊重导师及同伴们的劳动，体会别人的幸福与不幸，尽自己的能力帮助别人等。总之，生活在这样的学习共同体中，我们会感到一种幸福。让我们做一个好学生，让导师幸福；做一个好学伴，让同伴幸福；做一个好老师，让学生和家长幸福；做一个好公民，让社会幸福！这句口号不仅是带给研修共同体中的每位农村班主任老师的，更希望他们回去以后传递给他们的学校、班级、学生。

柳江县农村班主任专业成长研修共同体的识别系统的真正形成是在共同体组建两年后，是基于共同体最初的成立目标、发展目标，并结合共同体发展现状而形成的。柳江县农村班主任专业成长研修共同体理念蕴涵了共同体运行工作的重点是围绕农村班主任专业素养和能力的发展，希望共同体内成员能够用真正的行动为学生创造更好的未来。

第二节　柳江县农村学校班主任专业成长研修共同体新模式构建

让农村班主任专业成长研修共同体促进农村班主任专业发展，针对当前社会发展对学生培养的新要求，引导、帮助农村班主任不断更新观念、拓展视野、增长技能、增强智慧，更好地适应并创新班主任工作，还需要我们对共同体有效的模式进行创新与探索。

一、柳江县农村班主任研修共同体运行系统

（一）运行系统图

科学高效的运行系统是组织赖以生存的心脏。农村班主任研修共同体构建是一项综合工程，也是一个由学习者、教育者、管理者、学习团队、基地学校及其研修目标、模式、方法策略等要素构成的组织体系。构建一个科学高效的运行系统，是农村班主任研修共同体目标达成的核心条件，也是研修共同体的组织者重要的责任与使命，如图 5-2 所示。

从图 5-2 中我们发现：农村班主任研修共同体运行体系的组织目标，是通过研修共同体研修系列活动的开展，促进农村班主任专业水平的提升，改善其目前相对落后的班级管理现状，终极目标是让学生得到全面发展。所以，农村班主任研修共同体构建的终极目标是促进学生发展。同时，这个研修共同体的

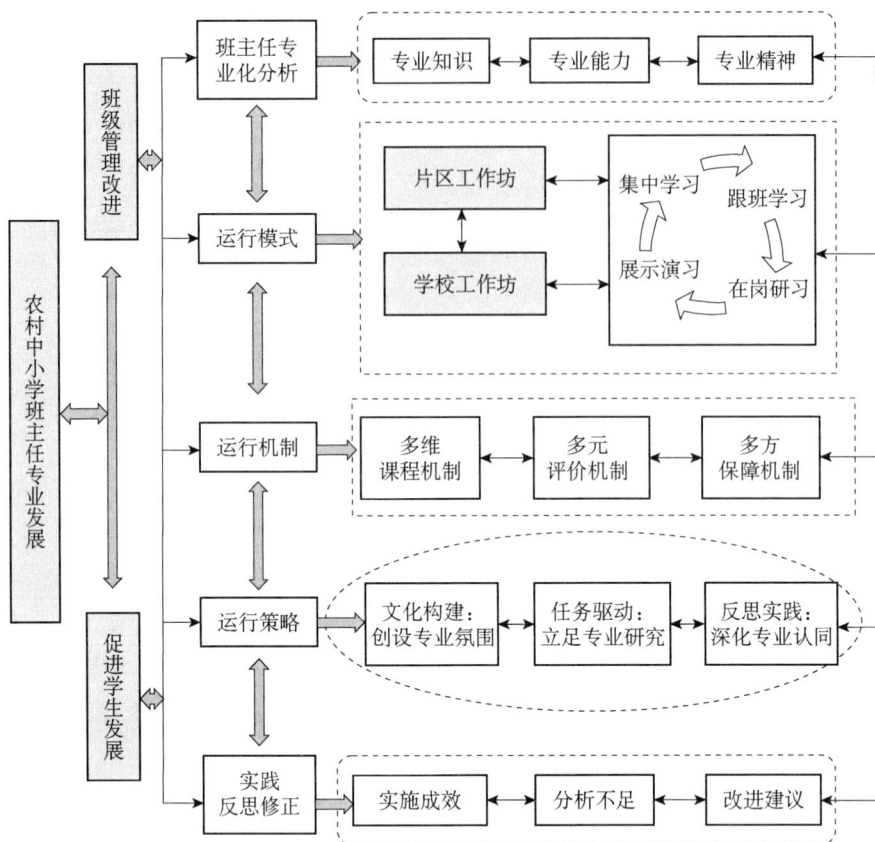

图 5-2　农村班主任研修共同体运行体系结构图

构建过程，是一个动态发现和行动过程，也是所有的参与成员"教学相长"的过程，实现这个目标的关键在于组织者，也就是说做好研修共同体的顶层设计工作至关重要。这个顶层设计包括对农村班主任工作能力的核心要素的把控、调研与分析，根据科学理论指导去设计科学的运行模式，制定促进共同体全体成员参与的良性机制，选择有针对性、合适的策略方法及对其不断反思、改进的过程，这个运行系统设计创新性地体现了现代教师培训的新理念。

（二）农村班主任研修共同体运作系统设计新理念

1. 坚持基于区域基础、着眼学生发展的研修创新

推进区域班主任研修，需要以国家、地方政策为依据，根据区域教育需求，

着眼中小学生思想行为的发展变化，分析区域班主任队伍建设的客观实际，聚焦队伍发展的问题，不断地更新研修策略，改进研修方式，使研修活动与时俱进、充满活力。比如，如何把握当代学生的思想动向、心理特点，如何针对多元化的价值取向引领学生树立正确的价值观，如何顺应网络时代特点改进研修方式，如何持续关注班主任研修后的行为转化等，都需要培训部门多加思考、探索。

2. 坚持"走进教育现场"式的研修方式

班主任的实践性知识有时是难以用语言表达的，需要在意会而非言传中发现和体会。研修教师来自各个不同的学校，每个人都拥有难以言表的基于各自学校生活情境的隐性知识，这种知识的学习与分享需要深入到班级管理的具体情境中才能感受到、体会到。因此，应让学员走进真实的教育情境，彼此理解、展现自我，主动承担研究任务，对班级管理过程发表看法、提出建议，获得更鲜活的体验与认知。

3. 坚持"U—D—S"合作的区域教师研修合作研究

顺应开放性、多元性的教师研修学习发展趋势，需要培训部门更新理念、开拓创新，主动寻求高校、地方区域行政、学校与培训教师的有效合作，构建立体多级研修网络，在实践中探索区域整体推进班主任队伍建设的新经验。

4. 坚持"四习一体"知行合一的班主任发展路径

随着班主任队伍建设越来越得到重视，班主任研修必将赢得更多的发展机遇。坚持"知行合一"，引导班主任带着研究的意识和研究任务，边学边用，边用边研究，边研究边反思，不断内化提升，让参与研修逐渐成为班主任的自觉行为，而非负担。

5. 坚持整体发展与骨干引领的研修关注

农村班主任研修共同体构建要着眼于整体建设，既要关注骨干班主任的培养，助力个性发展，发挥示范作用，又要关注青年班主任的帮扶研修，毕竟目前青年班主任的比例日益增大；既要关注在职班主任的培养，又应关注副班主任、后备班主任，乃至任课教师及与学生管理密切的后勤教师的普惠性培训，以利于学校营造全员参与的工作氛围；同时要关注区县培训与校本培训的对接，发挥骨干班主任的培训者作用，助推班主任校本培训工作。

在农村班主任研修共同体建设初期，骨干成员的培养显得尤为重要。柳江第一期骨干班"星辉工作室"，选择研修团队中有学习热情和期待班级改进的农村班主任作为帮扶对象，通过帮扶活动，为帮扶对象制订"特别支持计划"，如图5-3所示。

图5-3星辉工作室"成员特别支持计划"的制定、执行和实施，让大批农村班主任专业成长研修共同体中的积极分子脱颖而出，成为研修团队乃至区域学校有影响力的优秀班主任。

6. 坚持基于工作坊的研修共同体的构建

在区域农村班主任大研修共同体中，建设若干个以区域中的相邻学校班主任的组成的片区骨干工作坊，再由这些骨干班主任牵头在各自的农村学校建立校本工作坊，是农村班主任研修共同体运行系统的基本组织架构。这种以工作坊为基本组织的运行方式，不仅使城乡班主任专业发展的优质资源得到有效整合，也使班主任研修学习组织阵地重心下移，让农村班主任在距学校不远的地方就能获得专业发展和专业支持，这是解决农村班主任专业发展中"群体资源缺乏""专业引领缺失""工学矛盾突出"等瓶颈问题的关键。

二、柳江县农村班主任研修共同体运行模式

中小学教师研修活动的开展，目前正面临着种种挑战。其中，关于研修模式问题，已成为深化教师教育改革亟待解决的课题，需要我们从理论与实践的结合上给予深入研究和探讨。农村班主任研修共同体的研修活动作为一个整体，是在一定时间和空间里进行的。这个有展开、有高潮、有结尾的系列特殊认识过程与实践过程，总要通过一定形式表现出来。特别是伴随时代的发展、社会的进步，教师教育内容日益更新，其形式也必然愈加丰富多彩。农村班主任专业成长研修共同体研修模式的产生，正是适应时代的要求，在班主任研修活动的实践中形成的。

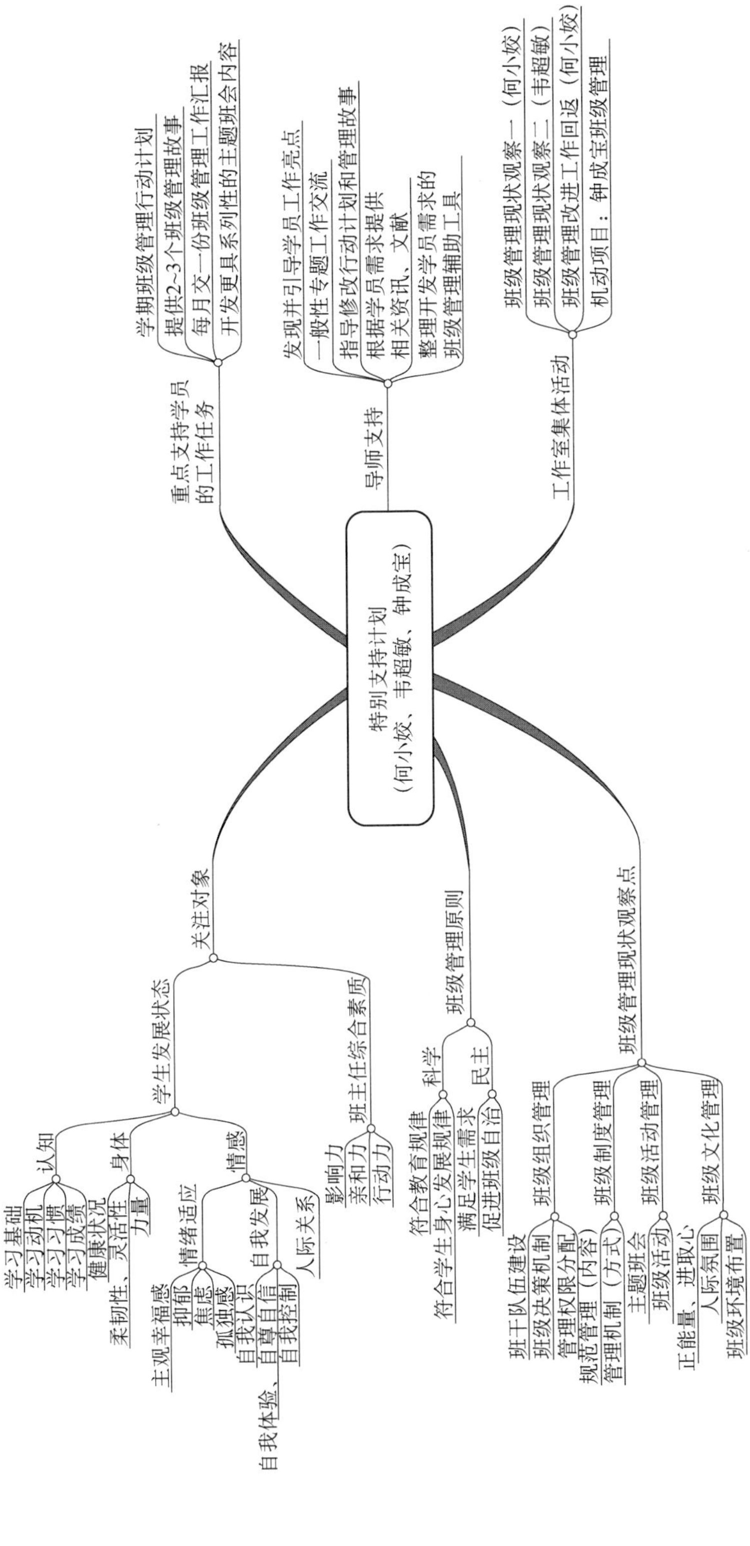

图 5-3　星辉工作室"成员特别支持计划"

柳江县农村班主任研修共同体运行模式，是整个运行系统的关键，在共同体的研修活动推进过程中，我们经过实践探索形成了由"集中学习、跟班研习、在岗见习、展示演习"四个部分组成，四个环节中又有各自相对独立的小环节构成的"四习一体"的研修学习体统。

（一）运行模式图

农村班主任研修共同体"四习一体"模式，是以研修共同体为载体，以任务驱动为中心轴线和动力机制，由"大循环"和"小循环"构成，并呈现螺旋开放式的研修学习体系，如图5-4所示。

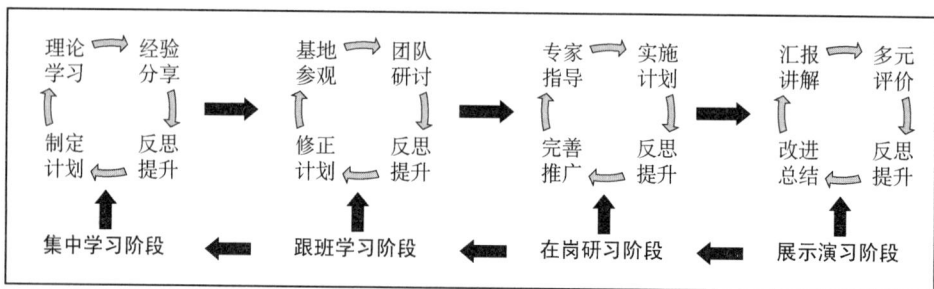

图5-4 "四习一体"运行模式的基本结构及环节

从图 5-4 我们发现，每个阶段有相对独立的体系，但每个环节是相关联的统一体，互为独立又相辅相成。

（二）"四习一体"运行模式的具体环节及任务要求

农村班主任研修共同体"四习一体"运行模式，把研修活动的四个阶段融会贯通为一体，各阶段相互吸收与分享各方的智慧。此外，各阶段又有聚焦农村班主任专业发展目标的与层次分明的任务目标、任务要求，如表5-1所示。

从表5-1中我们发现："四习一体"运行模式的四个阶段之间不是封闭的，呈现出开放、循环、螺旋上升的发展趋势。这种发展趋势以农村班主任专业化发展为目标，以其专业知识、专业能力、专业精神为抓手，以区域研修共同体中的工作坊建设为载体，以任务驱动为中心轴线和动力机制，将每个阶段连起来。具体操作方案可见柳江县第二期农村骨干班项目执行方案。

表 5-1　"四习一体"运行模式的阶段任务表

阶段	具体环节	阶段任务要求
集中学习	课程学习、经验分享、反思提升、制订计划	解读项目研修方案，体验、感悟研修共同体团队文化；激发班主任工作的认同感与使命感，学习班级管理基本理论和专业技能，夯实各学员的班主任工作的基本功。研修形式为专家讲座、活动体验、交流研讨等，成立工作坊，制订工作坊工作计划、团队文化及"个人班级管理提升计划"
跟班学习	基地研修、团队研讨、反思提升、修正计划	以"专家引领—任务驱动—自主建构—精细实践—交流共享—反思提升"为基本理念，安排学员进入示范性中小学进行跟班学习。看学校历史，了解一所学校的办学发展轨迹；看校园短片，感受一所学校的校园文化特色；看学生活动，体察学校学生精神面貌；看课堂教学，在观课中体悟教学组织形态和教师的教学理念、教学风格；听班主任研讨会、讲座，学习名校班主任管理技能
在岗研习	专家指导、实施计划、反思提升、完善推广	班主任在岗开展行动研究。在研习过程中，工作室导师要进行现场指导点评，工作室成员到现场互相学习、研讨。此阶段要求学员要将重心转移到感悟反思，完成行动研究任务，此阶段是班主任专业化成长中关键一步
展示演习	汇报讲解、多元评价、反思提升、改进总结	展示演习阶段贯彻了"以展示促研修"的整体思路。强调"以评比促研修，研修促评比"的理念促进班主任专业化发展，通过个人及工作室开展相关的展示活动及成果结集出版，充分发挥其示范、引领、辐射、带动功能

柳江县中小学班主任专业能力提升工程
——农村学校班主任专业成长研修共同体（第二期）项目实施方案（节选）

一、项目目标（略）

二、项目实施模式

项目建设时间为两年，采用三大模块联合与"四习一体"的培养环节交叉循环推进方式实施。

1. 三大模块联合

模块一：班主任专业理论系统学习与项目监控与评价；

模块二：乡村班主任研修共同体工作坊引领与实施；

模块三：成果物化与辐射。

2. 四个环节交叉循环

1）集中学习。集中学习包括集中理论和技能培训及跟班学习两个阶段。该阶段重点是夯实各学员的班主任工作的基本功，根据个人实际制订一份"个人班级管理提升计划"；组建班主任工作坊，给予技术支持和专业引领。

2）团队研习。以班主任工作坊为载体，以"专家引领—任务驱动—自主建构—精细实践—交流共享—反思提升"为基本理念，以有效实施"班级管理提升计划"为基本任务驱动。

3）在岗实习。开展"个人班级管理提升计划"实践行动研究，形成行动研究案例、班级管理故事。

4）展示演习。以评比促培训、培训促评比的模式促进培养对象——班主任工作专业素养，通过个人及工作坊开展相关的展示活动及成果集结出版，充分发挥示范、引领、辐射、带动功能。

三、任务执行方案

任务执行方案如表 5-2 所示。

表 5-2 任务执行分解表

阶段	主要任务及完成时间	任务分解及预期成果		
		参训学员	工作坊及导师组	项目管理办
第一阶段：2016 年 10 月至 2017 年 2 月	1）集中理论学习一+班主任专业素养与能力训练【项目一】（2016 年 10 月前）； 2）基地学校跟班学习研修（2017 年 1 月前，一周）； 3）班主任专业素养与能力训练【项目二】：优秀集中学习心得及跟班学习日记、"个人班级管理提升计划"评选（2017 年 2 月）； 4）建立与完善工作坊运行管理系统：①2016 年 9 月完成"工作室"运行管理系列文件；②2016 年 10 月完成 4 个工作坊（中小学分别各两个）的组建，明确工作室成员分工与任务，建构工作室团队文化；③2016 年 10 月前召开工作坊导师团队第一次培训研讨工作，明确工作计划和任务，与工作坊成员对接，指导工作室计划制定与建立学员电子档案袋；④制订与完善工作坊工作执行计划与"个人班级管理提升计划"； 5）建立项目互动学习交流平台：①"小主任，大视界"微信公众信息平台；②QQ 团队交流平台；③班主任共同体网页建设； 6）建立项目学习资源库，提供相关著作阅读书目	1）集中学习感悟 1～2 篇； 2）跟班学习研修日记 2～3 篇+活动照片不少于 3 张； 3）向所在的工作坊提交经过导师签名的"个人班级管理提升计划"（跟班学习完成后）； 4）自选一篇作业参加本工作坊的"优秀集中学习心得及跟班学习日记、'个人班级管理提升计划'评选"与交流活动（2017 年 1 月下旬）	1）工作坊文化识别系统建设（名称、口号、愿景、基本理念、分工、规则等）； 2）研讨工作坊研究主题及年度执行计划（2016 年 10 月-2017 年 7 月）； 3）建立本工作室学员 QQ 或微信交流平台； 4）开展"个人班级管理提升计划"诊断活动； 5）工作坊跟班学习简报（跟班学习结束一周后上传）； 6）收集学员参评作业，开展工作坊的学习交流活动，推荐学员优秀作业各 2～3 份参加项目办的评优活动； 7）本阶段工作坊项目活动大事记	1）制定项目管理系列文件（2016 年 10 月前）：①集中培训课程计划；②工作室运行管理规定；③工作室导师工作职责；④优秀学员及工作室评优方案；⑤编印学员培训手册； 2）建立学习资源库，提供相关学习资源； 3）编印项目简报第一期（2016 年 10 月，培训结束一周）； 4）组织"优秀集中学习心得及跟班学习日记、'个人班级管理提升计划'评选"活动； 5）本阶段项目活动大事记

续表

阶段	主要任务及 完成时间	任务分解及预期成果		
		参训学员	工作坊 及导师组	项目管理办
第二 阶段： 2017年 3月至 2017年 8月	1）集中理论学习二+班主任专业素养与能力训练【项目三】：团队风采展示（教师礼仪与着装秀）（2017年3月前）； 2）导师组第二次工作会议+工作室室长培训（2017年3月前）； 3）学员在岗实践"个人班级管理提升计划"及行动案例撰写，导师开展主题研讨或跟踪指导活动； 4）第一次遴选学员优秀作业在《广西教育》发表； 5）工作坊年度工作总结+班主任专业素养与能力训练【项目四】："走进经典、阅读经典、感悟经典"活动（2017年8月前）：①读书心得比赛活动；②经典诵读比赛（团队+个人）	1）班级管理行动研究案例（故事）1～2篇； 2）读书心得体会1～2篇。 3）"个人班级管理提升计划"本学期实施活动大事记一份和过程性照片资料	1）工作坊主题研讨与团队比赛活动备战； 2）本阶段工作坊活动大事记记录+工作室主题活动开展的计划、过程材料及图片过程证明资料； 3）提交工作坊年度工作总结（2017.8月前）	1）实施集中学习二； 2）组织实施班主任专业素养与技能比赛活动三、四项； 3）第二次导师研讨会过程材料； 4）编制项目通讯报道第二、三期； 5）遴选优秀案例在《广西教育》发表； 6）本阶段项目活动大事记
第三 阶段： 2017年 8月至 2018年 2月	1）集中理论学习三+班主任专业素养与能力训练【项目五】：魅力班会课比赛（2017年10月） ①团队风采：团队手语操比赛②主题班会活动课（说课、上课、反思）； 2）工作坊（2个）开展研究阶段性成果分享展示（2018年1月）	1）主题班会活动教学设计或学生心理剧设计一份； 2）"个人班级管理提升计划"实施大事记+过程资料收集	1）工作坊开展【项目四】专项讨论，形成活动开展的计划、过程材料及图片过程证明资料（2017年9月）； 2）本阶段工作室活动大事记及过程资料收集	1）组织实施班主任专业素养与能力评比【项目四】； 2）编印项目培训通讯报道第四期； 3）本阶段项目活动大事记资料归档
第四 阶段： 2018年 3月至 2018年 10月	班主任专业素养与能力训练【项目六】：①"个人班级管理提升计划"研究案例、班级管理故事、个人成长记录册比赛；②第二次遴选学员优秀作业在《广西教育》发表；③班主任专业素养与能力评比。 【项目七】：①项目优秀学员评比工作坊（2个）特色成果汇报及展示暨项目终期总结分享、表彰活动；②项目工作成果总结、汇编与出版	1）提交行动研究案例或日记或班级管理故事1～2篇； 2）编印个人成长手册	1）工作坊面向全县学校班主任开展特色成果汇集及展示活动； 2）工作坊项目总结报告，要求图文并茂	1）组织实施【项目五】、【项目六】； 2）第二次遴选学员优秀作业在《广西教育》发表； 3）集结出版项目工作成果

　　第二期研修方案提出了农村班主任研修共同体实施的"俱进工程、启智工程、素养工程、特色工程"四大工程，把研修目标融汇在了这四项工程之中，同时通过研修活动中学员对《我的成长足迹——中小学班主任专业成长记录册》（图5-5）的记录，较好地落实到了每一位研修者的研修行动上。

　　图5-5中的《我的成长足迹——中小学班主任专业成长记录册》，不仅是学员研修学习痕迹的记录册，更是学员在研修反思学习中的重要工具，成为"四习一体"研修学习模式的重要组成部分。

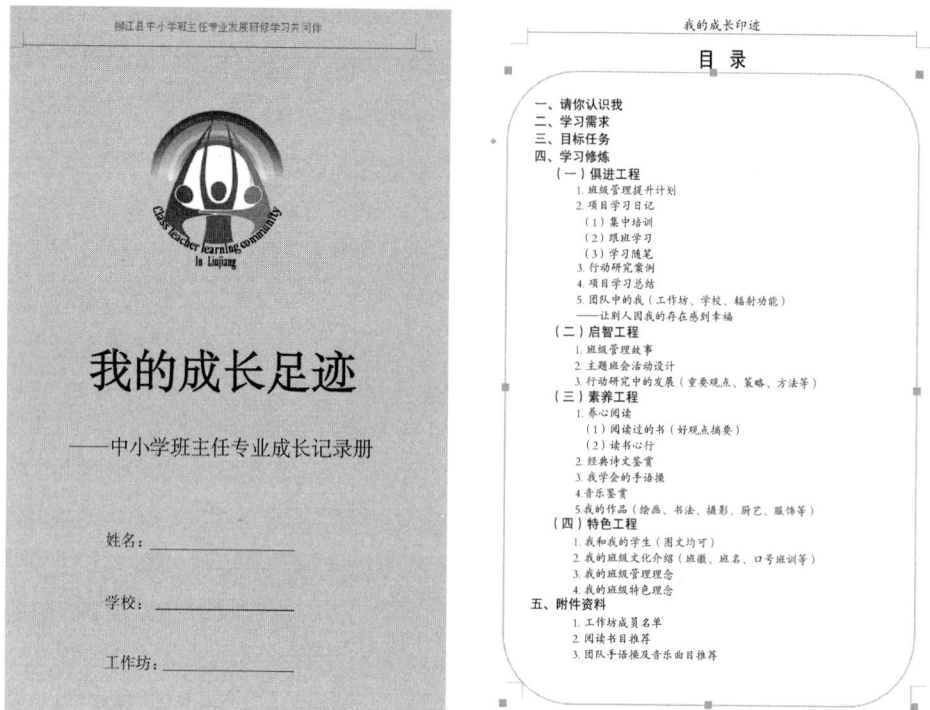

图 5-5　《我的成长足迹——中小学班主任专业成长记录册》封面与目录

（三）"四习一体"运行模式新特点

1. 突出研修对象的主体性

区域农村班主任研修共同体运行系统是按照农村班主任专业成长特点和规律，运用模式研究方法，从学员主体参与、多方面能力提高的指导思想出发，按照"学习、理念、验证、提升"的学习理论规律，采用"理论引领、实践提升、注重交流"的培训设计。因此，这种研修模式所追求的不仅是提升学员的教学能力，更是促进学员自身全面、健康发展的人本化目标的实现；强调学员从研修学习中获取经验，不仅应促进其班级管理质量的提高，更应促进学员自身与学生的发展。这种人本化的目标定位，引发了班主任培训内容和方式的变革，有效地激发了农村班主任内在的学习动机和创造性，使农村班主任在研修学习中成为一个主动的探索者和创造者。

2. 研修学习内容的多向开拓

在可持续性发展的目标指导下，"四习一体"农村班主任研修学习的内容突破了以往只重理论指导或只重技能训练的片面性，关注农村班主任基本而核心素养与观念的重塑，以及核心班级管理技能的提升。各国的课程改革实质上就是倡导和体现某些核心的教育理念，以新颖、科学的教学技能为实现教育理念的必要手段。实践证明，通过"四习一体"模式促使农村班主任将新的课程理念内化为自己的教育观念，从而自觉地在实际的教育教学中运用，并创造符合这种课程理念的班级管理技能，才能确保课程改革深入到学校教育层面，体现在每位班主任日常的、具体的班级管理行动中，最终实现促进教师与学生共同成长的改革目标。

3. 现代信息的支持及培训辅助网络的构建

这可以使学习者在虚拟的环境下解决复杂的现实管理问题，在信息技术的支持下降低研修学习的成本，并提高培训的效率。当前教育部、各级培训机构及其合作者已经研究开发了若干中小班主任培训网络课程资源，尤其是微信公众号、QQ 网络平台等的使用，可以解决研修过程中的"农村班主任研修资源短缺""指导不够及时"等问题。当然，"四习一体"农村班主任研修共同体运行模式中所说的"研修网络平台"不仅要求在研修活动中运用好现代信息技术，通过网络开展远程跟踪指导工作，还要求在研修共同体导师团队与研修学员之间建立一种网络的对话关系。

4. 关注问题解决、参与性学习和走向班级管理实践

实践是教育、教学理论与观念的实验场，是各种教育、教学问题的集结点。理论和观念再先进、完善，若脱离了教学实践或管理实践，也只能成为一句空洞的口号。因此，关注问题解决、参与性学习，走向教学实践是新型教师研修模式构建的一个应有的转向。

"四位一体"的农村班主任研修共同体运行模式将会把课堂教学、班级管理、学校管理的实践活动结合起来。在此情景下，研修中的"导师"不再是一个凌驾于学员之上的"理论布道者"，而是与学员发展成为一个共同体，深入管理、教学现场，共同研究、解决存在的问题。这并不是要将"导师"置于学员的边缘，削弱、降低其的理论及经验的指导作用，而恰恰是对"导师"提出了更高的要求。一方面，研修共同体的"导师"要有丰富的、与时俱进的理论知识，在筛选班级管理问题时，向学员介绍有关理论，引导学员形成问题，具有概括班

级、教学中问题的意识，在学员反思、参与式的研讨、分享教学实践中的经验和教训时，向他们提供有关的理论材料和班级管理提升与改进的操作框架。另一方面，我们将对导师资源进行整合，组建由高校德育专家、地方教育行政部门德育管理者、教研员、来自中小学一线的优秀骨干班主任学校德育管理者的组成导师指导团队。这样"四习一体"的研修模式的实施，将聚合大批对中小学生德育教育、班级管理理论与实践有全面的了解，能够真正指导、帮助农村班主任实施班级管理、改进行动的"导师团队"，并发挥着"团队式"的专业指导作用。

第三节　多维聚合的农村学校班主任研修共同体运行机制

运行机制是指一定的组织结构内各构成要素间相互联系、相互作用、相互制约并以达到实现一定功能为目的运行过程和运行方式的总和。根据农村班主任专业成长研修共同体运行过程中影响其运行的各种因素的结构、功能及其相互关系，以及这些因素产生影响、发挥功能的运行方式，我们发现班主任研修共同体的有效运行，以及区域农村班主任专业成长研修共同体有效构建需要建设一个研修课程、多元评价、全面保障及科学管理的运行体系。

一、多元与多维研修课程学习机制

知识建构、意义协商、身份形成等三者同时进行、相互交叉的过程构成了研修共同体学习活动的运行机制。知识建构使得研修共同体的产生成为可能；意义的认同与协商使得研修共同体的学习活动能够进行；身份形成使学习者在研修共同体中获得了社会性发展，是学习者充分参与研修共同体的学习实践的表现。

（一）多维课程学习机制建设基本原则

要想建设高素质的农村班主任成长研修共同体，需要建设针对农村班主任专业发展过程中存在的问题的多维课程学习机制。多维课程学习机制建设需遵循以下三个原则。

1. 实用性原则

研修课程以满足班主任的实际需求与促进班主任的专业发展为核心，研修学习内容或主题除了要以目前农村学校班级管理的问题为出发点进行研修课程的内容设置外，还要考虑农村班主任的年龄、学校、学生及其生活背景带来的需求差异，同时，如何获得直接解决问题的方法，以及养成举一反三与迁移的"案例学习法"，工作室背景下理论学习与实际操作相结合的"校本研修"设计，"看""听""讲""想""做"结合的基于班级管理改进的"行动研究"，"阅读"与"反思"相结合的"在岗自学"等成为农村班主任专业成长共同体有效研修学习机制建设的重要策略。

2. 复合性原则

复合性原则主要有两个方面的含义：一是班主任专业技能的复合发展；二是班主任职业修养的复合发展。农村班主任专业成长共同体研修课程体系建设，既要关注农村班主任专业知识、专业技能的获得，还要注重农村班主任的专业精神与专业情怀的课程内容的建设。

3. 主体性原则

课程学习设计要充分体现以人为本的理念，凸显研修对象的主体地位，提高参与者的参与度。

（二）多元与多维研修课程学习内容

1. 开设科学素养课程，培养专业知识

农村班主任研修共同体的理论研修学习活动设计，在内容上，依据《中小学教师专业标准》对中小学班主任专业标准要求，以及调研中发现的农村班主任在理论知识的缺陷，遵循"补充"加"提升"的原则进行设计；在时间安排上，根据研修环节需要，采用"分阶段、分主题"原则进行安排；在研修方式上，根据情景学习、成人学习等理论，采用专题授课、理论讲坛、读书沙龙、静心阅读等方式开展，具体实施案例见表5-3。

表 5-3　柳江县农村班主任研修共同体第二期骨干研修培训学习
第一次集中理论研修任务安排表

时间		内容	参加学员	主讲或负责人	后续任务
13日	上午	1）项目启动开班典礼（8：30～9：30）：柳江教育教育局领导讲话（20分钟）；项目承担单位领导讲话（10分钟）；项目培训目标任务解读（20分钟）；2）休息10分钟；3）专题培训（一）（9：30～12：00）：教师形象与礼仪；4）高研班学员工作坊计划研制（1）	第1）2）项：二期学员+高研班学员；第3）项：二期学员；第4）项：高研班学员+导师	韦师周国强刘红斌谭贤政	1）一首歌，一支手语舞；2）学习后记2篇；3）工作坊工作计划；4）个人行动计划
	下午	1）班级手语操学习；2）专题培训（二）：影响班级有效管理的基本要素；3）高研班学员工作坊计划研制（2）	第1）2）项：二期学员；第1）3）项：高研班学员+导师	李红谭贤政	
14日	上午	1）班级手语操学习；2）专题培训（三）：学生管理中的心理学智慧	二期学员+高研班学员	谭贤政	
	下午	专题培训（四）：班级管理经验分享（主题待定）	二期学员+高研班学员	韦宗诚刘红斌	
15日	上午	1）导师工作会议（8：00～9：30）2）分工作坊开展工作计划研制	二期学员+高研班学员+导师组	李红韦宗诚	
	下午	1）分工作坊工作计划研制开展2）工作坊计划汇报与分享（4：00～5：00）3）小结与下阶段学习任务布置4）班主任素养与能力【项目一】	二期学员+高研班学员+导师组成员	李红	

表 5-3 表明，农村班主任研修共同体的理论研修学习活动，是有效推进整个研修共同体建设的基础条件，它不仅仅是对"农村班主任班级管理理论缺失"的一种学习补充，更对研修共同体中的价值观、合作意识、对话平台、互助团队产生等，具有重要的、奠基式的意义与价值。

2. 班级管理效能提升行动研究

"班级管理主题研究"贯穿于"四习一体"模式始终，以任务驱动与行动研究的形式进行。为了指导和引领农村班主任运用行动研究方法开展班级管理改进工作，研修共同体行动研究课题小组开发了学员开展班级管理行动研究的"个人班级管理提升计划"模版，如表 5-4 所示，供学员制订行动研究计划。

表 5-4 中的"个人班级管理提升计划"模版研制，为研究能力较为薄弱的农村班主任提供了一种思维方法与行动的逻辑框架。

表 5-4　"个人班级管理提升计划"模版

（　　年　月至　　年　月）

学校　　　　　　　班级　　　　　　　班主任

一、班级现状分析	
1）问题描述	
2）原因分析	
二、班级管理指导思想与基本理念	
1）指导思想	
2）基本理念	
三、班级管理改进基本思路	（要求：突出与上一学期或者上一个班级管理相比更新的思路）
1）主题	（根据工作室工作计划中的主题，确定自己的切入点）
2）目标	（目标要尽可能具体化、量化和可检测）
四、班级管理提升执行计划	
（即通过什么活动或方法与手段达到上述发展目标，包括实施时间、预期成效及检测措施）	
五、特色化的研究内容	
1）拟重点尝试的新举措	
2）拟重点研究的学生	（个体或小组）或问题

3. 班级管理专题合作研究

共同研究农村班级管理中面临的问题，尽可能给农村班主任提供问题解决的方法、路径和资源，是区域农村班主任研修共同体建设的目标任务之一，也是让研修活动有共同的话题、有吸引力和生命力的重要的条件。有效的专题合作研究首先必须基于：①主题选择必须要有针对性、重要性，其成果有推广和借鉴的价值；②主题研究的过程始终指向学校和农村班主任的教育实践，促进农村班主任间的互动性产生。因此，选择什么样的主题就变得非常重要，在研修共同体项目完成团队构建和第一阶段集中理论学习完成后，项目方案中以工作坊为单位的主题研究活动就会启动。

一个真正能帮助到研修共同体成员搭起专业对话桥梁的研究主题的产生经历了四个过程：

首先，我们需要进行研修前期需求调研。项目组织与实施者通过对不同层次、地域、级别的农村学校管理者、班主任、学生、家长的调研，归纳整理出若干农村班级管理中迫切想解决的问题。其次，在大团队中（班级）公布调研问题，班级所有的参与者把自己关注的问题描述在便利贴上，其他参与者可对上述问题进行适当补充并将补充内容描述在便利贴上，然后将其贴在黑板上，大家浏览观看，寻找问题的共同点，按重要性对问题进行排序，确定班级团队本阶段研修时间内要重点研究的问题，一般不要超过 10 个，问题太多会忙不过来。再次，班级问题确定后，本着各个击破的原则，小组（工作坊）团队成员根据班级大团队的选题，根据本工作坊的实际情况，采用重要性+可行性的方式进行排序，选择 2~3 个问题作为本工作坊的研究主题。最后，工作坊内部在此基础上根据个人的实际情况和人力资源与研究组合最终组成 2~3 个研究小组，研究小组开展推举组长、资料搜集员、课题申请报告等分工后，班主任们就要开展行动研究了。

项目专题合作研修推进小组经过对学员研究培训前需求的调研，确定以下问题为柳江县乡村中小学班级管理中迫切需要研究和改进的问题，各工作室可以选择其中的 2~3 个问题作为本工作坊两年内的研究方向，以便聚焦，群策群力地寻找问题解决的最佳方法与路径，形成本工作坊的研究成果。学员的"个体班级管理提升计划"也尽可能要与个人所在的工作坊研究主题的选项相吻合，只有这样，资源的共享才能实现。

柳江县乡村中小学班级管理专题研究选题

1）农村留守儿童的管理问题。

2）如何建设良好的班级文化（精神文化：班风、学风、班级凝聚力等；制度文化：班规制定与有效实施）？

3）如何培养学生自主管理能力（班干部培养、寄宿制学生自主管理能力的养成、农村学生的行为规范与养成）？

4）农村学生的作业问题（作业的布置与完成）。

5）学困生帮扶问题。

6）班主任个人职业成长的困惑和思考。

7）农村学校如何有效进行家校联系（如何让农村家长配合班主任工作）？

8）魅力班级活动的设计（心理团辅活动、主题班会活动等）。

9）如何提升班主任对学生的影响力？

10）学生学习方法与能力的提升。

农村班级管理是一个综合性的问题，其管理改进涉及方方面面，这样的专题研究不仅能集中优势力量对难点问题各个击破，有助于提高农村班主任行动研究意识与能力，还是搭起专业对话桥梁的关键所在。

（三）开设能力素养课程，培养专业能力

1. 人文素养课程

"与书籍为友，与大师为友，与经典同行，与时代同行"，推进"素养工程"，提升农村班主任的人文素养，是柳江县农村班主任专业成长研修共同体推进过程中亮点之一。"素养工程"主要内容包括以下几个方面。

1）开展养心阅读活动。要求学员要完成一定的书目阅读。项目执行小组办公室（简称为项目办）向学员推荐的优秀书籍涉及教育理论视野、人文视野、学科专业视野三大板块，如林格的《教育者的自我修炼》、刘儒德的《学生管理心理学智慧》、黑柳彻子的《窗边的小豆豆》、（苏）B. A. 苏霍姆林斯基的《给教师的建议》、洛克的《教育漫话》、梅洪建的《特立独行做教师》、朱永新的《教师最喜欢的教育名言》、万玮的《用服务的态度做班主任》、杰夫·米尔斯的《教师行动研究指南（3 版）（教师实践指导）》、张德芬的《遇见未知的自己：都市身心灵修行课》、铁皮鼓的《构筑合宜的大脑》、（美）艾斯奎斯的《第 56 号教室的奇迹》、梅洪建的《做一个不再瞎忙的班主任》、钟杰的《一个学期打造优秀班集体》等深受学员喜欢，这些也是大家在研修中讨论得最多的书。在阅读过程中，学员要把阅读过的书中的重要观点进行摘录，摘录可以通过如线上阅读交流活动等方式与共同体中的成员进行分享；要撰写读书心得。各工作室定期举办读书沙龙或心得交流会等活动。

2）开展经典诗文朗读与鉴赏活动。

3）进行班级活动常用的手语操学习。

4）进行音乐鉴赏活动。

通过绘画、书法、摄影、厨艺、服饰比赛活动可以提高班主任情趣爱好。"素养工程"的推进，极大提升学员的审美能力、艺术品位与专业素养。"德行天下"工作室在其年度总结报告中写道：

> 在研修中，我们工作室免费地、不定期地给学员赠送教育书籍，其中包括教育经典书刊，如《曾国藩家书》《给班主任的 100 条建议》《第 56 号教室的奇迹》，还有心理学书籍，如《班主任管理心理学智慧》，还有培养班主任技能方面的书籍，如《学做一个会"偷懒"的班主任》《给班主任的 100 条建议》等。

> 每个班主任每半个月交一次读书心得，每个工作室一年至少自行开展两次读书交流会，通过网络平台，班主任不仅保质保量地完成了任务，还向其他学员推荐自己喜爱的、口碑好的文章和书籍。

> 我们发现班主任们的阅读心得，很多都结合了自己在教育生活中的真实案例，文字中多了很多对自己教育理念、对以前教育行为的反思和感悟，在很多文章中我经常看到这样的话，如"我为什么就没能……""通过读这本书，我发现了自己在……方面存在着不足""今后，我应该……"

关于为什么要对农村班主任的人文素养高度重视的问题，笔者是这样认为的：

> 在柳江县农村班主任研修共同体，第一期骨干研修学习运用理论学习、行动研究、案例剖析、班会听课研讨、教育教学反思、主题讨论等班主任专业发展方法基础上，柳江县农村班主任研修共同体第二期骨干研修学习吸收中国传统山川游学教化思想，以及教育情景剧表演（心理剧）、音乐欣赏、美术表达、舞蹈体验、展示分享、个性化制作、信息化生存、幸福晚餐会、年度嘉年华等元素，打造班主任专业成长四大工程：俱进工程、启智工程、素养工程、特色工程。这个项目要达到的终极目是：孕育与启发参与者"生命自觉"，并以其"生命自觉"促发、引动学生的"生命自觉"，从而改变师生的学校生存状态。

2. 能力素养课程

班主任工作能力提高是农村班主任专业成长研修共同体另一个重要的研修目

标。在项目实施过程中，每个阶段都有其侧重点，"集中学习"是理论技能阶段，"跟班学习"是观察提问阶段，"在岗研习"是实操技能阶段，"展示演习"是总结提升阶段。在第一期骨干班两年的研修活动中，项目组为学员提供了多达 20 多个系列专题研修课程资源（表 5-5）。

表 5-5 柳江县农村班主任研修共同体第一期骨干班
班主任工作技能学习专题主要汇总表

课程名称	授课教师
阳光心态、魅力班级建设	莫烘霞（特级教师、全国优秀班主任）
班级有效管理案例剖析	党雪妮（特级教师）
班级团队文化构建与学习方式改进系列	李红（教授、特级教师）
让教育之花开放——我的班级管理故事	唐凤珍（广西优秀班主任）
班级管理中的有效沟通策略	李红（教授、特级教师）
学生心理的预防与干预系列	陈劲（教授）
班主任"养心"课堂系列	党雪妮（特级教师，教研员）
心理团辅在班级管理中的运用	杨玲（教授）
班主任工作艺术系列	李红（教授、特级教师）
班级文化建设及实例讲解	罗晓云老师（广西优秀班主任）
农村寄宿制学生管理策略	钟成宝老师（M 班优秀学员）
青少年文化视角下的学生道德教育方法与策略	班建武（北京师范大学、博士、副教授）
做一个不再瞎忙的班主任	郑学志（全国知名班主任）
一个学期打造一个优秀班集体	钟杰（深圳市优秀班主任）
打造孩子成长的生命场	钟杰（深圳市优秀班主任）
寄宿制学校班主任工作法律及突发事件处理	闻待（博士、副教授）
"主题班会设计"制定研讨与展示	工作室导师及学员
"个人班级管理提升计划"制订研讨与展示	工作室导师及学员
"班级管理行动研究"制定研讨与展示	工作室导师及学员

表 5-5 表明，指向班主任专业能力提升的课程设计及实践性的教学方式，为农村班主任共同体研修活动的顺利开展与目标任务的较好完成奠定了坚实的基础。

二、自我潜能的重新发现和身份认同评价机制

建构主义理论告诉我们：人是在社会文化情境中接受影响，通过直接地跟他人的交互作用，来建构自己的见解与知识的。个体认识活动的成果（知识），是

个体在他者存在的共同体的场中通过与他者进行交流，不断地琢磨与检查自己所拥有的经验的结果，从而使自己的知识处于流动的、向他者开放的系统之中。

（一）自我潜能重新发现的良性互动机制

学习是学习者根据不同的社会文化背景的差异而不断进行认同与协商的参与性实践学习过程。当与他者的交往中存在着相互认同的意义时，个体借他者的经验以巩固自己已有的经验；当与他者的交往中存在着分歧时，学习者与共同体中的其他参与者则通过意义协商的过程以解决个体经验中的冲突，实现个体的学习实践。农村班主任专业成长研修共同体中学员们的个体实践活动不仅为个体的班级管理积累了经验形成工作智慧，更重要的是使自己获得成功的感受，激发其对未来的信心，正如柳江县农村班主任研修共同体第一期骨干班学员张老师在研修日志写到的：

我们通过"请教""偷学""旁听""讨论""模仿"等方式从其他共同体成员那里学习如何处理农村寄宿制学生宿舍管理的问题，如何上好一节班会课的问题，如何通过采用中小学生喜闻乐见的活动方式来促进农村学生行为规范的养成，如何与留守儿童的家长打交道等。

我们发现，对于学习者而言，农村班主任专业成长研修共同体是农村班主任进行学习并建构知识的"场域"，他们是通过合法的边缘参与和充分的参与来建构个体的知识，发现自我潜能，进而增加个体的自信心的。

（二）促进农村班主任身份认同评价机制

农村班主任专业成长的评价主体多元化、评价内容多样化、评价形式动态化的评价机制的构建，成为激发农村班主任自我潜能的重新发现和身份认同的核心动力机制。

1. 评价指标针对班主任专业化发展

评价的终极目的是激发班主任自我潜能，促进班主任对"教育"理解的加深，唤醒研修热情，不断超越自我，增强班主任专业身份的认同，实现专业化发展。因此，评价指标制定需要依据研修共同体任务目标和研修任务的完成情况，定量指标包括反思日记、论文、案例故事的篇数，研修活动的出勤情况，读书笔记篇数等。定性指标包括"个人班级管理提升计划"完成的质量、主题班会设计与上课质量、团队活动中的贡献度、在学校中的影响力和带动作用等。当然，班主任研修，不像竞技活动那样直观，有些内在的东西可能更有价值，研修活动也具有多样性，并且专业知识、专业技能，尤其专业精神是无法量化评价的，所以要坚持量化指标与定性指标相结合，有针对性地对班主任研修效果进行评价与检测，同时，定量指标与定性指标内容随着研修共同体运行的不断发展而不断细化，以不偏离主线，进而增强针对性。

2. 终结性评价与过程性评价相结合

过程性评价要做到研修前、中期不定期检测评价，每一期都伴随着不同的方式和主体，评价的内容也不同。终结性评价以第四个阶段"展示演习"为依托，对班主任的专业知识、专业能力进行系统测评，这不但激励和督促了班主任的学习动力，更有助于班主任对整个研修做完整总结，保证了评价的信度和效度。

为保证评价过程中的科学性和可行性，我们要组织专门力量，切实科学地进行运作。我们要实现多元化主体的参与，其中包括各工作室的导师、学生、高校领导、教育局领导、学员代表、项目管理人员等，尽量做到公平、公正、公开，评价主体的多元化也有利于我们活动进行中得到各方的建议和意见，从而改善体系运行。

3. 评价主体多元化

以自主发展机制为基础，建立自我评价机制，对自己学习实践的效果进行自我观察、自我反思，撰写自我评价报告和填写自我评价调查表以使评价显性表达。自我评价不仅需要自我意识，更需要内在的公正和实事求是的精神。长期开展自我评价有助于班主任自我约束力和客观理性的提高，这种评价一旦真正地实施起来，比外部评价更具有持续性和有效性。外部评价包括学生评价、同事评价、校领导评价、同工作室成员评价、导师评价，主要以编制问卷、调查表或者访谈录的形式进行调查。

坚持自我评价、多方评价相结合，不仅能够提高自主反思能力，更能够调动各方积极性，实现以自主评价为主、多方评价为辅的格局，使得评价更为客观、真实、全面。此外，在评价的时间节点上科学把关，可以更好地强调过程性评价的重要性，一般的教师培训活动很多都是研修结束后再进行评价，导致只注重结果，缺乏全面性，容易误导学员，使得学员在研修过程将要结束的时候，很容易出现补作业、补业绩的情况。众所周知，一个人能力的增长必须遵循循序渐进的过程，不可能一蹴而就，这种疯狂的"补"，从某种程度上降低了评价结果的"真实性"，导致评价失效。

4. 评价内容多样化、形式动态化

主体上坚持自我评价和多方评价，阶段上采用终结性评价和过程性评价，具体内容以任务驱动为主要载体，采取多种方法进行评比。

农村班主任专业成长研修共同体评价活动的主体有两类：一类是班主任个体；另一类是共同体群体。个体和共同体都有不同的任务驱动，要展现不同的成果。根据评比的内容采用调查问卷、访谈、打分、投票等多种形式，比如，"反思日记"的评比采用评委匿名交叉打分，"班主任技能大赛"采用投票的方式，"年度优秀学员"评比采用多向度评价方式。

班主任作为"人"存在，是感性和理性的综合体，所以，评价体系的构建也要多元、多样化，并且要保持动态的调整。评价目标、评价内容、评价方式、评价主体、评价时间，都是班主任研修共同体评价体系的构成要素，评价不是最终目的，评价只是协助项目保证在每个阶段顺利完成的工具，对班主任实现专业化发展起到督促和调控的作用。

广西师范学院——柳江县区域教育合作工程
柳江县农村班主任工作坊项目实施方案（第二期）（节选）

（一）本项目采用在柳江县农村班主任研修共同体项目工作领导小组领导下的项目负责人负责制，聘请广西师范学院教育科学学院李红教授担任项目负责人，开展项目的实施与管理工作。

（二）学习基本任务完成情况评价

1. 任务完成数量评价

1）各种项目培训活动无故缺席 3 次以上者，视为本人为自动放弃参训资格。

2）个人对照个人成长记录册中的个人目标任务完成情况填写，各种项目活动无缺勤及任务全部完成可填 70 分。

2. 任务完成质量评价

参照一期项目任务管理评价方式，评价指标主要由学习任务完成量+学习任务完成质（对应各种获奖及文章发表的等级分值填写）+辐射、带动功能（工作坊中的角色、学校工作及其辐射作用等）三个方面设计。培训后考核合格者颁发培训合格证书，优秀者（根据总分情况，约占学员人数的50%），颁发优秀学员证书。

工作坊成员个人研修情况自评统计表如表5-6所示。

表5-6　工作坊成员个人研修情况自评统计表（模版）

姓名：_____　学校：_____　担任班主任的班级：_____

基本任务完成情况	任务完成质量评价																			担任角色任务		辐射、带动功能							总分
	反思日记			个人班级管理提升计划		主题班会课教学能比赛					跟班学习日记			行动研究案例				优秀成长记录册	省级刊物发表文章	团队长	副团队长	优秀班主任或优秀班级（红旗奖）			学校团队获奖				
	一等5分	二等4分	三等3分	一等5分	二等4分	教案5分	说课5分	上课5分	评课5分	风采5分	一等5分	二等4分	三等3分	特等6分	一等5分	二等4分	三等3分	5分	5分	10分	7分	省级10分	市级9分	县级8分	校级6分	一等5分	二等4分	三等3分	

【填写说明】

1）基本任务完成情况填写要求：个人对照个人成长记录册中的个人目标任务完成情况填写，各种项目活动无缺勤及任务全部完成最高可填写70分。

2）任务完成质量评价：对应获奖分值填写，获奖名单见附表。

3）省级刊物发表文章指的是研修期间在省级正式出版物发表论文、班级管理案例故事、主题班会活动设计等。

4）辐射、带动功能指的是个人在班主任工作岗位中的实践成效及指导、带动本校班主任参加活动的成效。其中，优秀班主任或优秀班级奖指的是2014～2016年由教育行政部门组织评选相关奖项（包括优秀个人和个人所带的班集体）。

5）学校团队获奖指的是 2015 年柳江县教育局举办的中小学班主任团队主题班会课综合技能大赛中，你所在的学校团队获得的奖项。

6）总分：该项为所有的项目分数累计。

通过评价实现激励，对共同体的评价实现共同体激励，让班主任对自己的工作过程享有较大的决策权和自主权；通过个体评价实现榜样激励，满足班主任学习和模仿的需求，引导班主任的行为期望的方向；通过荣誉激励，给予班主任研修工作的肯定，满足其成就感。

三、多方力量支持的全面保障机制

（一）建立高效合作的导师团队

广泛聚焦各方资源，整合组建一支由高校学者、研究机构、地方行政管理德育专家、一线优秀班主任及其基地研修学校的骨干班主任等，组成的农村班主任研修学习引领的专家团队和研修共同体专业管理团队，如图 5-6 所示。

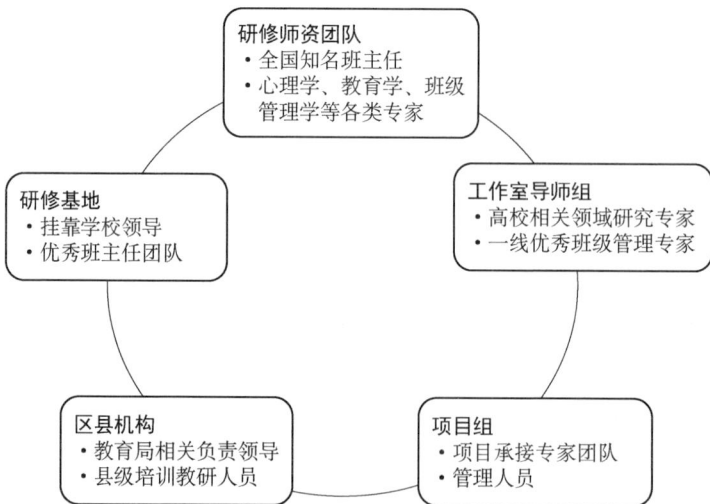

图 5-6 农村班主任研修共同体导师团队构成

图 5-6 农村班主任研修共同体导师团队构成体现了研修活动促进农村班主任的专业发展功能，这一功能还体现在对"研修导师"专业发展能力的促进上。因此，组建一支有理论的自觉意识、学术精神、实践能力和教育情怀的由高校学

者、研究和培训机构专家、一线优秀班主任组成的，专兼结合、高效合作的研修管理团队与导师团队成为本项目成功的关键条件。

在项目的推进中我们建立并实践"项目引领，个人领衔、团队合作、大中小学联动"的中小学班主任专业发展素养提升保障机制。这一机制可以将小学、初中、高中、大学不同阶段的学校联系起来，将不同专业水平的班主任也联系起来，不仅为农村中小学班主任打通了大学和中小学的"围墙"，实现城乡资源共享，实现了在合作共同体平台上理论和实践的双向激活，形成了大学教师、中小学领导和研修学员相互促进、共同发展的功能，更是区域农村班主任成长研修共同体构建的长效机制。

在项目实施过程中，项目组织者对导师团队的人选提出了以下明确的要求。

1）具备针对性指导能力。针对农村班主任的专业发展需要，能提供相关理论，指导学员解决实际工作中的困惑，具备因人而异、因地制宜地提供科学制订农村班级管理改进计划的指导能力。

2）具备实践案例指导能力。了解一线农村班级管理的现状，具备丰富的中小学班级管理实践经验，具有与学员分享教育工作开展的多样途径、多种方法，引导学员在实际工作中更开放、更务实、更有效地开展学生教育。

3）具有较高的职业操守。研修的指导教师要具有较高的教师职业修养与教育情怀，能在班主任职业道德要求的高度引领学员开展研修活动，对班主任开拓教育视野、提高理论修养、积淀人文素养有切实帮助。

4）具备扎实的班主任工作专业知识。

5）具备扎实的班主任工作所需的条件性知识和实践性知识，能对学员的专业拓展起到示范作用及促进作用。

（摘自第二次项目方案修订会会议纪要）

（二）提供贴近服务指导的导师小组

通过建立工作室导师制，实现研修各阶段实时跟踪指导，每个工作室由2～3人组成导师指导小组，其中一名导师来自高校或研究机构，另一名来自一线学校班主任团队管理者或优秀班主任。导师责任制要求导师小组对所负责的工作室成员开展研修活动负有帮助、引领、指导功能，对工作室及其成员的研修任务目标的完成有督导职责。

悉心的指导　智慧的碰撞
——"德行天下"工作室韦琴丽老师组织召开工作会议

2014年8月11日上午9点，第二次集中培训后的第2次会议在拉堡小学的小会议室召开。

上午9点，工作室的"战友"们已早早地到了。我们的导师——韦琴丽老师那积极向上的精神也感染了我们，把我们正在度假的懒散一扫而光。很遗憾，这次集中党雪妮老师因为出差没有到场，只好由韦老师和室长潘文芳老师负责解读导师组反复研究、制定的文案——《德行天下工作室落实"四德教育"班级管理实施建议》《"德行天下"名班主任工作室工作计划》《"德行天下"工作室计划逻辑框架表》。大家认真研读，提出自己的困惑和想法，并就工作室成员如何更好地根据本班级的实际落实"四德教育"进行了充分的讨论。在韦校长的悉心指导下，众人拾柴火焰高，我们对于如何去具体完成"个人班级管理提升计划"和今后工作的重心都有了明确的认识。

此次会议中，导师悉心指导，学员智慧碰撞，收获多多！

"德行天下"工作室团队研修的通讯报道中我们发现一个规律，在研修过程中，班主任们不会简单模仿或照搬其他人所有的隐性知识，但对那些引起自己关注、产生知识体系冲突的关键点深有体会，进而可能对自己的知识进行反思，也在此过程中创生着此在的研修共同体的独特知识。

（三）"走进教育现场"的研修基地

基于研修共同体的教师情境培训，是基于学校、立足现场、源于问题、自主研究、团队互动、专家引领，凸显教师实践性的一种研修学习的新型模式。为了凸显实践性，我们选择一些知名学校、特色学校或者有一定代表性的学校的班级作为研修现场，让参训者"走进教育现场"，在研修导师设计、策划和引领下，学员、导师共同进行深度对话、交流、解剖和研究，从中获取借鉴与启示，提升实践知识与技能。同时，让研修基地的实践者担任导师角色，这也充分体现了实践者培训实践者的新培训理念，具体操作如表5-7与"星辉工作室"跟班学习计划所示。

表 5-7　"星辉工作室"成员跟岗学习日程安排表

时间		内容	地点	负责人
3月16日	上午	1) 参加升旗仪式 (7: 30~7: 50); 2) 开班仪式 (8: 00~9: 00): ①了解学校概况并观看学校专题片; ②领导致辞、学员讲话; ③了解跟班学习事项; 3) 专题讲座: 教师成长 (第3~4节); 4) 与结对教师交流沟通 (第5节)	学校操场 会议室 会议室 各年级组	政教处 陈　忠 石　鹏 结对班主任
	下午	专题讲座: 今天, 我们怎样做教师 (第6~7节)	会议室	樊　蓉
3月17日	上午	专题讲座: 学校心理健康教育工作介绍 (第4~5节)	会议室	卢　静
	下午	参加庆祝"三八妇女节"暨"家的味道"厨艺交流展示活动	南宁市第一职业技术学校	办公室 妇委会
3月18日	上午	专题讲座: 努力创建优秀班集体 (第3~4节)	会议室	李永洲
	下午	1) 英语科老师参加集体备课活动 (第6~7节); 2) 班主任工作座谈会 (第8~9节)	英语教研组 会议室	刘竑峰 梁维维 政教处
3月19日	上午	语文科老师参加语文组集体备课活动 (第2~3节)	语文教研组	王云飞 苏家珍
	下午	1) 数学科老师参加数学组集体备课活动 (15: 00~16: 30); 2) "模拟家庭"交接仪式 (16: 30)	数学教研组 会议室	舒　萍 莫慧琼 政教处
3月20日	上午	学员自我总结	教师活动室	组　长
	下午	跟班学习总结会 (16: 30)	会议室	陈　忠
3月21日	全天	参加毕业班工作研讨会 (待定)		教务处
	晚上	研修学习结束		

注: 未具体安排的时间为学员听课、与结对班主任交流班级管理经验的时间

"心缘工作室"跟班学习计划

根据柳江县农村班主任研修共同体项目第一期骨干研修执行计划,"心缘工作室"成员将于 2015 年 3 月 21 日至 2015 年 3 月 28 日到南宁市 37 中进行基地跟班研修活动, 现制订如下跟班学习计划。

一、学习目标

1) 学习优秀学校、优秀班主任的管理经验, 实践反思, 择善而从, 启发对班主任工作和教育教学工作的新思维、新思考。

2) 开阔视野, 更新观念, 拓宽教育教学和班主任工作的知识面, 提升理论境界与实践水平, 加强个人的自学、反思与总结的能力。

3) 通过工作室内外的合作、交流、学习, 以及共创活动等多种渠道, 进一步提升"心缘工作室"的学习共同体品质, 并与 37 中教师结成稳定持久的合作

关系。

二、学习要求

1）班级常规管理及特色文化建设（鉴于班级工作的系统性，暂不限制学习主题，个人根据自己的风格和需求选择切入点进入深入观察与思考）。

2）观察点：学生行为习惯培养，学生跟踪与反馈、家校联系与合作、学生综合评价、班主任与科任教师的合力、班级特色文化建设，班主任思想教育的理念和特色，学校、班级活动开展的形式及效果……（各人确定自己的观察点，并于3月18日之前汇总至室长，及时传达至导师组）。

3）每2～3名工作室成员选择一个观察点进行全方位学习和交流，并在工作室内部及时沟通信息，系统把握班主任工作的要点和策略。

三、学习方式

"专家引领—任务驱动—自主构建—精细实践—交流共享—反思提升"，多渠道、全方位、浸入式学习，具体要求如下。

1）全面关注37中的经验和亮点，学习先进教育管理的经验，感受37中的校园文化氛围。

2）与本校班主任及科任老师友好相处，虚心求教。在指导教师的安排和帮助下和孩子一起学习和生活，了解班级常规管理及特色文化建设。

3）参与班级管理。协助班主任做好班级管理工作、教育，以及活动组织的工作，学习和总结经验，研究如何当好班主任。

4）课余时间与其他优秀班主任及领导、导师学习和交流班级自主管理的方法、经验和创新。至少选择一个小专题进行研究。

5）结合个人所在学校实际进行积极的反思，制订切实可行的个人学习计划，主动虚心地向学校领导、班级负责人及导师讨教，在有关人员的示范与引领中提高个人学习水平。

四、学习安排

学习安排如表5-8所示。

五、学习成果

1）及时记录跟班学习过程，填写学习手册。学习结束时上交复印本。

2）写好跟班学习行动研修日记，行动研修日记要围绕重点观察的问题，做到有主题、有叙事、有反思、有启示。跟班学习结束一周内，各学员需向本工作

表5-8 学习安排表

时间	学习内容	学习要求
周日（3月22日）	上午参加37中班主任工作室活动，班主任工作交流与讨论，工作室提供2个主题发言（钟成宝、韦超敏）； 晚上8：00～10：00，学习"名班主任培养工程"项目目标任务书，讨论2015年度本工作室的工作计划实施，导师参加	做好记录，每日要有小结或反思，提炼经验
周一至周五（3月23日至3月27日）	全时段跟随指导老师参加一切活动，观察常规、并根据事先确定的观察点进行学习和交流； 周二晚上：围绕主题的观察交流及后续观察重点进行研讨，导师参加； 周四晚上：工作室内部学习总结与反馈； 周五下午：工作室向37中老师汇报学习情况	

室提交2篇跟班学习行动研修日记（工作室则从各成员提交的日记作业中推荐具有代表性的作品4～5篇，参加本年度项目优秀研修日记评选活动）。

3）工作室学习简报。做好本工作室跟班学习期间的大事记，注意采集有代表性的视频或各种文字、图片档案资料，为做好本工作室成果总结积累素材，跟班学习结束，每工作室要提供5张有代表性的活动照片给项目管理办公室。

六、后勤保障（工作室成员内部分工）

由曾宪会、陈金妮二位室长全面统筹。

从表5-8及"心缘工作室"跟班学习计划中，我们可以进一步了解与理解"走进教育现场"的内涵和要求：走进班级管理的教育现场，实施班级管理案例解剖式研修，是根据特定的研修主题、研修方式，研修对象在特定的研修基地进行的个性化、特色化的教师学习和研究实践活动。因此，不同主题、不同对象、不同基地、不同方式，其研修目标也不同的。每一次的研修目标都应该是培训者、理论专家、参训者及研修基地实践者通过协商而达成的结果，这构成了农村班主任专业成长研修共同体运行系统构建的重要特点。

（四）让项目高效运行的管理团队

1. 项目办

该团队由高校和教育局具体执行项目方案的人员组成。项目主持人和首席专家是核心人物，是整个研修的设计者、管理者、指导者。项目办根据项目任务设置若干名项目助理。

2. 区县机构

区县教育机构作为项目牵头者、启动者，不仅要负责前期与项目承办组的洽谈与协商，还要负责整个项目每个阶段研修时的跟踪和监督，与学员所在的校方进行政策文件的通知与下达，为项目承办组提供一些支持与服务，使得整个研修在制度上更为合理和正规。

"项目引领，个人领衔、团队合作、大中小学联动"等多方力量支持的研修共同体全面保障机制不仅将不同阶段的学校联系起来，还将不同层次、不同地域的班主任也联系起来，为农村班主任打通了大学和中小学的"围墙"，实现了在合作共同体平台上理论和实践的双向激活，形成了大学教师、中小学领导和研修学员相互促进、共同发展的长效对话机制。

尽管参与的人员可能是充满困惑，也可能是自得其乐，可能是被迫参加，也可能是自主参与，但是完成研修规定的任务要求的过程，让参与者有了共同的底线目标。为了让来自农村的班主任在研修中动脑、动口、动手，每人都有在大庭广众之下把自己的想法与大家分享与表达的机会，研修活动的组织者从研修组织方案的制订中就开始了思考与设计。例如，从刚开始的"讨论"规定开始，"强制"的分组讨论时间、团队分享采用指定发言人、自荐发言人、临时由主持人指名发言等多种方式，并且把团队的讨论记录及大会发言作为考核优秀团队的任务指标的依据之一等。

在研修活动中对学员专业发展的帮助，还体现在导师对的学员的引领上。下面的三段话分别摘自研修活动后，三位农村班主任所撰写的"关于如何制定班级管理的提升计划"的研修日志。

覃老师写道：今天的活动中党老师的指导让我们明白了，我们所写的计划要成为本校特色文化的推进承接。我们要寻找好核心点，可以通过校本教材（家风家训）来培养学生的自主管理能力，也可以通过读书阅览活动为班级服务。计划要有目的性和针对性。党老师，谢谢您的及时雨！让我们得到了沐浴和滋润！

黄老师写道：计划要与学校的办学理念、愿景、三风一训有机结合。魅力班级，课程推进，班级理念要与学校理念融合，内化到班级的凸显。分年级来进行研究，用较高的理念高度去推进，更是达到一种文化理念的提升。许老师让我们知道，有品位、特质、内核的班级，不仅要有内涵的文化理念，而且要有系统的活动载体。有这样的学识渊博的导师是我们的幸福！我们会在许老师的引领下快速地成长起来！许老师，我们爱您！

张老师写道：班主任提升工作计划必须有主题，选择其中一个点，牵一发而动全身，与班级工作计划有效凝练成一个主题。李教授的这番话，让我们有了一个明确的方向。

从上面的案例中我们看到，这种农村班主任研修共同体的研修模式，让那种"一言堂"的培训课堂有了根本的变化。对"不想说"的农村班主任来说，这种真情实意的对话场景激发了他们想表达的欲望，让他们自信地从"后台"勇敢地走向了"前台"；对"不能说"的老师来说，倾听的过程就是学习，对自己是一种激励，也会让自己看到与他人的差距。对"能说"的老师来说，把自己的思想表达出来，在这种思考表达的过程中，绽出的思维火花就让思考更有深度和广度。这种变化表现在研修活动中许多规则的变化，例如，团队活动中的发言如果超过了规定时间，团队长需向主持人提出申请，并经过主持人同意方可继续发言等，还出现了这一次的"少语者"就是下一次的"多语者"，或者这次的"听者"就是下一次的"说者"。在柳江县农村班主任研修共同体第一期骨干项目研修活动中，担任项目推进观察员的周教授，在观摩了柳江县农村班主任研修共同体第一期骨干学员两年研修终期展示汇报活动后，激动地说了以下这番话：

大家的进步与变化真是令我惊讶，这种进步与变化可以用"脱胎换骨"这个词来形容。在这里我有三个没有想到：没想到一个在第一次研修活动中不敢发言的村级小学的班主任，可以在大庭广众之下，娓娓道来地讲述自己两年来开展的班级管理行动研究故事；没想到大家在专家答辩这个环节，每一个人都表现得这么的自信和淡定，能把理论结合到自己的实践中并侃侃而谈；没想到培训中一个村小教师的主题班会课上得那么好，上课老师的表现这么落落大方、多才多艺，每个人是那样的神采飞扬。你们的表现感动了这里的每一个人，让我们倾听花开的声音。

四、动态反馈的科学管理机制

全程、及时、延伸是过程管理提高研修效益的有力保障，研修是软项目，过程管理就显得尤其重要。从研修项目确定下来到研修项目结束，再到后期跟踪服务，均属于过程管理范畴。因此，研修的过程管理是获得良好口碑的关键，也是研修有效性达成的重要辅助条件。

（一）全程跟进，合理安排

农村班主任专业成长研修共同体的研修活动管理团队与导师团队双管齐下，全程跟进。每项研修前的通知拟定下发、研修中的后勤服务、研修后的总结评价都要做到精益求精，确保研修过程有条不紊地进行，研修项目全程过程管理，如图 5-7 所示。

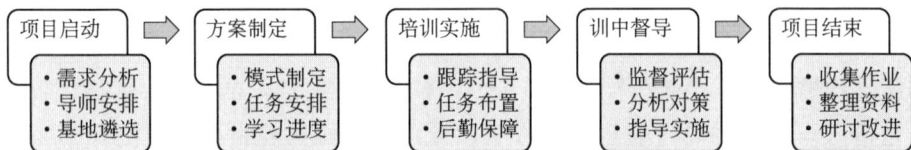

项目启动	方案制定	培训实施	训中督导	项目结束
·需求分析 ·导师安排 ·基地遴选	·模式制定 ·任务安排 ·学习进度	·跟踪指导 ·任务布置 ·后勤保障	·监督评估 ·分析对策 ·指导实施	·收集作业 ·整理资料 ·研讨改进

图 5-7　研修项目全程过程管理图

图 5-7 告诉我们，研修项目全过程管理不仅体现在每个阶段有明确的任务目标和预期成果要求与时间节点的要求上，更体现在对导师团队工作的全程指导活动中。下面，我们可以通过一则在导师工作会上的，对导师团队成员发布的研修活动观察通报，体会导师团队的这种全程管理。

导师工作会上的基地研修活动通报
（2016 年 11 月 20 日）

柳江、金城江项目各导师组成员：

就柳江第二期骨干项目而言，"明德惟馨""知行工作坊""智德源工作坊"目前都已经分别顺利地完成了本学期的基地学校跟班学习研修任务。为了给还没有实施跟班研修学习任务的工作坊提供更好的经验支持，现把我们作为观察员及项目管理者所观察到的情况，并结合第一期项目管理中出现问题通报如下。

从目前各研修团队反馈情况来看，3 个工作坊的学员给予本次基地跟班研修学习活动很高的评价，一致认为本次跟班学习无论是在教育理念上，还是在班级管理理念和方式方法上，都使他们获益颇深。许多学员还用了"震动、感动、佩服、反思"等关键词回顾与形容本次跟班学习研修的收获，3 个工作坊基地跟班任务得以有效完成的原因可以归纳如下。

1）导师对本次活动的高度重视，毫无保留地提供了丰富的学习资源。

2）制订了有针对性的明细、详尽的跟班计划。

3）导师结合现场案例的循循善诱和有高度的引领。

4）观察+讨论+评述的有效的研修学习方式。

5）导师给予学员无微不至的人文关怀，让学员倍感温暖等。

我在此项目办代表团体学员，感谢各位导师的辛勤付出。但在本次跟班学习中，我们发现学员对"个人班级管理提升计划"的制订存在较大的困惑，以及计划的质量存在问题，主要表现在以下四个方面。

一、关于班级现状分析方面的问题

1. 问题描述

1）问题宽泛。

2）没有根据本班、本年级、本区域学生问题进行提炼和分析。

3）没有数据或案例或事实进行说明。

4）问题更多地来自教师个人固有的想象。

2. 原因分析

1）原因分析与存在的问题不匹配，无对应性。

2）查找到的原因更多的是外部环境造成：如学校领导或社会或家长的原因等。因此，从自身的班级管理的视角查找原因的力度不够。

二、关于班级管理指导思想或基本理念方面的问题

这个方面是学员研制计划中最大的缺陷，主要表现在指导思想和理念针对性不够。

1. 都是一些大话和空话

"提高学生的道德品质""全面发展""以学生为本"等，没有根据所存在的问题如"学生的纪律问题与行为习惯的养成"匹配学生的"自主管理"等有针对性的思想和理念等。

2. 学员这方面知识储备缺失

建议工作坊中来自高校及研究机构的导师在进行计划指导时，可适当根据本工作坊选择的研究主题，为学员提供一些相关的理论支持的资料供学员参考。

三、关于班级管理改进基本思路

班级管理改进的基本思路是要突出比上一学期或者上一个班级管理更新的思路。

1. 主题

尽可能根据工作室工作计划中的主题，确定自己的切入点。

2. 目标

要尽可能具体化、量化和可检测。

四、班级管理提升执行计划

请参照项目办提供的模板进行规范撰写。

各位导师：以上分享不一定全面和到位，敬请已经完成任务的工作坊的导师组成员也发表一下你们在带领学员完成基地跟班研修任务遇到的问题和经验、建议。谢谢大家！①

管理学理论告诉我们：细节决定成败。导师团队的作用发挥程度直接影响着共同体研修活动开展的质量。上述一则对学员研修活动的观察通报，不仅及时关注了共同体构建过程的细节，指出了项目研修过程中出现的问题，修正了目标方向，也给导师团队树立了榜样，提供了资源帮助，更是农村班主任专业成长研修共同体项目管理中动态反馈的科学管理的最好体现。

（二）网络共享，服务为先

近年来，信息技术与网络的快速发展为班主任研修构建起了崭新的沟通机制和丰富的学习资源：一方面，可以部分解决学员的工作与研修之间的矛盾；另一方面，可以通过网络平台，促进学员之间的交流与沟通，充分挖掘学员内部的课程资源。农村班主任专业成长研修共同体构建充分利用开放的数字化资源进行在线互动，先后建立了微信互动平台、QQ互动平台、乡村班主任研修共同体公众号、农村班主任研修社区网页等以提高研修效率和覆盖面，随时分享教育经验与教育智慧，对研修过程中导师团队工作情况及学员提出的一些问题，进行及时回答、指导或共享研修资源，提高研修服务质量。

（三）延伸拓展，效益辐射

随着农村班主任专业成长研修共同体建设的深入发展及骨干成员队伍的不断壮大，骨干工作坊的专题研究活动正在向以校为本的研修团队主题研究活动发展，在行政部门的推动下，我们构建了以区域第一期研修共同体骨干班主任为团

---

① 以上材料根据讲话录音整理并在微信公众平台发布。

队长，以第二期骨干班主任为其助理，以其所在的农村学校骨干班主任为主要的成员的区域共同体网络组织系统，班主任研修活动影响力不断扩大。

关于开展柳江区中小学校级班主任研修工作坊建设的通知

各学校：

为进一步推广农村班主任研修共同体骨干研修班项目成果，切实发挥骨干学员的示范带动与辐射作用，促进柳江区域农村班主任研修共同体建设与发展，提升我区中小学班主任专业发展。经研究决定，拟开展柳江区中小学校级班主任研修工作坊试点建设工作。现将具体事项通知如下。

一、试点学校

柳江区（原柳江县）"名班主任培养工程"第一期高级研修班全体学员所在学校必须参与试点建设，组建校级班主任研修工作坊。其他学校根据学校实际，以自愿为原则参与试点建设，自愿参与学校也将作为试点学校一并推进。

二、组建要求

1）每个工作坊6~10人。

2）以各参与试点建设学校的德育副校长为工作坊团队长、以各参与试点建设学校的"名班主任培养工程"培养对象为执行团队长，组织开展以校为本的校级骨干班主任工作坊研修学习活动。

3）工作坊需要相对固定的团队文化特征，如团队名称、口号、理念、标识等。

4）各学校班主任研修学习工作坊组建须通过行政组织考核选拔本校的优秀班主任参与到工作坊中。各参与试点建设的学校于2017年3月10日前完成试点学校的工作坊组建，并将工作坊人员名单、团队名称、口号、理念、标识等资料一式两份交局德育办。

三、工作坊活动要求

1）工作坊建设必须有团队长、执行团队长，各成员须有相对固定的任务分工。

2）工作坊要根据学校德育工作实际和班主任的需求，确定工作坊研修主题，申报城区（县）级德育课题，制订学年度的工作坊研修学习工作计划。柳江区教育局将于2017年4月份组织开展德育课题申报工作。各工作坊每学期开展两次以上主题研讨活动。

3）学校须将工作坊研讨活动纳入到教师培训中，给予工作坊研修活动的经费支持。

4）德育办根据项目推进的进度，进行校级骨干班主任研修共同体——优秀校级骨干班主任工作坊评比活动，给予建设过程中的优秀校级团队表彰奖励。

柳州市柳江区教育局

2016 年 12 月 20 日

区域农村班主任研修共同体向农村学校"校本"共同体推进，标志着区域农村班主任研修共同体的深化拓展的历程，更是农村班主任实践性知识循环并螺旋上升、显性知识与隐性知识不断交互转换、理念与行动互动融通的过程，是农村班主任个人获取与共享他人的实践性知识，转化并分享其他共同体成员的实践性知识的过程。

第六章

农村学校班主任研修共同体中的个体专业成长

农村班主任研修共同体构建项目推进过程中，一批又一批的农村班主任参与其中，他们学到了什么？通过什么方式来学习？研修学习给他们及研修共同体本身带来了什么变化？研修共同体构建了一个怎样的良性循环的系统，来促进他们的专业发展？在研修共同体中，钟老师、龙老师、韦老师三位柳江县农村中小学校班主任的故事，可以为我们提供这些问题答案的生动图景。尽管这三位老师只是研修共同体中农村班主任的个案，但我们可以"管中规豹"，从个体的角度探寻农村班主任研修共同体对促进个体成员专业发展的规律。

第一节 学习中行动，行动中研究
——钟老师在农村学校班主任研修共同体中的学习

柳江县 L 镇寄宿制农村初中任教的钟老师，2014 年 3 月正式成为柳江县农村班主任整体提升工程——"名班主任培养"研修共同体"心缘工作室"中的一名成员。两年多的班主任研修共同体研修学习，使他逐步形成了自己农村班级管理特色和理念，班级管理效能得到极大提高，他不仅成为所在乡镇学校班级管理中小有名气的"人物"，还成为区域中其他学校班主任效仿与学习的对象。一名来自边远农村寄宿制学校的普通班主任，如何获得迅速的专业成长？观察钟老师在班主任研修共同体中的研修学习图景，我们不难发现他的班主任专业发展主线：学习中行动，行动中研究。而这一主线又恰恰与农村中小学班主任专业成长规律相吻合，钟老师的班主任专业发展的主线可以通过如下的几个主题勾勒出来。

一、增加对班主任角色的认同：学生观的改变

1. 尝试"走近"学生

有一个学期，钟老师接手了一个新的班级，原来的班主任因为工作调动，去另外一所中学教授物理了。当钟老师以班主任的身份出现在新班级的时候，一位学生突然站起来对钟老师说：你怎么不去 X 中学教物理，这样我们的龙老师就不用走了。钟老师突然意识到自己竟然无法回应钟同学，只能苦笑应对。他不理解为什么钟同学会有这么强烈的反应，他也不知道该如何化解危机，他更不知道面对新班主任，学生会有何反应，自己应该事前做何准备。但钟老师发现，要想管理好现在的学生，单靠"勤快"的农村班级管理方式已经远远不够。他针对这件事说道：

学生的行为让我意识到，我以前的班主任工作方式是有欠缺的。如何去改变？我开始和工作坊的导师和同伴们交流，从不落下班主任研修共同体举办的任何一次学习培训活动，观察那些优秀班主任的班级管理方法。从那个时候开始，我离开了我习惯了的办公室，只要一有时间我就会去教室和孩子们泡在一起，聊聊人生，谈谈理想，尝试走进他们。通过交流，我知道钟同学性格孤傲高冷，不愿意和其他同学交流，因为物理老师的一次公开表扬，开始喜欢和亲近物理老师（上文提到的调走的班主任）。了解情况以后，我当什么事情都没有发生过，对钟同学正常对待，有意识地创设一些表现的机会给她，同时给予积极的评价和反馈。初中毕业时，钟同学对我说：老师我今后到职业学校读书后有不懂的问题还可以回来问你吗？听到这句话我很欣慰，从挑战我到依赖我，我的改变收获了学生的信任。那一刻，我才意识到作为一个班主任对学生鼓励，给予学生更多的期待有多么重要。

我们从共同体中导师的引领和同伴的经验分享中可以看出，钟老师的班级管理视角从以学校任务为导向向以学生发展需求为导向转变，在转变中收获了一个重要的理念：公平对待学生，关注学生成长，做学生认可的班主任才是成功的班主任，这样的班主任工作才有意义。

2. 改"跟紧"为"贴近"

随着钟老师与学生的距离越来越近,"跟紧"的频率越来越高,他的班主任工作出现了另外一个转折点。因为他过于"跟紧"学生,事事亲力亲为,让自己每天工作的结果都是在"疲于奔命",也由于过于在意学生们的感受,班级管理"缩手缩脚",不能放开,甚至助长了部分学生的"傲气",导致学生们认为老师应该事事顺从学生的意愿,如果无法实现又会导致师生矛盾激化,班主任和科任老师无法很好地树立威信。一次师生冲突让钟老师改变了学生管理思想:不要无目的地"跟紧"学生,应该从心理上"贴近"学生,学会放风筝,要让学生"自主管理"。

以下案例根据钟老师口述整理而成:

我的数学课上,刘同学像往常一样没有任何学习的意愿,甚至还大声扰乱我的教学秩序。当我停下课堂询问情况的时候,他却对我的问题不屑一顾,还说道:反正你又不敢打人(在一些农村学校班级管理中老师动手打一些调皮捣蛋的学生的现象还是时有发生)。面对这学生猖狂的口气和挑衅的眼神,我实在按捺不住心中的愤怒:我平时对他们的好意如今却成了他们放肆的保障。一些老师还认为,这样的学生还得动手教训一下才行。激动之下最终我还是出手了。当时也许是怀着恨铁不成钢的愤怒,我的确出手有点重,最终需要教导主任出面帮我解决问题。时至今日,这位同学和他的家长还对我耿耿于怀(出于保护原则,对于细节不加描述)。事后我开始反思,并意识到对学生的科学管理要比无目的地释放爱更重要,于是我开始积极阅读研修共同体给我们推荐的书目,特别是我们研修共同体中关于《学生管理的心理学智慧》一书的共读与读后感分享活动,让我受益匪浅。按着书中的介绍,我自己也开始慢慢在班级中"依葫芦画起瓢"来。将口头说教变成实际行动,将临时思考变成提前规划,同时开始重视摘录一些好文章和记录一些自己的反思。根据理论学习及共同体中的同伴、学校领导的共同研习,我开始反思自己的班级管理中存在的问题,决定根据工作坊中导师的建议,以农村班级学生"自主管理"作为切入口,除了参加研修活动任务外,还加强了理论学习,让自己基于经验的原始班级管理做法,变得更科学,更符合学生的心理需要。

二、增加对教育内涵的理解：阅读中吸取养分

随着研修共同体研修学习任务和班级管理中遇到问题的需要，钟老师开始在自我阅读、同伴互助、导师引领中摸索适合自己班级的管理之路。他开始通过班主任研修共同体这个平台获得大量的宝贵学习资源，同时，写下了大量的读书笔记，下面是钟老师阅读著名教师郑学志的《做一个会偷懒的班主任》后写下的读书心得摘录：

郑学志老师在《做一个会偷懒的班主任》一书中说到这样一句话："越是会忽悠学生的班主任，越是能干的班主任！"这句话给我带来很大的触动。首先，我想这是一种乐观态度，也是一种良好的教学心态，我们的引导不能是简单的说教和呆板的传授，应采用不同途径、不同方式，只要是学生接受的，能促进学生改变、完善、提高的一切方法、手段都是可行的，不是愚弄式的忽悠，也非欺骗式的忽悠，更非恐吓式的忽悠，而是一心为学生、一心投入教学、探索教学的新手段。其次，老师的形象决定工作的态度，影响工作的结果。在这点上，我受益匪浅。一种好的形象是对自己的尊重，是对事业的尊重，是一种热情的彰显，是一种积极的回应。学习的路才刚开始，只要自己去尝试，我想结果必定是完美的！

把学到的理论知识运用到实践中，钟老师从完善常规的班级管理制度开始，和学生一道为班级自主管理的实施制定了许多符合农村寄宿制学校班级特色的管理制度，力求让班级里的每一种行为都"有法可依"，这种想法奠定了钟老师未来的班级管理中"军衔制"实施的基础。此外，作为一名数学老师，他的管理风格是少言语，多行动和制度，用钟老师自己的话来说就是：

我希望我的学生知道"有所为而有所不为"。这样的世界观和价值观的培养对学生未来的为人做事至关重要。同样，我没有改变对学生的爱，但是现在对这个"爱"的理解已经不仅停留在"家长"对孩子的"爱"的层次，而是站在如何才能让我的农村孩子有一个"更好的未来"的角度去思考"爱"和"教育"的问题。

下面是钟老师发表在《广西教育》（2015 年 5 月）上题为"帮助学生找回个

性尊严"的一文的关键部分内容，该文章也是钟老师参加骨干班主任研修共同体后平生第一次在省级杂志上发表文章。

多年的农村初中班主任工作实践证明，要做好初中"后进生"的转化教育，关键是要帮助这些孩子找回属于他们自己的个性尊严。这就要求我们班主任在传授知识的同时，帮助他们理顺自我、他人、集体、学习等关系，让他们逐渐掌握基本的社会交往策略，并认识到个人的独特性与优势。这样，学生才能顺利融入同伴群体之中，克服自身的成长障碍。

三、摸索农村班级管理风格："军衔制"推行

1. 构建班级文化

柳江县农村班主任研修共同体管理是采用任务驱动模式达到研修目标。钟老师作为其中的骨干班主任成员的一个重要任务就是制订"个人班级管理提升计划"，开展行动研究，形成班级管理特色。

以下资料根据 2015 年 11 月 9 日与钟老师的谈话整理而来：

农村班主任研修共同体集中培训学习中有一个重要的专题是"班级文化建设"，共同体的首席专家刘教授为我们请来了全国著名的班主任钟杰老师和郑学志老师，来和我们进行专题讲座与面对面的研讨，与这两位大师的对话，尤其是到工作坊挂靠的基地学校的跟班学习研修活动给我很大启发，让我明白"班级管理不能只用控制的手段"，"要想除掉旷野里的杂草，方法只有一种，那就是在上面种上庄稼。同样，要想让灵魂没有纷扰，唯一的方法就是用美德用文化去占据它"。我要把在研修共同体中学习到的团队文化建设的知识运用到实践中，建设我的班级文化。

现在我带的初三（5）班是我从初一带上来的，这个班一共 41 个学生，其中有 6 个离异家庭孩子，残障家庭、重组家庭的孩子和留守儿童各 1 个，4 个在其他学校试读一段时间又转学回来的，我希望我们班能成为一个温暖的"家"。为此，通过班级大讨论，我的班级取名为"心缘之家"，并且赋予了这个"家"特有的内涵。

"家"的精神：无论是过去、现在、未来，我们是否相识，也无论是年少、年轻、年老，我们是否相知，现在只求我们能相守相惜！

"家"的愿景和目标：做人——友爱、团结、互帮、互助、坦诚、自立；处事——共同钻研，各扬所长；待物——珍惜拥有的一切。

"家"的口号：寒冷时，为你把衣服披上；生病时，为你把药品备上；悲伤时，为你把眼泪擦干；困难时，为你把援手伸出；快乐时，为你把甜果分享。

"家"的规矩：人生为棋，宁愿为卒，行动虽慢，可谁曾见我后退半步？

（以上材料为笔者根据钟老师提供的材料整理）

2. 推行"军衔制"

"反思"与及时"行动"是钟老师在研修共同体学习中留给我们的深刻印象。他首先把关于计划在自己的班级中推行"军衔制"的一些初步构想与实践向自己所在的工作坊的同伴和导师进行了汇报，接着邀请工作坊全体成员到自己的学校开展主题研修活动，对自己所在的班级实施"军衔制"的现状进行诊断，导师和同伴的积极鼓励，以及具有指导和建设性的意见和建议给钟老师极大的鼓励和动力，就这样以"军衔制"实施为突破口，他在农村班级管理中实践了系列的行动研究，下面是钟老师班级管理方法——"军衔制"介绍，希望能从这个案例中窥见钟老师班级管理改进的"行动力"。

班级"军衔制"管理办法

背景：参加"柳江县农村'名班主任'培养研修共同体"期间，听取湖南名班主任钟老师的学生激励机制，结合刘教授（研修共同体的首席导师）奖励的《学生管理中的心理学智慧》一书，推出班级管理制度——"军衔制"。

目的：激励教师与学生参与学校活动和班级管理。

具体实施方法如表6-1。

表6-1   "军衔制"晋升条件要求表

等级	晋升条件要求
三等功	①完成一次学习计划；②完成一章预习；③主动就教学问题与教师交流探讨；④一次习题测验达到优秀（对老师的要求是学生优秀达到15人）；⑤默写20个单词（对教师要求：低分少于7人）；⑥作业一次达A等；⑦公开读一次书、报；⑧练一页字；⑨完成一次目标；⑩参与一次课外活动；⑪给班级提好建议，并被采纳；⑫履行值日满分；⑬受到班级表彰；⑭布置一次教室；⑮栽种一盆花草；⑯帮助同学一次（班内有一定影响）；⑰下午打（各类）球半小时；⑱很好地完成暑假作业（有完整过程）；⑲暑假看一本书（有笔记、摘抄）

续表

等级	晋升条件要求
二等功 （参与校级活动）	①出一次班级板报；②写一篇征文；③参一次竞赛；④筹一次班会；⑤受到学校表彰
一等功 （参与县级活动）	①参加演讲比赛；②知识或运动竞赛；③受到县级及以上单位表彰

【实施要求】

1）班主任也按照这个表格接受学生的监督。

2）从一等功到三等功对应从学员到上将20个军衔，每周授衔一次，优则加，劣则减，不同的军衔有不同的奖励机制。

杜威指出：思想、观念不可能以观念的形式从一个人传递给另一个人。当一个人把观念告诉别人时，对听到的人来说，不再是观念，而是另外一个已知的事实。这种思想的交流也许能刺激别人，使他认清问题所在，提出一个类似的观念；也可能让听到的人隐藏他理智的兴趣，压抑他开始思维的努力。但是，他直接得到的总不能是一个观念。只有当他亲身考虑问题的条件，寻求解决问题的办法时，这才算真正的思维。钟老师做到了这一点，他始终在指导学生一起参与，在他的班级里学生永远有做不完的事情。这样，学生成了班级管理的主人，学生需要自己设计运动会的班级表彰大会，对重新返校的刘同学进行行为考核，将废弃的工业产品设计成绿化物，等等。

最近，钟老师告诉我们，"军衔制"实施以后的班级变化情况如下：

"军衔制"实施以后班干部团队运作和谐有序，学生几乎全员参加班级活动和班级管理，班级氛围非常好，惹得其他班级的学生十分羡慕。比如，一位"老大难"同学在详细分析细则以后，得出"只要我坚持每天练球，就会在期末获得上将的军衔"的结论，结果每天坚持练球的他带领班级在每次篮球比赛都取得了优秀的成绩。但最近军衔制的实施遇到一些问题，有好多学生为了得到军衔而刻意去做好事，这样的风气引起了其他同学的不满，看来我还得把"师父们"（工作坊中的导师和同伴）请来"把把脉"才行，我又要"搞起来了"（方言："研究改变"的意思）。

四、研修共同体中得到支持：“国培”班上的亮相

2015 年，研修共同体项目负责人刘教授承担了该年度的“教育部——国培计划广西寄宿制农村初中骨干班主任培训项目”。钟老师应邀作为一线的农村班主任分享班级管理经验。

下面是担任培训班班主任的许老师对当时场景的描述：

初识钟老师是在 2014 年 10 月广西师范学院承办的“教育部——国培计划农村初中寄宿制班主任培训班”的课堂上，当时我在这个国培班级担任班主任助理，专门负责接待前来上课的专家。钟老师以我们国培班特邀讲师身份来给国培班的学员分享自己的农村班级管理经验。上课前，我对他最初的印象是花白头发、其貌不扬、老实巴交又不太善于言辞，属于十分典型的农村教师形象，看着他半头白发，我在猜测这位老师的年龄，想他该有 40 大几岁吧？后来，我才知道他实际的年龄也就不过 40，有着 16 年“教龄”和“班龄”的钟老师或许是因为第一次站在这样的场合发言吧，胆怯的他在开头的客套话中显得有点磕磕巴巴，甚至整个人都略显木讷。但十几分钟过后，尤其是转入正题讲到自己与他所带领的班级中的 41 位农村中学寄宿生的故事的时候，他就如数家珍般地滔滔不绝，自信地如同在带领这一支军队的将军，班级就是他的“宏大世界”，每一个学生都是他这个“宏大世界”中不可或缺的人物。他的神态是那样的灵动，满脸的自豪、幸福的神情，一扫之前的木讷之气，整个人也顿时显得年轻起来。两个小时就在钟老师对他的农村班级管理的成功与教训的介绍中不知不觉地过去了。当他讲课结束的时候，培训教室里响起了热烈的掌声，大家纷纷起立向钟老师致以崇高的敬意。

虽然，在这次国培班上的公开亮相之前，钟老师就已经在研修共同体的工作坊中进行过公开讲座。但用他的话来说“我做梦也没想过会来广西师范学院的培训课堂来上课，要是讲不好不仅是砸了自己的牌子，还是砸了我们柳江县研修共同体全体成员的牌子，甚至砸了广西师范学院的牌子啊”。钟老师对于这次讲课有很深的忧虑。

研修共同体项目中刘教授作为导师却认为：①要为研修共同体中的优秀分子提供一个更大的发展空间，要多鼓励；②对待弟子的成长要压担子、搭梯子；③要

"从质上培养"，让他们明白教育的真正含义，理解作为一个班主任的重要使命，进而认同其角色，以及由思想产生出班级管理技能和方法，这是最重要的；④这样的讲课实质上就是让这些农村的班主任把个人过去做过的事情进行总结和反思，进而归纳成为符合班级管理的经验，从感性认识上升到理性认识，这正是研修共同体对其骨干成员专业发展的目标要求。

李老师从钟老师的讲稿结构、使用的班级管理案例、教学语言和节奏方面进行指导，闻老师一句一句地帮他修改讲稿，甚至对PPT制作中的不足之处也一一提出，导师助理小刘甚至还动手帮助修正他的PPT。钟老师非常感动，他觉得自己作为一个农村普通的班主任，能得到这么多"高手"耐心和精心指导实在是太幸运了。钟老师在谈到这次国培班讲课的感受时用了下面的话来表达：信心大增，学无止境。

五、职业幸福感的获取："助人者自助"

钟老师的好人缘本来就是在当地出了名的，参加了研修共同体研修学习后的钟老师更成了当地小有名气的"人物"。因为他在团队中总是默默无闻地帮助自己的队友，所以成为团队中核心人物；此外，他常常把在研修共同体学习中获得的资源分享给学校中的其他同事，因此，学校中很多领导和老师都喜欢和他聊天，请他帮忙；家长也常常向他讨教自己生意或生活中遇到的问题，学生自然更是把他当成"家长"，到他家蹭饭吃是常有的事。每每遇到这些事情，钟老师总是尽心尽力、来者不拒。小镇上几乎所有人都认识这一位永远都是乐呵呵对学生关爱有加的钟老师。钟老师为人做事的态度和班主任工作心态的摆正，自然换来别人对他的"尊重""信任""关心"，用他自己的话说就是"助人者自助"，他全心全意教育孩子，家长们也真诚关心着这样一位可爱的班主任。同事之间的关系也十分融洽，互相支持。下面是笔者的助理为做叙事研究与钟老师共同生活获得的许多真实故事中的一个小片段：

一天上午，钟老师带初来乍到的我参观小镇，热情地为我讲解当地的地理和风土人情，作为蔗糖产区，甘蔗在当地司空见惯。当我接过甘蔗阿姨手中的甘蔗的时候，钱包里的钱却怎么也给不出去，阿姨脸上洋溢着最朴实的微笑，在菜市场吃完饭以后，发生了同样的情况。卖甘蔗的阿姨说："钟老师照顾学生们辛苦了，一点甘蔗尝尝没事。"钟老师面带微笑地告诉我这就是他不怎么出来吃饭的原因。其间，我们又陆续参观了龙老师的菜园，品尝到了新鲜的蔬菜；小酌了张老师自制的葡萄酒，了解了刘同学的父亲愿意帮助钟老师抵押养猪场的故事。

钟老师所任教学校的校长在我们的访谈中这样说：

作为学校领导，通过钟老师参加班主任研修学习带来的变化，我从另外一个角度看到了农村班主任工作的新途径。以前的制度化管理模式已经和时代脱节，现在学校正在以钟老师为榜样，积极转变对班主任工作的管理方式。只要是钟老师提出的合理化班主任工作意见，学校一定会认真对待，对于一切有利于学生管理的措施，学校也会全力支持。

也许这些就是一名农村班主任的另外一种幸福感来源吧。家长的感激和馈赠、同事之间的交流和分享、学校领导的充分信任和支持促使钟老师在自己农村班主任的岗位上找到了另外一种支持的力量，这种力量无形却有力，支持着钟老师在班主任专业道路上一直走下去。

我们可以这样来总结钟老师的班主任专业发展的路径，如表 6-2 所示。

表 6-2 钟老师在研修共同体中专业成长线路

路径	影响因素	作用结果
学生的关系改善：走进—跟紧—贴近	钟学生与刘同学态度对个人的刺激、听钟杰等优秀班主任的专题报告培训	增加对班主任角色的认同：学生观的改变，角色的自我肯定与认同
从阅读中吸取养分	阅读作业的完成情况、读书心得的撰写情况，书中提供的班级管理的问题解决智慧	加深对教育内涵的理解：班主任工作的站位上升
研修共同体中得到支持：理论学习、导师引领、同伴互助	共同体内部的分享、"国培"班上的亮相、其他学校的邀请、第一次在省级刊物发表文章	获得展示自己的经验与成功的平台、自信心强化、从感性认识上升到理性认识
探索农村班级管理风格	班级文化构建、军衔制推行	智慧、科学管理的初体验，收获班主任工作的成功感
助人为乐与好心态	学生、家长、社会及学校同事的信赖和认同	良好的人际关系与和谐的工作环境：体会班主任工作归属感和幸福感
		对"班级管理"内涵的深度理解

从表 6-2 我们发现，农村班主任研修共同体中的研修学习使钟老师以先进的理念、从理念的高度去管理班级和参与教学实践；从导师们和同伴们身上学习他们的精神和教育理念，从模仿他们的班级管理行为到自我的体悟、反思其行为背

后的教育意义，这些因素结合在一起，再加上钟老师自身开朗、善于反思和行动力较强的性格特点，这些不仅构成了钟老师班主任专业成长的基本途径，更可以成为我们广大农村班主任专业发展的途径。

第二节　把握与定位好在教学中的自我
——龙老师在农村学校班主任研修共同体中的学习

　　龙老师是一位有着 10 多年班主任工龄的女教师。她就职于柳江县 L 镇中心小学，因为学校位于城郊，所以，学校的生源以外来务工人员子女为主。校园建设与其他农村学校相比还是比较新的，刚刚落成的一栋主教学楼和跑道构成了校园的主建筑，学校后方是一座新架起的铁路桥，每天车水马龙的，另外，还有一片被弃成荒地的农田和一些亟待整顿拆迁的私人工厂和养殖场。这些信息告诉我，这是一所处于快速发展阶段的农村小学。

　　龙老师的父亲是一名农村中学管理后勤的总务主任，学生们亲切地叫他"刘老总"。访谈中有一段话是龙老师对其父亲的描述：

　　印象中父亲是一个乐观开朗的人，面对学生总是微笑，他的主要工作就是管理整个学校的食宿问题。因为是寄宿制学校，卖饭票和给饭票盖章就成了一项烦琐且工作量很大的工作。面对拥挤吵闹的人群，他总是能用幽默风趣的言语化解，他还主动邀请排队表现好的同学帮助盖饭票，那些被邀请的同学表现出无比的自豪。年幼的我也经常去帮忙，目睹这一切，就觉得老师是那样的神圣、至高无上。

　　龙老师见证了父亲的教育智慧，在父亲的影响下设定了自己的职业理想："长大后我就成了你。"成为一名乡村教师后的龙老师，怀揣着美好的教育梦想和满腔热情开始了她的教育生涯。龙老师曾说过这样一段话：

　　带着迫切心情和干一番事业的雄心壮志，我开始了自己的班主任职业生涯。可是当时年轻气盛，师范期间接触关于班主任业务的课程的相关学习极少，又没有人指导班主任工作，一旦学生有错误，我就会毫不犹豫地严厉批评，希望通过这种严格管理的方式把班级管理好。因为批评多、表扬少，虽然也能晓之以理，学生们表现得还是让我觉得比较满意的，但直到有一天一位同学对我说："龙老师我知道你是在关心我们，但你在爱我们的同时，你又在伤害我们。"这句话到现在我还记忆犹新，是呀，我付出这么多，就换回这句话？当时的我如同泄了气的皮球，顿时失去了工作的方向和动力，恰好这个阶段我怀孕生小孩，就借机离开了班主任岗位，回家安心孕育孩子，班主任工作就中止了。

"理想美好，现实骨感"，接下来工作中的几经挫折，让龙老师几乎放弃了教育梦想，直到成为柳江县农村班主任整体提升工程——"名班主任培养"研修共同体中"德行天下工作坊"的一名成员。

一、研修活动助燃斗志：重燃教育梦

龙老师曾这样描述：

就在这时农村班主任研修共同体项目开始启动，刘校长找到我，给了我参加培训的机会。说实在的，虽然最后参加了培训，但我一直扮演着旁观者的角色冷眼旁观，以为这个培训和以往的培训没有什么两样，不就是几个专家做做报告吗？但经历了别开生面的开班仪式、专家生动精彩的班级管理报告、工作室团队文化建设等活动，还有每天在群里和这么多对教育倾注了极大热情的同伴及我们的导师的聊天，我那颗疲倦的心再一次被点燃。但是这一次我冷静地告诉自己：心、手、脑都要动起来，要不然三分钟热度必将把我打回以前的老路。

开班啦！典礼啦！梦醒了！
——M班第一次集中培训感言

经过重新规划定位，作为区域研修共同体骨干培养的柳江县"名班主任培养工程"项目M班开班并进行了隆重的开班典礼！我们的韦副局长、局党委韦书记，还有项目导师团队的总负责人也出席了这次的开班典礼。开班典礼上，项目负责人李教授给我们解读了项目执行方案、项目目标、项目运行模式及研修共同体中各种角色要完成的目标，这个开班典礼不仅唤醒了自己多年沉睡的教育梦想——成为一个优秀的班主任，更是让我看到实现目标的可能性：因为有研修团队（工作坊）一起并行。

……

其实李教授和闻老师的课，我都不是第一次听，但我依然还是很陶醉地听着她们的课。这不仅仅是因为她们专业的引领，更多的是来自我内心的渴望，是她们，又一次唤醒了我的教育热情；是她们，又一次引发了我的责任感；是她们，又一次激起了我内心的碰撞！我是要继续过"糊涂日子"，还是要改变自我呢？

……

感谢这次的学习，惊醒了我这个梦中人。我相信，只要能坚持这样的改变，一定会听到孩子们花开的声音！我更相信，我们的导师们，也一定会听到我们花开的声音！

M班培训中采用的新颖、全程参与、体验式的培训方式与学校校长的鼓励，让龙老师找回当年之勇，重新燃起了她对于班主任工作的热情，尤其是她在"德行天下工作室"导师和伙伴们的共同帮助下，开始反思：我是谁？我应该成为一个怎样的人？

二、寻找自我的定位："双路径学习中反思"

表面上的角色转换却是一个内在的脱胎换骨的社会化过程。我是谁？我究竟在哪里？我在学校处于什么位置？我的班级管理现状是什么？哪里是我的班级管理的切入点？我应该成为什么样的班主任？其他老师究竟会怎么看我？对这些问题的回答和困惑的排解其实是龙老师寻找对自己身份的认同，特别是在"重新出发"的时候对自己定位的过程。所幸的是，"德行天下工作室"成立不久，工作坊就组织进行了一次"个人班级管理提升计划"研修学习活动。这样的研修活动对正在寻找自我定位的龙老师来说如沐甘雨，茅塞顿开。下面是访谈中龙老师说的一段话：

正在为如何才能完成研修任务"个人班级管理提升计划"犯愁的时候，"德行天下工作室"集中其成员花了一天时间开展了"个人班级管理提升计划"诊断与指导活动。这次研修活动首先由导师组的邓老师介绍"个人班级管理提升计划"撰写的有关要求，解读了项目办提供的"个人班级管理提升计划"的模板；

其次，采用思维导图的方式介绍如何对个人的班级情况进行问题分析，以及找准班级管理切入点的方法；最后，各成员简要地汇报了自己撰写的"个人班级管理提升计划"草案，接着是导师组的导师和研修共同体中的同伴给每份计划提修改建议。这次活动让我们获益匪浅，之前我们的班级管理基本是遇到什么问题就解决什么问题，从没有想过行动之前要搞一个计划，还要分析班上学生的情况，并且计划措施要求是具体可操作与检测性的，这让我发现之前我们的班级管理效率低下，班主任弄得又累又烦完全是因为没有科学和切实可行的班级管理计划。这次研修活动使我还有另外的收获，即思维导图可以让纷乱复杂的问题变得清晰明朗，这的确是一种很好的班级管理思维方式。

通过"个人班级管理提升计划"研修活动，导师组的导师给研修共同体的成员带来了一种双路径学习反思的方式，龙老师发现，即便是共同体中相对优秀的同伴（包括自己）过去在进行学习反思的时候，用的都是单一路径的反思方式，这次学习反思方式有很大的不同。项目首席导师李教授是这种"双路径学习反思"方式的助推者，他曾这样说：

著名的学者阿格里斯和普特曼提出了一个理论叫"行动科学"，这一理论主要的目的是研究人与人之间的行为是如何被设计并付诸行动的。其中他们区分了双路径学习与单路径学习，认为双路径学习不仅注意手段工具推理或解决问题，还看重行动者是如何框定情境或设定问题。失败可导致行动者对其原始框架有所反思，并设定不同的问题，单路径学习（图6-1）则更集中在手段与工具的理性上，很难做到当所追求的目标失败的时候，个体行动者去对工具做重新检验，从而寻找另一种更有效的工具。因此，我们发现，双路径学习（图6-2）中的反思则往更深的主导变量层次延伸，反思自己的信念和价值观等，而单路径的学习中反思更多会关注到外显的行为策略层次。因此，提出"双路径学习反思"将有助于研修共同体中的学员们的行动研究目标的有效达成。

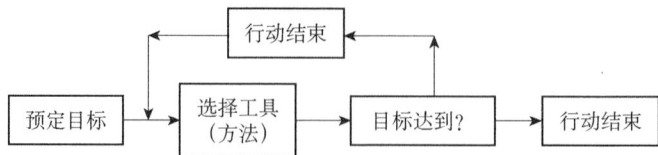

图6-1 单路径的学习中反思

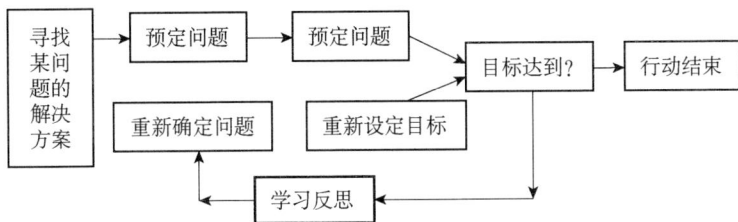

图 6-2　双路径的学习中反思

善于思考的龙老师很快便发现和掌握了这种双路径的学习中反思的方式，并在接下来的整个项目任务目标的达成中很好地发挥着作用。

　　短短的骨干研修班第一阶段的三天集中研修学习，我的脑海里始终重复着这样一句话："想了 N 遍，不如做一遍。""改变吧，从现在开始"，我说。刚好李教授布置的作业是写一份班级管理的提升计划。尽管我想过很多方面的内容，但我却没有想过要把"如何提升班级的凝聚力或如何建设班级文明"作为我的提升计划。（只能说是我的肤浅吧）但是有一件事的发生，却触动了我，让我深刻地认识了班主任的职责之重！也让我明确了改变就要从如何去提升建设班级的凝聚力入手。

　　结束三天的培训，回校后的一天，英语老师又一次在我面前"唠叨"着那些老生常谈的问题。这一次，我一口答应英语老师，说"所有的问题全包在我的身上，你放心好啦"。经过三天的培训学习，我有了全新的意念，并对班上的同学进行了一番思想教育、沟通，渐渐地，我发现大多数同学的眼睛开始变亮了，有神了。学生们终于明白了自己的不足，并决心去共同维护班级的荣誉。果然，此后，英语老师在我们班上课，终于也有了笑脸。呵呵，真是让人满意啊！

　　这件事深深地触动了我！让我对班主任这份工作重新进行了审视！要想班级好，必须让德育先行啊！而德育的建设对班主任来说可是任重而道远啊！

　　如今，每天我都能迈着从容的步子走向我的孩子们，我希望我能引领他们，飞翔在辽阔的天空。当你怀着一颗热爱的心去做事的时候，你就会获得身心的愉悦，真希望能长久地保持这种状态，加油哦！

（摘自龙老师的研修学习日记）

　　寻找到适合自己的正确定位：班级管理之道就是德育先行。面对机会，龙老师冷静地清醒了过来，班主任梦想没有沉睡，借助这次班主任实践共同体的学习机会，龙老师在班主任专业发展的道路上又迈出了重要的一步。

走向生命自觉的自主管理
——龙老师"班级自主管理"行动研究系列案例（摘录）

（一）放权

时间：2014 年 9 月至 2015 年 1 月

作为"名班主任培养工程"班的一员，我们是幸运和幸福的。在经历了一期和二期的培训后，我对待教育的心态更从容了，对班级的管理也更理性了。开学了，我也正式地迈出了如何做一个"懒"班主任的第一步，把班级的管理权交到学生手上，人人参与班级管理，让每位学生成为班级管理的一员。

案例一：把班级的管理权还给学生

我把班级分为四个组，每组两个组长。首先在组长的选拔上，我改变以往的任命方式，而是实行了竞争上岗。第一天，没有学生上来，显然还不够自信！我在班上给他们做思想工作："要把自己当作一个优秀的人来培养，给自己一个机会，相信自己能行……我期待，明天有人能主动上来竞选，为我们的班级服务。"第二天，开始有人上来了。真没想到，最后选出来的 8 个组长中，只有熊××和欧××做过班干部，其他的 6 人都没做过，都是原来班级里极普通的学生。他们能行吗？我的心有些纠结！可是又想，如果还是原班人马，那这改革又还有什么意思呢？于是，我坚定地支持他们！选好了组长，我就让他们双选，两个人一组，自由组合。他们很快就选好了自己的合作伙伴。接下来，就是组长和组员的双选了。我给他们开了个小会："作为组长，一定要有宽广的胸怀，一定要让每个同学都有组，不能丢下任何一人！"结果，最后组长和组员的组建工作顺利进行，大家都找到了合适的位置。

在学校里，每天都要面对学校的一些常规检查，如晨练、清洁区、教室卫生、午餐发放等，这些都会产生一些岗位。以前这些都是老师选定了班干部，给学生分好工，由班干部去督促完成。现在分好了组，我就根据学校的常规检查工作定好岗位，让组长给组员分工。我记得《学生管理的心理学智慧》中提到"管理班级，一定要渗入竞争的意识，这样才会让班级永葆活力！"于是，在分工时，我规定他们在一定的时间内完成给小组起名字、定目标、定口号、合理分工等任务，看哪个组完成得又快又好。果然，各组的成员都很活跃，组长们更是忙得欢。看到组长什么事都亲力亲为后，我提醒他们：你们是一个团队，要学会合理分工合作。有些组长写字不够漂亮，可以请写字漂亮的组员来执笔分工，等等。经过提醒，交上来的分工合作表就明显地干净顺眼了。

看着交上来的分工表，我又灵机一动，说："各组把自己的分工合作表拿回去设计一下，就像我们做手抄报、出黑板报一样，明早上交，要评选出名次的"。有了前面的提醒，组长们领悟得可真快，纷纷派出了本组的精英设计去了。只有第四组存在分歧，认为蓝××同学不能胜任这一工作。我说："既然多数同学选了她，就要相信她，要给每个同学机会才对。我们要相信蓝××同学会尽全力把这件事做好的。"第二天一早，各组就把设计好的分工表交上来了。我特别看了蓝××同学的设计，她设计得也不错。于是对她的认真负责给予了表扬，让第四组的同学心里不那么纠结，觉得自己的选择是对的。

接下来是民主投票决出胜负。采用举手的方式表决，并强调要公正投上自己的一票。第一次有机会行使自己的选举权利，学生们认真对待，公正地投上了自己的一票。

组建好了组，分好了工，我们就按组来轮流管理班级，一组负责一周。我先让第一组走马上任，期待第一组的同学能有个好的开头！

（二）人人有事做　事事有人做

时间：2015 年 3 月 至 2015 年 7 月

自"放权"给学生后，班级各方面都取得了实质性的进展。但随着时光的流逝，这样的管理模式似乎又对孩子们失去了吸引力。每天看着孩子们日复一日地做着相同的事，我也觉得好像少了点什么似的，如何才能让班级重现活力呢？2015 年 3 月底，我所在的工作室研修共同体又组织了一项主题研修活动：到南宁三塘小学的跟班学习，韦宗诚老师的"人人有事做，事事有人做"又给了我新的启发。

如果说，"放权"是龙老师通过团队来管理班级，那么"人人有事做，事事有人做"的管理模式则是在行定研究的实践反思学习中对目标的一次重新调整，它要达到的是班级管理中"人人自治"的高度。而龙老师的行动日记让我们发现在反思中把握自我也贯穿于其他两个方面的学习全程之中，既有通过在学习教的过程中（班级管理中）反思以定位自己，也有在体悟教的意义中进行自我反省、对自我的深层次追问。

三、实践中超越自我："生命教育"在行动

龙老师曾这样描述：

我有幸走进了北京"生命教育"的课堂，这是我初次接触生命教育。透过全身心参与练习、游戏、训练、分享等方式的"体验式学习"，由体验引发探索、省思与感动，进而回归内在，增进认知与实践行动，达到"知行意情合一"。在北京的生命教育"醒觉之旅"中，我最大的收获是找到了最初的自己。在那一刻，我失声痛哭！当时的情景还历历在目，我无力地抱着我的搭档，任由泪水哗哗地流出，感觉非常痛心、自责！丢失了那个阳光快乐的自己那么多年，我竟然不知道！这也激发了我在今后的日子里，要去找寻那个最初的自己的决心。

更幸运的是，我和我的几位同伴因为先一步在北京学习了"生命教育"的课程，而成为A区生命教育醒觉之旅的助教。这次的助教，让我有机会重温"觉醒之旅"的课程，同时给相对于安静的我又一次成长的机会。因为是助教，我跳出了课堂本身，很清晰地看着学员们上过的每一个课程。看着他们慢慢地、一点一点地去感悟，一点一点地去喜欢这个课程，一点一点地去成长、觉醒，去丢掉自己身上的负能量，从而能以积极向上的心态去生活、去工作，我真的觉得他们就像我的孩子一样。每次看着他们的身影，我都很感动，甚至有想流泪的冲动。

走过了这一段学习成长的历程，我想："其实每个人身上都或多或少会有一些负能量，只是人们没有觉察而已。但这些负能量却是会影响着自身的工作和生活态度的。"那么，我们的教育又如何去提升学生的生命质量呢？我能否用"生命教育"的一些理念来教育学生，让他们明晰生命本质、价值目的和意义的认识，燃起对生命价值的积极渴望，克服消极厌学等不良情绪，有效地提升学习动力，树立激情、喜悦、尊贵、幸福的高品质人生的积极信念呢？

带着这样的想法，龙老师开始尝试着把"生命教育"课程的一些元素带入班级管理。

全力以赴，守住承诺
——龙老师班级管理行动研究案例（选摘）

"生命教育"中，有一节讲的是信守承诺。我也趁热打铁地问孩子们："大家

想不想在一个美好的学习环境中学习？是否想过要创造一个怎样的学习环境守护我们的学习和成长？"问题一抛出，孩子们果然来了兴趣，纷纷说出了自己的想法，最后在我的引导下，师生终于达成一致，就是要创造一个高效、守时、洁净、友学、友爱的学习环境。接下来我又问孩子们："这是我们承诺了的、要共同创造的良好学习环境，那么，谁知道什么是承诺？"孩子们说："承诺就是说到做到，是说话算数，是答应别人的事要做到，是'君子一言，驷马难追'。"

听着孩子们说的答案，我很是欣喜，孩子们顺利地理解了什么是承诺。接着，我引导孩子们思考应该以一种什么样的态度去实现自己的承诺。孩子们说："尽量、坚决、一定、尽力……"我又告诉孩子，当你使用尽量、尽力时，都不算是承诺，都给自己留了后路，都没有想过去兑现。你必须是用肯定的语气和态度，这样你才能够去实现你的承诺。经过不断引导，孩子们终于得出了实现自己承诺的关键词：全力以赴。最后，我还让一位组长把承诺和关键词写在一张白纸上，每天上课前读一遍，再加上"YES"，还别说，孩子们还是感受到了一种自信的力量的。此后，每每有孩子出了错或影响了课堂，我都会问他们："有什么比你的承诺更重要？你做到了全力以赴吗？我相信你可以做得到的。"没想到就这么几句简单的话语，孩子们却是那么能接受并愿意去改正。

也许是因为自己本身具备了一定的能量场吧，当孩子们浮躁的时候，我没有用更多的言语去制止他们，相反，我会用我的眼神，以一种以静制动的方法去安抚孩子们。看着孩子们的眼神和及时的改变，我就知道，在我所及的范围内，孩子们更阳光！更自信！更自觉了！

苏霍姆林斯基曾说：在由人的精神财富外化而来的和谐的交响曲中，最微妙、最温柔的旋律当属人的心灵。这句话无疑告诉我们一个教育理念：育人先育心。一个得不到情感满足的孩子，他的心灵是干燥而粗硬的；一个没有情感的班级，既没有凝聚力，又没有安全感，更谈不上发展。龙老师无疑是睿智的，她通过自我的学习，抓住了管理学生的金科玉律，同时找到了独具特色的班主任班级管理的理念，这样的努力不仅造福了她的学生，也为自己的班主任专业发展添砖加瓦。

四、工作坊和学校合力：成果延伸与拓展

随着班级管理成效的出现，龙老师在柳江区域农村班主任研修共同体中的影响力也在不断增强，龙老师的班级管理理念在 L 镇中心校校长的支持下得以在全校推广。

L 镇中心校校长告诉我，小学阶段班主任的优秀与否可以决定孩子的一生。因为小学是学生行为习惯养成的主要阶段，班主任是距离孩子最近的人，他们的素质至关重要。她十分关注以龙老师为代表的中年骨干班主任们的成长，营造积极向上、适合他们发展的校园文化，在班主任选拔、培训、评价上给予最大程度上的支持。

最后龙老师告诉我，作为语文老师，理解国学不难，但是国学和教育的结合还涉及心理学的知识。虽然现在以传统文化为载体的班级管理在如火如荼地开展，但是她自己已经开始担心下一步发展的问题了。因为自己非专业出身，无法从整体上科学合理规划整个学校各年级学生的传统文化教育问题，她需要专家的指导。

龙老师在研修共同体中的班主任专业成长线路总结，如表 6-3 所示。

表 6-3　龙老师在班主任研修共同体中专业成长线路

路径	影响因素	作用结果
参加 M 班研修活动	富有感染力的理论学习、导师引领、同伴互助的 M 班研修培训活动	激情唤醒，斗志重燃
寻找自我的定位	"个人班级管理提升计划"研修活动、"班级自主管理"行动研究、双路径学习中反思理论	调整心态，重新确定目标方向
实践中超越自我	北京"生命教育"的课堂、"生命教育"元素在班级中实践	对教育内涵的理解与班主任角色的认同
研修共同体中得到支持	校长支持、成果推广、成为"助教"	形成个人班级管理风格，收获班主任工作的成功感与幸福感

从表 6-3 我们发现：发展需要能力，发展需要环境支持，但是发展更需要意识。龙老师在研修共同体研修学习活动中重燃了自己的教育梦想，对自己的"重新出发"的路径进行了审慎思考，谦虚好学的龙老师作为一名普通的农村小学的班主任，获取了研修共同体中各种资源的支持。龙老师这种在学习教的过程中（包括班级管理中）的反思学习不仅包含定位自己，也包含在体悟教的意义中进

行自我反省、对自我的深层次追问。龙老师的农村班主任专业成长值得我们广大农村班主任借鉴，同时更值得广大中小学班主任培训的组织者借鉴。

第三节 在改变中寻找班主任的幸福感
——韦老师在农村学校班主任研修共同体中的学习

在我们班主任研修共同体的 QQ 群里，隔三岔五就会有一位韦老师上传自己教育心得和班级管理的随笔，随意打开一篇阅读，你都会被他对农村孩子那份深深的爱感染。纵观韦老师在研修共同体中的学习成长故事，我们可以明白一个道理：一名农村班主任只有钟爱教育、钟爱学生，智慧教育的花朵才会悄然怒放，而一个富有智慧的班主任，不管贫穷还是富裕，其一生都无愧于"美丽"这个词。

韦老师是柳江县最偏远的乡镇农村寄宿制 LY 中学的一名班主任，他外表温和、安静，性格内向，说话腼腆，内心细腻具有浪漫文学情怀。2016 年 11 月的一个下午，在柳江县教育局领导的陪同下，我们一行从县城出发沿着蜿蜒绵长的山道驱车近 1.5 个小时，来到了这个三面被大山环绕的 LY 镇 LY 中学。

LY 镇 LY 中学所在的地区是库区，所以学校所在的小镇就建立在高高的拱起来的坝区基地上，河水在坝区基地旁边奔腾而过。一座宽阔的石桥连接学校和小镇街道。坐落在库区大山中的 LY 中学的 3 栋楼房的玻璃窗在太阳光下折射出耀眼的光芒。这三栋矮矮的楼房中，一栋是在国家政策支持下新建的学生食堂，另两栋是灰色的教学楼和一栋暗灰色的教师公寓，这三栋楼组成了 LY 中学的全部建筑，在大山的怀抱中这里的一切显得格外宁静。

我们的到来让平日里看上去十分淡定的韦老师露出了些许笑容。他带领我来到了他的班级大本营所在地的一棵被命名为"梦马辉煌"树下，此时他的学生们正在进行跑步运动。在煤渣铺成的跑道上，韦老师班级的"小梦马"们正在挥洒青春的热情与汗水。此时，一个想法浮上我心头：是什么让这一默默无闻的农村班主任在仅仅的 3 年时间从学校著名的"混日子"的班主任，变成了被学生称赞的"亦师、亦友、亦兄、亦长"的班主任？这个角色的转变的原因是什么？它会告诉我们怎样的农村班主任专业成长的故事？

一、教育的十字路口："混"日子

韦老师曾这样描述：

我出生在一个有教育背景的家庭里。我的父亲是 20 世纪 60 年代广西师范大学的本科生，母亲是一名代课教师。我从小学到高中的学习成绩并不差，但是我从来没有把做老师锁定为我的职业。原因简单，就是觉得做老师没"钱"途。高考完毕，父母劝我填报广西师范大学，他们的理由是做老师有一份比较稳定的收入。在那个年代，没有什么比一份拿着月工资，吃着公家饭，病了有公费医疗，老了坐在家拿退休工资的工作更加吸引人的了。最终我还是听从了父母的建议。但天不遂人愿，我没有被广西师范大学录取，却被调剂到广西河池师范专科学校英语专业，开始了三年师范教育学习生涯。

十分感谢我的教育学老师——黄老师，在他的引领下我渐渐对教育产生了兴趣。在一次课上黄老师直接喊出他对我们的要求："你们要敢于当教育家！"这句话激发了我的雄心壮志："我要当教育家！"然而入职后，我才发现"教育家"的梦想与现实冲突真的很大。

父母的影响和稳定工作导向让韦老师走进了师范学校。三年大学的学习让韦老师带着"教育家"的梦想来到了农村学校，但是对班主任角色及教育的内涵缺乏理解，加上"梦想"与现实的冲突，导致韦老师在班主任的起步道路上举步维艰，他说道：

我毕业后就来到 LY 中学做英语老师。当时正值国家推行普及九年制义务教育，农村教师资源相对短缺，所以我从入职的第一天就开始当班主任兼英语教师，一直到今天。我本来就是一个内向的人，不善于与人打交道，一进职场，我就要管好几十号人的初中班级，班上许多学生还是留守儿童，加上当时的师范学校中没有专门的班主任工作课程，所以，那个时候年轻的我去管同样年轻的学生还真不知道如何与学生交流，为了让他们安静下来听我的要求做事。我只能靠回忆自己以前的班主任，模仿其他班主任的做法开展班主任工作。

我是一个性格随意、缺乏计划性的人，所以好多工作都是临时突发完成的。并且 10 多年前的学校是一个合并学校，老师们自动分成许多小团体，彼此之间的交流和沟通存在很大的问题。那时候的学校管理几乎不会关注班主任专业成长这一模块的工作，更谈不上对班主任团队的建设了。因此，基本上不会有老师去研究教学和做好班主任工作之类的事情，在这样的环境下，即使有个别比较有管理办法的班主任老师，也是自扫门前雪。

在这样的环境下，我很快发现自己根本不能成为什么"教育家"，而且农村教育也不需要"教育家"，"散漫，得过且过，不思上进，做事拖拖拉拉，学科教学应付了事"等，一个字——"混"成了我那时候的班主任工作状态最真实的写照，我就成了学校著名的"象棋"班主任（即拨一下就动，不拨不动）。偶尔我也有些改变的想法，但农村学校中的"小酒加小鱼"安逸生活，再加上个人的惰性很快淹没了"改变"的冲动。我的教育生涯就这样在迷茫、徘徊偶尔有些许期待与冲动的心态下"混"了7年。

空有理想抱负，但缺乏班级管理专业知识和教学经验的韦老师，被大局势推到了农村班主任的工作职场。自身性格的因素、大学专业课程设置缺失与缺乏精神的引领，以及在农村学校管理中普遍存在的忽视班主任专业发展的组织文化，让初入职场的韦老师的理想还没有开始实施就处于夭折状态。

二、成为班主任研修共同体的一员：找到方向感

韦老师曾写道：

其实我是一个文艺青年，曾经有人说我是"能歌善舞，基本还是属于多才多艺"的那一类型。因为本人的兴趣爱好，我们班在学校大小文艺活动中都获得了不错的成绩。但是，当时大部分老师对我的评价是："搞这些有什么用，学习成绩才是最重要的！"不过，这方面的成绩让我发现了学生在这样的活动中特别卖力，此时的班级凝聚力是最强的。这让我对自己、自己的班级、自己的未来的教育生涯有了些许期待。我觉得自己需要一个机会，需要外界的力量推自己一把。

消极的班主任专业成长环境并没有彻底磨灭韦老师的教师职业道德追求，面对流言蜚语，他的教育初心仍潜伏在心灵的深处。2012年，柳江县教育局举行了一次班主任技能大赛，这次大赛成了韦老师入选柳江县农村班主任研修共同体骨干培养项目（"名班主任培养工程"）第一批学员的重要契机和专业发展的转折点。他在日记里这样写道：

2012 年，我们柳江县举行了一次班主任技能大赛，我的不服气精神加上我的能歌善舞的长处，让我尽展风采。经过了个人的才艺展示、主题班会大赛、班主任工作情景问答等，我一路过关斩将，在这一次的大赛中获得了全校的第一名，在全县的决赛中又获得了二等奖，排在乡村中学的第一名。这可算是不小的成绩啊，至少它让我找回了当一个班主任的自信心！之后，我就以这成绩成为柳江县农村班主任研修共同体骨干培养项目第一批学员。面对我的入选，周围有一些同事对我有非议，除了尽其讽刺的事之外，有的干脆直接到学校的领导处去理论。当然，这些我都不在意了，因为我已经证明我的能力，同时获得了一次宝贵的学习机会。

2012 年开始，柳江县教育局迫切感受到，农村班主任整体队伍建设关乎城乡教育均衡发展，关乎农村义务教育薄弱环节的突破，于是与广西师范学院合作启动了"柳江县农村班主任研修共同体骨干培养项目"，关于这个项目的使命，负责该项目的首席专家李教授在 M 班项目执行方案的解读中说了这样的一段话：

在这个项目中，我们要搭建一个农村骨干班主任专业成长支撑平台——区域性的农村班主任研修共同体。这个共同体应是具有较高的师德素养和现代班级管理理论水平，具有扎实的班主任专业技能，有个性、善合作、积极向上的群体。这样的研修活动打造了一批在农村中小学班级管理中具有辐射与示范引领作用的班级管理"品牌"班级与"品牌"班主任，培养具有组织和引领农村学校开展以校为本的班主任专业发展研修共同体的"种子"力量，可以促进全县班主任专业成长研修共同体建设。

这个班主任研修共同体将成立若干 "班主任工作室"，采用"集中研修—基地研修—岗位研修—片区研修"等模式开展活动，每工作室配备 2～3 名导师，为学员营造共同学习、共同探究、共同分享、共同发展及资源共享的环境；发挥工作室孵化、培训功能，探索具有农村特色的班主任专业成长的有效途径。

这是韦老师第一次接触在开班的第一天就有了明确项目目标、任务、运行方式及结果评价指标要求的班主任培训学习活动。在第一次研修学习活动后，韦老师成为柳江县农村班主任研修共同体中"XH 工作室"的一员，工作坊导师组的石老师在和他的成员们开展的第一次研修活动中分享了他的看法：

我发现现在不少老师尤其是农村教师没有自己的专业发展意识，没有自己的职业生涯规划，甚至是在无所谓中长久徘徊，消耗自己最宝贵的青春年华，乃至过了浮躁岁月，却没有青春的活力，再没有了奋斗的勇气，他们在表面的安逸中走向了人生的尽头，结束了自己的教育生涯。这样一来，教育没做成什么，自己的生命也没做成什么。

李教授的目标要求和石老师的话语深深刺激着韦老师，触动了潜伏在他内心深处的教育梦想的那根神经，在参加骨干研修第一次活动后，他在研修日志中写道：

导师们的一席话让我醍醐灌顶，一语惊醒梦中人，我不能再"迷糊"下去了。说实在的，我知道尽管自己目前的班主任工作能力是极其欠缺的，更不是什么"名班主任"，但我一定会加倍努力，改变自己，让这个"名班主任"名副其实。

三天的研修培训下来，我更坚定了一定要当好和能当好一个优秀的班主任的决心。如果说，经过这几天的培训，我的最大收获是什么？那就是最大限度地激起了我对班主任工作的热情、对知识的求知欲，让我找到了方向感。

这三天的集中研修活动是一次很有新意、很有实效的培训。首先，从它的组织形式来看，我们这次培训是以团队形式来开展的，我们就是一个实验探究的班级，它既是培训的目标，又是目标实现的载体。学员在这里学习班级管理的知识，又在这里真正去体验和参与班级管理的具体实践，理论和实践巧妙地结合，使学习效果事半功倍。其次，在培训中，授课老师的授课方法新颖多变、乐趣横生，尤其是L老师的课有游戏实践、有班级管理实际问题的即兴表演和评论、归纳总结，这些都让人耳目一新。最后，这次培训是有着严密的计划和方案的，其可操作性强，能让学员既有压力，又有信心去实现自己能力的提升。

我们知道人生最糟糕的境遇是在没有答案的选择中永远地消失，不断地消耗有限的生命的能量。班主任研修共同体让韦老师成为一个有方向感的班主任。下面是韦老师的一篇研修学习日记，它让大家看到了一个找到方向感的、全新的韦老师在他的教育生涯中再度启航。

越走越宁静，宁静而强大
2015 年 3 月 8 日

我从没这么勤奋过，也从没这么宁静过。与全国班主任成长研究会群里的老师们交流探讨，在县里的 M 班研修团队学习，我经受了一次次思想上的洗礼。

我不想再像以前那样总把自己的懒散和不思上进拿来当作生活潇洒的炫耀，把围在酒桌边的牢骚当成了自己指点江山的模样，因为这样，受伤的还是我不曾服输的心灵；每次喧嚣的放纵后，都在孤独的角落里舔着自己心灵的伤口，没人看得见，没人想看见你这副模样，也没人会可怜你，因为，成长永远都是自己的事！我不敢奢求有多大的辉煌，我只想让自己做好一个班主任，让我的农村家长和学生不再抱怨我。我希望我的内心是越来越宁静，宁静而强大。

三、问渠那得清如许：阅读、思考、写作

韦老师告诉我们，他以前也参加过一些培训学习，不过一般多是"走过场"，但这次所参加的班主任研修共同体学习大大不同。第一个不同是班主任研修共同体的管理采用的"任务驱动"的模式，即研修共同体中每个层面的人都有明确的任务，还定时、定主题地开展工作室内或各工作室之间的交流活动，推着每个人往前跑。第二个不同是这次的研修学习项目管理者在项目实施方案中策划了针对农村班主任专业素养提升的班主任的阅读能力专项要求活动，设置了如共读一本书思辨会、经典诗文朗诵及读书心得分享与评比等活动，最令韦老师感到兴奋的是，每次活动中的奖品都是一些对班主任专业发展和班级管理技能提升或难题解决非常有帮助的宝贵书籍。韦老师成为班主任研修共同体中因阅读而获益最多、成长最快的农村班主任之一。下面我们通过韦老师的一则教育随笔（节选），看看阅读、思考、写作给他带来了什么。

我绝不能只空口地说教了

这两天，我一直在看《学生管理的心理学智慧》这本书，很迷人，原本一天计划抽出一个小时去阅读，实际上每天的阅读时间已经远远地超出了一个小时。我一边看，一边拿着笔画出那些有启发意义的句子和段落，时不时对作者的经典观点和案例赞不绝口，心里对作者的智慧真是佩服得五体投地，我感到享受极了。

很多时候，我经常站在讲台上，或者是略带严肃地走在教室里孩子们中间，说了多少次不要吵了，但是孩子们还是时不时地又从某个角落冒出了一些闲聊声，我有时还得通过生气和发怒才能平息他们的"暴乱"，今天我在晚修前走进教室，孩子们一见到我都"作鸟兽散"了，但是回到座位也并没有拿出课

本或练习本来学习，有几个甚至还拿起零食心安理得地啃起来，虽然还不到上课时间，但是，我心里还是有一种挫折感，为什么这么聪明的孩子就不那么爱学习呢？

刚好我看到书中的第四章《学生管理的认知策略》，其中第 76 页提到了学生为什么会改变，以及如何对付"破罐子破摔"的学生；如何应对"叛逆"的孩子；转化学生从哪里开始等。这些章节慢慢地为我解开了其中的许多谜团。

首先，在人们的各种行为活动背后，总会有一些理由，可以归纳如下：一是认知观念，可以称之为"脑"的法则，即头脑中的认知观念在指导我们的行为；二是社会互动，可称之为"脸的法则"，即人际互动的规律导致了行为的变化；三是情绪情感，可称之为"心的法则"，即我们在认真地学习是因为我们的行为形成主要受到了自身情绪情感的影响；四是行为习惯，可称之为"体的法则"，即我们之所以认真学习听课是因为认真学习听课已经是我们的习惯，当然要养成这些习惯还真不容易。

我平时的说教，最多也只能算是运用了"脑的法则"，还有其他的三个法则我几乎没有意识到，更没能把它们充分运用起来。所以，要影响我的这些孩子们，让他们能够真正地乐学起来，我就必须研究这些法则，并把它们综合地运用起来，只有这样才能让我的学生朝着我的教育目标前进。而这应该也就是要有班级的文化建设、学生的学习习惯的养成、和谐的班级人际关系的建立，并且，它们之间不应该是孤立存在的。

对"破罐子破摔"的学生，教师就应该运用认知失调理论去分析，以此找出相应的对策，比如赞美，也即"死猪不怕开水烫，那我就先把猪救活再烫"，而对付那些"叛逆"的孩子的关键是他跟你对着干，你不能跟他对着干。

哈，读书真好，当然，有很多的实际问题都要我们去实际的琢磨和实践才能真正地领悟到教育和管理的智慧啊！

"一所没有书籍的房子，犹如一个没有窗户的房间。""班主任老师也应该是一个读书人，我们不能只要我们的孩子读书，我们却没有很好的读书，我们班主任研修共同体中所有的成员都需要用诗书来滋养教师气质。"这是韦老师所在的研修共同体努力传递给他和他的同伴们的班主任专业素养养成的价值观。韦老师认识到学生在校园里每天都读书，作为班主任就不更能有丝毫懈怠。阅读不仅仅让韦老师学习到相关的理论知识和实践指导方法，更重要的是让他找到了教育前行路上的重要的"教育伴侣"。下面的一段话摘自韦老师的班主任成长日记"半夜醒来只想读书"中的一个片段：

自从参加了"星辉工作室"，我最大的收获是喜欢上了阅读，尤其班主任工作方面的书，而且好像到了上瘾的程度，一有空就抓起一本书来读，这个暑假到现在，我已经看了四本班主任著作，再加上在培训活动中的体验，我开始感觉自己的班主任灵感已经慢慢地呈现了，一些鬼点子在班级管理的具体实践中开始自然而然地蹦出来了，有时都让我不由自主地兴奋起来，所以今天在半夜醒来的时候（又被可恶的老鼠给弄醒了），我自然而然地就拿起一本班主任工作书来享受。同时，我需要把自己的这一感受和一些思考记录下来，生怕过了这个时间就会把这种灵感遗忘。

阅读、思考与写作成了韦老师在班主任研修共同体学习生活的常态。参加班主任研修共同体学习的只是短短3年多时间，韦老师所写下的成长日记、教育随笔、班级管理案例等这样的文章就不少于8万字。朱永新教授曾经说过：一个人的阅读史就是他的精神发育史，人的身体的发育有年龄限制，人的精神发育却是一辈子的事。精神从不会停止生长，教师应该走一辈子精神发育的路，只有这样，才不会被未来的学生抛在后面，才不会被学生称为"老古董"。（转引自：李红等，2017）所以，对于韦老师，思考中的读书与写作已成为他一辈子精神修炼的需要，成为他生命的有机组成部分，也成就了他的农村班级管理改进的行动研究。韦老师肯读书，善读书，加上愿思考，勤写作，这使他能从教书匠的行列中走出来，获得生活中的发言权，进而成为一名有思想的生活充实、幸福的班主任。

四、爱与智慧的世界：班级管理

哲学家说：一个热爱生命的人，不再靠自己，而是靠他所爱的东西活着。

教育家说：一个热爱教育的人，不靠自己，而是靠他所热爱的教育活着。

有人说：教育是细致得连上帝都要轻轻呼吸的工作。这点我们从韦老师在农村班主任研修共同体学习中的三则日记里就能感受到。

研修共同体学习的成长日记三则

第一则：把开学的事做好，为班级未来奠定基础

2014 年 9 月 1 日

现在是凌晨 3：16 分了，昨天刚开学，心里面不免有一些焦躁和激动，再加上老鼠闹得特别厉害，弄得我不得不起来抓它们，灭一下它们的"威风"。收拾完老鼠，趁着没有睡意，我把昨天开学的一些做法和想法记录下来，不然忘记了可是个巨大的损失。

昨天，分配抽签来的学生除了第二名的 H 和第五名的 Z 没有来，其他的同学都来报到了，并且还多来了韦××等六位新补充进来的同学。从整体上来看，我还没有发现特别难以调教的，或许是因为我摆正了心态，从心底里去接纳他们吧，又或许是读过的一本书中提到的，把自己的学生当成"天使"，我们要和天使一起过着生活的心态吧。当然，我也会特别留神那些我女儿认为的特捣蛋的她们原来班级的"四大金刚"，尤其是 H 同学，我要对他恩威并施，首先把这块硬骨头给降服，其他的也许以后就好办了。

在班级的具体工作中，我时刻注意到了这几个方面的管理理念，首先要放手给学生去做，朝着自主化班级的管理方向去思考和实践，比如，学生刚来到学校报名的时候，我特意叫了部分的同学负责到学校领东西，尤其是 H 同学，我派他代表我们班去领日常劳动工具，他还真的能大胆地去问这问那，最终还是把东西领回来，但放错了教室。但在上晚修的时候，我又叫他去把它们找回来。他的胆量超出了我的想象，所以我在班上大力表扬了他。还有 C 等 7 位同学得到我今天在全班公开的表扬。另有 3 位同学因为没有参加集体活动还对积极帮助集体的同学进行冷嘲热讽。我对他们的行为进行了点评，对这些同学提出了要求与期待。从这次对新班级成立之初的班级情况及时反馈中各路同学的表现观察，我相信，明天如果还有这样的活动，自主参加的"班级义工"一定会增加，因为对他们进行大力的表扬与期待，会让他们没有退路，只能向好的方向前进！

事情果然不出我所料，对于接下来的一些活动，如领书、发书、发饭卡等这些班级管理的琐事，我就只需做简单的交代，之后就坐到办公室和教室去准备其他的事情了。哎呀！积极的肯定这招还真管用！

除了日常事务的自主化方向管理以外，我牢牢记住了在南宁 S 中学基地跟班学习中的导师 L 老师对我说的"管理新生最主要的是统一思想"这句话，我又用

了一个晚修时间，召开了"我的班级，我做主"的主题班会，我们的班级团队名称——"梦马辉煌"和班级口号等在这次班会诞生了，我还对学生提出班级建设的目标：学会自主管理自己和班级，创建一个优秀的班集体。我采用激情宣泄的方式来慢慢引导我的学生，我问他们：你们愿意一起来创建我们自己的精神家园，一个优秀的班集体吗？他们回答：愿意！声音从小到大，直至发自内心的呐喊。是啊，这也就是 L 老师说的班级整体要提升执行力和凝聚力的问题吧！第一天我的要求是响亮地回答：愿不愿意和我一起创建一个我们的精神家园？第二天我就要求同学会响亮回答"有没有信心和老师一块创设"及"如何创设"的问题了。新班级建设的初期对我来说是极其重要的，但只要我勤于思考，多读书，和我的共同体的同伴们多交流点经验，我的思路就会不断地打开，其实我的点子应该是很多的呀，当然，这得在良好的状态下才能发挥得更好。明天我要做的任务还有很多：进行自我介绍游戏，加强相互沟通；隆重推出担任我们课程的教师团队；组织好同学们制定好班级、宿舍公约，安排座位……今天写了这么多，收获和感悟不少，还真感谢那几只老鼠呀，我可以安心睡了。

第二则：培养起担当班级重任的大将人物

2015 年 3 月 30 日

今天，我用班会课给班干部进行了一次班干部的实践培训，这次培训由班长组织。经过和班干部的筹划，先让班主任助理 L 对班上的情况进行总结与表扬表现好的同学。这次活动反响很好，既让班干部得到锻炼，又给他们开展班级工作创造了一个好环境。

情况是这样的，因我上周外出学习，回来后我让同学们以字条形式提交上周我不在的时候的好人好事，结果是全班 42 个人，竟然有三十多个人表扬了 L 同学。于是，我把 L 叫到了办公室，让她看了同学们的评价，她越看越认真，最后感动得眼泪都流下来了。当她安静下来后，我用感激而又美慕的口吻和她说："L，我好美慕你哟，你看，我当班主任那么久，同学们都没有对我那么好呢，同学们平时看上去好像都有点烦你管她们太多了，但是，她们的心里记得的、佩服的还是你啊！在上一周，我不在班里的时候，你把班级管得比我在时管都还要好，你真的有大将风度啊！"听到了我的表扬后，L 同学眼中充满了自豪。这些表扬的条子该不该在班上公开却让我犯难了，原来想着是通过这个方式让同学们各抒己见，用众人的眼光来对班级进行评价，让更多的人都得到表扬，可是这个表扬却相对集中在某些人身上，如果我总是在班上表扬 L，会不会适得其反，引来其他的一些同学对她的孤立？我决定先把这件事搁置下来，思考着如何既保护到 L 同学，又能给 L 同学创设更好的工作环境，又能激励她继续努力工作的方法。

昨晚我向群里韦老师讨教，韦老师给了个最简单的答案：你表扬 L 同学，再由 L 同学去表扬其他的同学。于是，就有今天开头的场景。这一招还真管用，当 L 同学一一地在班上表扬着同学们的时候，同学们的注意力都特别集中，好像都在等待着自己的名字的出现。接着是学习委员 Y 同学就学习方面的总结，她给同学们提出建议，虽然讲得不是很顺畅，但还是有作用的，至少是给了她本人一次锻炼的机会；然后是负责作业统计的学习委员 L 同学就缺交作业情况的报告，虽然简短，但是却震撼了那些不交作业的同学的心：H 同学本周缺交 9 次，算上前一周一共缺交 17 次……哈，念得 H 同学的头都差不多想钻到桌子的抽屉里去了。我心里乐了：平时我的督促你总不听，现在由一个女学习委员来"收拾"你了！

再往下是男女两位劳动委员进行的宿舍值日情况报告总结，当男同学总结到男生宿舍时，女同学在下面就逗乐了：所以嘛，你们男同学应该向我们女同学学习嘛！而男同学听到这一句话的时候，都不服气。此时的我，哈哈，当着没看见，让你们自己斗斗嘴又如何！

接着，各负责小组的组长都做了汇报总结，总体还不错。我只在后面做了简短的总结发言：同学们的总结都很好，我希望以后更多的同学都要到这里进行班级的一周总结，当然这需要我们每一个同学都要把班级放进心里，平时多观察，多为班级发挥自己应有的贡献。

今天我给了班干部一个自我展示的一个舞台，想不到同学们的自我管理能力很快就被激发出来了。

第三则：用正能量引领学生

2015 年 6 月 18 日

我校的 135 班是个文明班级，学校这学期安排我来上这个班的英语，我发现这个班有着很浓厚的学习气氛，晚读前学生能够自由地组织听写，并帮老师把它改好，课前由英语科代表带领大家进行课前的朗读等，所以班级各科的成绩很优秀。我把他们的很多做法都引入到我的班级管理中来，取得了不少好的效果。我发现这个班上有三名学生每天都能够在放学后自觉地到操场上跑步，穿着整齐的校服，看起来特别阳光，并且她们的成绩也特别好。上个月的一天，我看到这三名学生跑完步后在那里压腿，我就走过去对她们说："你们能帮我个忙吗？"聪明的韦同学笑着说："您不会是要我们带你们班的学生来跑步吧？"我举了个大拇指说："真聪明，正是！"孩子们也很快就答应了。就在当天晚上，我找来了135班的那三名学生和我班的三名女学生，让她们在办公室里会面，先是互相介绍，并且让师姐们多多关照师妹们，当三个师姐担心可能没有时间来帮助师妹们的学习时，我说："这方面你们不用担心，我就只想让她们和你们一起跑跑步、聊聊天，让你们的阳光心态影响影响她们就可以了。"看着孩子们互相热情地认识后，我心里真为这个"高招"暗自高兴，毕竟让他们身边的正能量来带动他们，比老师说教会更有效。

在接下来的日子里，孩子们在跑道上有说有笑，我还经常和我班上的三个孩子讲述她们师姐努力学习，养成良好的学习习惯的故事，并且找来了师姐们的工工整整的学习笔记，让这几个小师妹打开眼界，在她们阳光心态的引领下，我看到了我班的几名学生在生活和学习的方方面面上的明显的进步！而令人更为欣慰的是，刚开始只是班上的L同学等3个人，到后来，在她们的影响下，连我们班的班长等11名同学也加入到这样的富有正能量的阳光体育锻炼和学习分享团队之中。并且我一有空就和她们在操场上跑几圈，一面聊天一面跑步，感觉真是好极了！我发现，凡是参加了这一活动的孩子的心态都特别好，很阳光，开朗，懂事！这真是意想不到的效果！

一个真正的班主任对学生的爱是深刻的，不只是关注其今天，更关注其明天；不只关注其智力，更关注其感情；不只是关注其基石，更关注其创造。面对韦老师的改变，学生们也开始跟着改变起来，学习的劲头更足了，班级整体的学习氛围明显浓厚了许多，师生关系和以前相比更加融洽了。而韦老师对班级管理的改进是出于自身、从自己心灵深处生发与自己融为一体的理念指导下的改变，只有这样的教育教学行为才能成为别人羡慕的思想和借鉴的方式方法。

五、职业的幸福：发现与体会

农村班主任研修共同体研修活动组织者认为：农村班主任专业素养提高的关键是首先要解决班主任角色的认同的问题。由于各种因素的影响，目前中小学班主任尤其是农村班主任中职业倦怠现象的普遍存在已是一个不争的事实，而这个问题的解决已经不是开展一两场专家讲座或下发几条管理规定就能解决的。为此，在整个项目运行过程中，研修活动组织者要善于把"班主任的职业认同"提升"润物细无声"地融入每个集体研修学习主题活动和个体的实践研究之中。下面是韦老师在研修活动中写下的一篇研修日记：

从没有过的幸福
2015 年 12 月 2 日

今天，我乘坐下午 4 点钟的动车从桂林出发，5 点多钟到柳州，再从柳州回到乡下的 L 中学。直接赶到学校，刚好晚读下课。同学们一见到我，全班马上"耶，老班你回来了！"声音震耳欲聋，有的同学还不得不把耳朵给捂了起来。见到同学们那么兴奋，我心里顿时涌起一股暖流，体会到一种从没有过的幸福感。"我不过只出去两天嘛，用不着那么想我嘛！"我心里兴奋之余和大家开玩笑。同学们脸上写着的真诚和热情，让我感到了学生们对我的"依恋"，同时又有一种责任感在升腾。

"老班，你这两天去哪里了？我们刚才看到你的车回来，我们全班都跑到走廊去看呢。"说话的是很令我头疼的 D 同学，但这个学期我能明显地感受到她那种孤芳自赏的娇小姐样变了许多。于是，我就把这几天学习中所见所闻和大家进行了分享。我夸夸其谈地从桂林的山讲到桂林的水、桂林的人、桂林的故事，和他们天马行空地聊着，突然我停了下来，"今晚的吹牛到此结束！""不！"同学们集体抗议，"老班继续讲！"

于是我转了话题，"刚才我一来到办公室，就有人来……""告状！"我还没说完同学们就抢着帮我说了。"是的，说我们班刚才晚读的时候在练手语操，做得很好，但是有几个人在里面大声喊叫，很影响班级的形象哦，我看看是谁呢？"同学们的手和目光都一致地指向了 C 同学，然后，H 同学也自报上了名号"还有我！""要记住哦，不要影响了我们的班级形象哦！"我望着 C 和 H，笑着说。但是，看到他们两个一脸的不好意思样儿，我又就继续和同学们聊开了……

有人曾说：教育是心灵的世界，如果一个班主任很难感受到自己与学生同呼吸、共命运，很难把学生的耻辱当成自己的耻辱，很难把学生的光荣当成自己的光荣，很难与学生荣辱与共，学生也就会不视你为最密切的伙伴，不会把你看作是生命中情感与心灵的呼吸者、引领者。韦老师已经进入学生欢迎的班主任角色。

每一次晚自习结束以后，韦老师总要有计划地留 2 ～ 3 名同学下来开开小灶。美其名曰阅读英语，但是我看却更像是师生间的互动时间，留下来的人数远远超过预计。下面是我们的工作坊导师助理小 V 与韦老师的一次访谈对话记录：

结束一天的班主任工作，我们一起走在回宿舍的路上，迎面而来的月光拉长了我们的身影。

韦老师玩笑道："今夜你、我、月亮三人同行，岂不美哉。"

小 V："累吗？"

韦老师回答道："累，但更是享受。做了班主任就要对他们负责，他们还是孩子，其实有时不是孩子需要我，而是我需要孩子。"

从学生的对自己归来的热烈反应到溢满心头的幸福，韦老师已经体会到"不是孩子需要我，而是我需要孩子"，并把班主任工作融入自己的生命里。此时的韦老师已经悟到一个教育人生的秘诀：每个孩子带给你的不是苹果砸头的疼痛，而是苹果芳香的幸福。这就是韦老师在这样一个边远的农村学校坚守下去的动力吧？！

当然，此时的韦老师已不再孤单，柳江县农村班主任研修共同体的全体成员都成了他的前行同伴。

跟着团队走，改变自己

2015 年 3 月 15 日

今天我们"星辉工作室"，满怀期待地又来到了南宁，我们要在 S 中学进行一周的基地跟班研修。经过了一年多的研修培训学习，我们团队的每一个成员都有了巨大的进步，用 Z 老师的话说："从你们自信的脸上就可以看出来，你们已经脱胎换骨！"我虽然不敢用脱胎换骨来概括自己，但是，我真的收获了作为班主任的一份淡定了。能赶上这一个项目培训，是我这辈子的福气，因为我的性情、我的心态、我的思想理念都在这两年里面有了巨大的转变。人生不求太多，只要能把一件有意义的事做好就已经不错了，而我现在就是想把班主任当好，当得有滋有味。

晚上，我们几位队友聚餐，聊聊心得，海阔天空一番后，团队长就召集我们到宾馆商量着未来几天团队学习的计划，交代注意事项等。团队长真是一位有责任心和爱心的好队长，方方面面都安排得妥当有序，真是细节中见证能力啊！

这次的研修项目是我命运的一个转折点，我要努力，不仅为自己，更为我的学生。

韦老师在班主任研修共同体中的学习成长线路总结如表6-4所示。

表6-4　韦老师在班主任研修共同体中的学习成长线路

路径	影响因素	作用结果
专业成长无路可寻	自身惰性、学校的环境因素	"混"日子：得过且过，不思上进，成为学校著名的"象棋"班主任
入选M班研修共同体	县级班主任工作技能比赛获二等奖	对班主任工作热情的重新启动和找到方向
思考中积极阅读与写作	项目的任务驱动、经典教育著作、导师指导、同伴互助	整理和构建与时俱进的班级管理理念
班级管理行动改进	"星辉工作室"团队支持、学生改变、家长与学校的认同	尝试改进获得成就感，有自信心
发现与体会教育的幸福感	自身的教育信念和责任感使命感	班主任心理归属和自我认同提高

探寻韦老师在班主任研修共同体中的学习成长规律让我们明白了一个道理：教育是一项有意义的工作，追寻教育的快乐就是追求有意义的快乐。班主任研修共同体中的韦老师用他的朴实无华的教育行动让这种教育的价值和意义延伸、拓展，直至能为农村的孩子们撑起一片成长的蓝天。同时，韦老师的发展故事引发我们做另一个思考：作为教育管理者、教师培训的组织者又怎样去为像韦老师这样的农村班主任撑起一片成长的天空呢？

我们对三位老师在农村班主任研修共同体专业成长规律进行总结发现：人是一切社会关系的总和，农村班主任研修共同体为农村中小学班主任的专业发展提供专业的指导、对话的场景，他们在自己编制的社会网络中相互学习、相互鼓励、相互分享，在挫折中不断思考，在经历中不断成长，直至成为一名优秀的农村班主任。凤凰之美须在涅槃之后；黄金之美须经历高温的冶炼；蝉鸣之美须在泥土之中经历三年之久的沉埋之苦；丝绸之美须有那吐丝数次痛彻肌肤的嬗蜕。农村班主任研修共同体将成为农村班主任向优秀"蜕变"的"催化器"。

第七章
农村学校班主任研修共同体实践探索理性审视

范梅南曾经说过，"当我们本应该这样做……"时，这已经不只是桥下的流水——当我们反思自己的经历时，已经有了认识这些经历之意义的机会。我们的反思也是"有心"的行动，反思贯穿行动的始终。所以，这里的讨论，不仅包括研究实效、研究推广度，还包括对研究不足的反思。反思内容指向对研修组织与设计的深入反思，对教师之间交互作用的梳理，对教师个人的实践性知识的变化辨析。在这一研究反思中，研修共同体实施的实践性的政策导向、具有实践指导能力的导师团队建设、个性化的研修工作坊参与、研修基地学校提供丰富的实践案例、群体间良性的互动关系的形成等要素的交互逐渐明朗起来。它们成为影响共同体与农村班主任专业发展关系的五个基本要素，也令作为教师教育实践的农村班主任研修共同体，具有了意向性、主体性、情境性和整体性的生动表达。这种"五元协同交互"的运作模型，既是本书的研究发现，又是继续开展农村班主任研修学习与班主任专业发展研究的新的起点。

第一节　农村学校班主任研修共同体实践成效

回首研究的全过程，从确定研究问题到开展问卷、个案和行动研究，从分析资料到获得农村班主任研修共同体构建的多维运行系统模型，研修共同体与农村班主任专业发展的关系以一种动态建构、多因素融合的状态呈现出来，体现了具有实践意义、促进专业发展的农村班主任研修共同体是共同体的组织者、研修导师团队、研修中的农村班主任个体与群体等多主体的合力作用的结果。

一、研修中班主任群体的合作与共赢

（一）营造了一个农村班主任专业发展的场域

任何一个教育活动，都是依托基本的内容、知识、方式等载体展开的。区域农村班主任研修共同体的研修活动，不是单纯地向参与者"灌输"或"告知"知识的单一活动，而是通过研修过程，让知识在"情景场""对话场""文化场"的联结中再生成新的实践知识；是以研修为纽带，唤醒潜伏农村班主任内心深处的专业发展的初心，提供一个他们之间的知识、经验和资源的聚合与协商的平台，为他们营造了一个经验分享、知识创新相互介入的场域。

下面我们可以通过一名参与研修活动的班主任对研修活动的描述，看出这些研修活动不仅关注了农村班主任专业的背景及提升的专业空间和机会，还以多样的活动与方式将参与者带入行动研究的改进。

这次项目办举办的以片区工作室为团队的主题班会研讨课比赛，与以往的赛课有很多不同。这次比赛特别强调了团队成员的合作，要求全体团队成员都必须参加，为此，项目办这次主题班会课比赛共设计了四个环节。第一环节（7分钟）：团队文化介绍和说课。我们团队队员在比赛前在工作室导师的指导下就开展了集体备课活动，用记号笔将备课教案书写在大白纸上，以便起到说课的互助作用。比赛的环节是这样的：第一环节开场，团队全体成员带着教案上场，团队长用1~2分钟介绍团队文化，其中一名成员进行约为5分钟的说课。第二环节（40分钟）：由团队推荐一名队员实施备课教案，其他队员也不能闲着，需要一直在旁边进行观课和记录。第三环节（教学反思与修改生成新教案，约40分钟）：上课完毕，团队全体队员马上自觉集合在教室的某一个地方，对刚才的教学开展反思，大家一边根据听课记录发表意见，一边把评课意见汇集在一张大白纸上，同时用一张大白纸列出对原来教案的修改要点，每个成员都要发表意见，因为比赛规定这个过程只有30分钟，这个时间显得特别紧张（幸好我们已在平时的研修活动"百炼成钢"了）。所以，我们团队实际上在听课的过程中就一边听一边在做这个环节准备了，要不时间还真的来不及。团队讨论完毕后是团队一起上场与观摩老师分享团队的教学反思与教案修改的要点，这个活动约10分钟，第三个环节的反思发言一般由2~3名成员完成，其中1人主发言，1~2人是补充发言人。第四环节：与观摩人员互动。一场评课活动下来真的是"人人有事干，事事有人干"，个个脑子都在高速运转之中，这样的教学研修活动虽然很痛苦，有一种"剥皮"的感觉，但每剥一层皮后都获得一次新生，也算"痛并快乐着"吧？！

（摘自张老师研修日记）

参与这种主题班会活动设计、实践、讨论、再改进、再实践的过程，正如研修日志中写道的"有一种'剥皮'的感觉，但每剥一层皮后都获得一次新生"，这样的研修活动，让农村班主任在"痛并快乐着"中，完成理性知识与感性知识的交融，个人的实践性知识与他人的实践性知识在联结中生成新的实践经验与班级管理智慧。更重要的是从上述案例中我们发现，四个环节的活动，彻底把整个团队的学员卷入激发成长的活动之中。

1. "情境场"建设

教师研修共同体的本质是"做环境"。成人的学习动机与个体所处的情境密切相关，它往往孕育于能够诱发、引领和支持学习行为的情境之中，形成于个体对其所处情境进行分析和判断的基础之上。为此，农村班主任研修共同体的活动设计中，要着力建立一个个积极向上的"场"，让参与这个"场"中的每一个体受到感染，不自觉地投入其中。

首先，每次研修活动都会有明确的讨论的要求，讨论过程的发言可直接记录在大白纸或黑板上，或教室四周，便于小组互动分享和学习回顾，如图7-1所示。

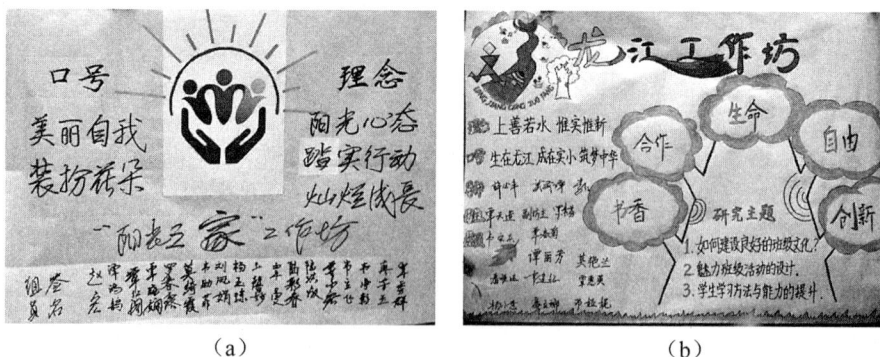

（a）　　　　　　　　（b）

图7-1　"阳光之家"与"龙江工作坊"团队文化创设

其次，每次研修活动都会强调更多的成员参与到活动的分享之中，如柳江县农村班主任研修共同体第一期骨干班第一次集中研修活动。

柳江县农村班主任研修共同体第一期骨干班
第一次集中研修活动方案

一、活动主题：走进班主任研修共同体

二、学习目标

通过本单元的学习，让参与者能够：①获得班主任研修共同体的互动、分享等学习氛围感受；②组建研修学习小团队（工作室）、建立培训规则与工作计划；③反思培训经历，理解本项目研修方案目标要求；④梳理待解决的问题，确定本研修团队行动研究的主题；⑤理解反思日记对班主任专业发展的意义，并学会撰写日记。

三、活动准备

1）项目研修手册；

2）活动课桌椅的教室及多媒体电脑系统；

3）辅助材料：大白纸、彩色笔、透明胶、便利贴、活动小黑板、剪刀等。

四、预计时间：1天

五、活动概览

【活动1】热身活动：

1）游戏活动：相见甚欢；

2）手语操：最好的未来。

【活动2】组建学习团队、创设团队文化、分享各团队文化。

【活动3】回顾培训学习经历。

【活动4】研修学习项目书解读、研修学习期待。

【活动5】撰写研修活动反思日志。

这样的活动设计不仅创设了一个可以让培训者与参与者相互了解、减少陌生感，快速地拉近彼此之间距离的场景，还体现了组织者对参与者的关心和尊重。组织者可以最快的速度掌握参与者的基本情况，以便在今后的研修活动中创设各种机会，使每位参与者参与研修活动之中，充分发挥其特长。

研修场景的创设除了共同体中的集中研修活动外，还包括让研修共同体的成员走进工作坊的研修基地学校开展跟班学习活动，走进导师和团队成员所在的学校班级，开展现成案例诊断，在真实的情境中，在工作坊导师小组的引领下，对优秀的班主任、优秀的班级管理案例进行多角度、全方位的分析解剖，从而获取理论、管理技能、经验和启迪。这种理论、知识、经验和启迪是最有效的，也是农村班主任最需要的。每次的研修活动都会有研修意见的反馈，下面是金城江区乡村班主任研修共同体第一次集中研修学习后，学员们利用便利贴贴在培训班的黑板上的留言：

谭教授的课上，笑声不断，他是我见过的较幽默而博学的老师。听课后，我改变了对人对事的看法：阳光态度，珍惜现在，改变从现在做起。（覃老师）

从七巧板的活动中得到了班级管理的启示：作为班主任，要有明确的班级管理目标，无论做任何活动，班主任事先都要把规则讲清楚，才能做到事半功倍。（陈老师）

保持阳光心态，快乐工作生活每一天！（方老师）

感谢韦老师给我们的榜样。让我感受到要用爱心承载学生，风雨兼程，阳光总在风雨后！（伊老师）

面对困难我们无须感叹，我们需要行动，努力去做，做了还要坚持！（覃老师）

对工作坊中的同伴成员的班级管理行动研究个案及个人在研修活动中的专业发展状态进行贴近、观察、分析和研究，可以让参训者在关注自身成长与发展的同时，观察其对研修对象、学习伙伴、学习指导者乃至整个实践共同体的成长与发展产生的影响。在这里，值得一提的是，这样的研修活动的组织和引领模式也成为参与研修共同体研修实践的成员在农村班级管理行动研究中模仿的模式，创新成为其班级管理新模式的基础。我们可以从 XH 工作坊成员写的一篇班级管理改进故事中窥得这个方面的成效。

捷径，在路上

根据研修计划的安排，我们工作室全体成员前往深圳市 G 中学，开展向该校著名的班主任钟老师为期一周的现场跟班学习活动，初踏 G 中学，它给我的印象就是："一块地，两堆铁，三天焊工，四成祖逖雕像艺术长廊。"让人不禁感叹：地无须宽，铁不求多，只要愿想，肯出三分气力，何愁不成佳作？！

一、"地"在哪

在家千日好，出门一日难！因为家里有爱的牵挂，有孩子、爱人、母亲的惦念。一周时间，从开始的母亲病情告急，到第二日的儿子学习报优，到第三日的爱人寻问归期，无不牵动心弦！高堂在上，儿不远行。何况还有整日奔波在学校、家庭、医院的妻子呢？！一边是可遇不可求的高研班深圳G中学的跟班的学习机会，一边是殷切盼归的家人，选择前者是团队需要，工作职责，为本人提升，为改善管理，亦为学生造福，为学校造福，为个人创优，为经济改善，最终回馈家人。故而，"地"在学习。

二、"铁"从何来

光明此行，队友配合默契，订购往返车票有秋菊，收支有柳玲，统筹有阿妮，负责联络有我和小姣，乘车、写稿有寒泉，编辑简报有超敏，无须刻意安排，人人各显神通，竭心尽力，坦诚公开！G中学，有不是亲人，胜似亲人的"何姐夫"（钟杰老师爱人）；有有求必应、倾尽所有（管理经验）的"钟姐"（以本家人称呼）。"铁"即是战友。

三、"想"既该想

我们从言语中，感受到她是如此善良，如此善解人意，又是如此博学；她的成长历程是如此坎坷，她又是如此坚强！她疾歪风的骨气，她闯海南的勇气，她笔耕不辍的力气，让我叹服……

同样的出身，一样的周遭氛围，或许我选择了麻木，视而不见；安逸，不求进取；托词，进展缓慢！守住课堂，守住学生，我没做到，时常以自主管理作托词，却不知钟老师雄厚的教学技能、个人魅力的修炼，不可缺少的前期铺垫，后期不断巩固、细心维护、及时疏导的重要性、必要性、长期性！若仅凭借一年、一期（两年）体验，借着某本书、某个套路和自己的臆想，弄出个版式，或许较之其余无创新的学友来，有些可说事例，当聆听钟姐的"男生女生生命成长课程"，回忆钟姐的《一个学期打造一个优秀班集体》时，才感受到，自己做得何其幼稚，何其肤浅！而钟杰，一个高明的教育者，一个科学的管理者，一个心思细腻的知心大姐，用情用心为孩子，在红尘俗世中修炼自己。主题班会"打不死的小强"极有说服力的事例的证明，无不让孩子们折服；对蒲松龄的《狼》的独到见解，不知不觉中，使孩子们如临其境，忽而一转，瞬间抬升品位、能力档次；屡试不爽的班规意识，文化管理奇招，无不旁征博引、信手拈来，从生活到文学教育，引入于无形，课堂即教育，无不渗透着她的细心、用心、耐心……

我"想"，我的阅读更广博些，我的积累更丰富些，我的课堂更活跃些，我的孩子更幸福些……

四、"力"使何处

我不能犹如猎奇般浮躁而空洞地寻求"节劲"之法！钟姐的"捷径"，必先用劲，用劲搜索，用劲整理，时常观径、思径，如今才得以广为传"径"。一周相处，她给我们留下的不仅有书刊、微笑、佩服，也给我们留下思考，做出抉择，正如她所说的"一切不切实际、没有行动的头脑风暴，都是耍流氓"，我必须摒弃空想，增值自我，以广泛阅读开阔眼界来替代玩乐闲扯，以闲散感悟小记替代忙碌、搜肠刮肚，以耐心、用心、宽心替代放心。时时思考"言"与"行"，时常收集"法"与"招"，时时写作"思"与"感"，我想，小家有我，期盼归来，父子亦然欣喜相拥；大家有我，用心处事，师徒定将开创新章！

（摘自钟老师的跟班学习日记）

王海燕博士在《实践共同体视野下的教师发展》一书中说道：研修作为一种教师实践，如果单纯依靠对知识显性描述的分享来达到观念上的获得，继而达到行动上的认同，那么在很大程度上是"徒劳"的。传递者传递的尽管是显性的表述，但真正的经验是显性知识的意义所依附的隐性知识，这种知识保持或"黏附"在发挥作用的环境中，而无法剥离出来，不能单独存在于语言符号中。因此，观念的共享也必然伴有行动的分享。

2. "对话场"建立

当教师长期置身于以自己为中心的"中心"时，教师与教师之间的彼此疏远、内耗，会降低教师应有的教育合力的发生，直接导致教师工作的孤独感、被动性和倦怠感的产生。一些农村班主任就由于长期居于边远农村地区，加之有的村级小学就只有2～3个教师，教学研讨活动本身就很难进行，所以，出现上面的问题的可能性就更大。班主任研修共同体的研修活动是典型的社会学习活动，这种社会学习的目的就是为农村班主任搭建对话平台，使其直接与同伴之间、与专业人员之间、与不同的教育情境之间有着密切的互动与联系。在区域农村班主任研修共同体的构建中，这种"对话场"无论是在总工作坊集中研修学习中，还是在分工作坊之间的研修活动中都存在。

牵手百朋中学，相约美丽下伦
——"心缘工作室""6·13"活动纪事

按照工作室计划，2015年6月13日"心缘工作室"来到荷花飘香、玉藕玲珑的百朋乡百朋中学举行本学期第二次线下主题研修集体活动。本次活动得到了百朋乡中学领导和"心缘工作室"的韦志銮、陆献沙两位老师的支持。这次活动也得到导师组导师的大力支持，活动取得完满成功。此次活动的日程安排如表7-1所示。

表7-1　"心缘工作室"相约百朋乡中学研修活动日程表

时间	活动内容	主持（参与）人员
活动一	班会课"PK"	
8：50～9：30	主题班会课"感念师恩"	百朋乡中学韦晓明老师
9：45～10：25	主题班会课"学会沟通、让心靠近"	柳江二中陈金妮老师
活动二	研课	
10：40～11：20	说课、评课活动	"心缘工作室"成员与百朋乡中学班主任
活动二	心缘传经	
11：30～12：10	班级管理经验交流	洛满镇中学钟成宝老师
12：30～14：10	品尝百朋莲藕小宴，策划七月厨艺大赛	"心缘工作室"导师组成员
活动三	工作切磋	
14：30～16：00	班主任工作分享：收获、启发和困惑	
活动四	研修任务布置	
16：00～17：00	项目中期总结策划与工作分工	
17：30～18：30	下伦景区共赏万亩玉藕、荷塘月色	

活动一——班会课"PK"完成后，与会者开展了互动评课活动。大家一起对百朋乡中学韦晓明老师的课进行评价。

工作室成员的观点如下：

老话题上出新意。整个环节都让学生感动了，生成了很多新的东西；老师上课要有几把刷子。韦老师有三功三实：唱功、演讲功、教学功、情感实、学问实、做人实。学生主持过程中，教师的引导很用心。课中将所有的科任老师叫过来解决问题，使情感交互得到了更大的提升；老师的设计简洁、明了、朴实，师生关系交流无障碍，课堂效率较高。

导师组的观点如下：

李教授：感动于乡镇学校中这样一堂真正的主题班会课。这堂课让老师看到师生之间的一些关系，你会发现那么多很细微的、在老师看来也许微不足道的事情，却是学生耿耿于怀的心结。这样一个误会的消除让教师和学生相互了解和接纳，一下子消除这些心结。在主题上，我觉得可以改成"老师，我想对你说"。

闻老师：从"感念师恩"到"老师，我想对你说"，所有参与的教师自然而然地接受着、感动着、聚焦着这些课堂上的"生成"。生成，在学科学习中是知识真理与内在求知心最强烈的碰撞，在师生感情交流中是师生灵性交汇最动人的瞬间。在一堂主题班会课上，班主任们不妨真正地放慢时间，创设一个安全的空间，等待那些学生真正在乎的、想表达的、急迫解决的问题一点点地释放出来。平等、真实的交往，是教育的起点。

主题班会课完成后，工作坊全体成员进入班主任工作分享环节，大家坦诚交流了农村班主任工作的一些收获、启发和困惑，主要观点有以下几点：

1）同理心。即使认为学生是不会改变的，但还是选择信任的问题。

2）常规做法，系统推进。

3）学生忘记一些道理是很自然的，要把深入思想的东西一次次激活。没有一劳永逸的教育，教育必须持续。

4）学会表扬，学会借力。

5）目标引领中的学生自主。教育不仅改善学生的学习，还可以改变学生的人生。

6）观念的改变、行动的改变、人生的改变。

在朋友般的交流氛围中，大家还讨论了一个不少教师感到困惑的共性问题，即一个心软、善良的班主任是否需要改变他的态度，甚至改变他的人格？韦近勤老师不知道自己的"不严肃"对错与否，韦超敏老师发现自主管理全面推进中学生责任常常失控，曾宪会在对自己工作的反思中悟出"威信威信，要同时既有信又有威"。有信而威不易，有威则立显效果。班主任如何"立威"，是当前学生权利彰显环境下的重要课题。其他老师也说到，对学生的好有两种：一种是人生的指导，另一种是始终如一的坚持。不要轻易断定什么是好，什么是不好，但"好"不只是一个愿望，还要有不少技术。

最后，工作室室长提出和明确下一步研修项目中期总结工作任务：

1）参训学员完成项目学习中期总结一份，总结要求包括：①介绍个人完成"项目目标任务"（见《学员培训手册》项目执行计划书）的情况与效果；②"个人班级管理提升计划"执行情况及典型案例；③你的收获和感悟；④不足及下一步改进计划。

2）各工作室在成员个人培训中期总结的基础上，形成工作室项目中期总结，总结要求包括：①采用"甘特图"的方式介绍本工作室成员"项目目标任务"（见《学员培训手册》项目执行计划书）完成的情况与效果；②工作室开展项目活动的特色及其典型的案例；③不足及下一步改进计划。

3）每个工作室汇报交流时间为15分钟，导师组点评10分钟。

4）各工作室汇报交流时请采用图文并茂的表达呈现方式展示本工作室阶段性的学习情况、成果经验及收获启示等，项目管理办公室可为各工作室提供印制成果材料的经费支持。

"牵手百朋中学，相约美丽下伦"的"心缘工作室"研修活动纪实，只是我们在农村班主任研修共同体构建活动中的一个小案例，但从这个案例可以看到，农村班主任研修共同体的活动指向班主任的专业发展，凸显了教师行动研究的实践性和团队学习的特点。虽然研修共同体中班主任的班级管理背景、经验及其学科背景有很大的差异性，但是研修共同体提供的研修活动过程成为班主任不断交流、合作、冲突、弥合的过程，进而让参与者处于从差异走向新的同质的螺旋式上升中。当然，这个过程依旧会有对于教育问题在理解、操作上的冲突、矛盾、争论和质疑，但是，此时的状态已经是一种学习中的新的意义生成。

3. "文化场"建立

团队文化的构建有助于团队精神的不断形成，M班项目在集中学习初期就进行工作室的组建、团队文化的构建，在为期一年的工作室共同研修中，工作室拥有了自己的目标和共同的事业，形成了源自成员内心的、非制度化的班主任教育情怀。

柳江县农村班主任研修共同体
——第一期骨干班"工作室文化"的创建简报（选摘）

柳江县农村学校班主任专业成长研修共同体第一批骨干项目"柳江县'名班主任'"培训项目在项目启动之初就将50个学员按中小学分成了四个工作室，构建了团队文化（表7-2），形成了团队意识，每个工作室都会定期开展活动，成员之间合作机会很多，根据评比制度，各工作室之间也形成了竞争的氛围，大大地提高了学员们培训学习热情和动力。其中跟班学习、在岗研习、展示演习三个阶段都是以工作室的形式进行培训活动的，导师的引领、工作室室长的认真负责、学员的积极配合与努力都使得每个工作室各项工作顺利开展，超出预期，尤其是展示活动。在"班主任技能大赛"活动中，我们深刻感受到工作室为了共同愿景努力的成果，三个阶段的培训下来，各工作室学员形成了焕然一新的精神面貌和专业化发展的强劲势头，形成了以工作室为家，在团队合作竞争中求进步的良好情况。

......

表7-2　柳江县农村班主任团队研修第一期骨干班"工作室文化"的创建一览表

工作室名称	德行天下工作室	穿山甲工作室	心缘工作室	星辉工作室
口号	共和共进， 立德树人	自信自强， 激情飞扬	心系成长梦， 缘结教育花	一路成长， 一路星辉
标识				
共同愿景	以"孝亲、尊师、友学、立志"为内容，建立"德行并进、和谐发展"工作室文化	做一名幸福快乐的班主任	为班级学生健康发展不断探索努力	不忘初心，方得始终

工作室文化是农村班主任研修共同体创建中固有的、独特的且能显示该共同体精神风貌的重要参照物。在柳江县农村班主任团队研修第一期骨干班中，学员们将共同体创建的原理和方法进行正向迁移，迁移到自己的班级的文化创建过程中。在任务驱动下，每个班主任都会有一个"构建班级文化"的研修任务，并以图片和文字的形式上交。工作室文化的创建在此真正实现了研修学习与班级管理实践的结合。

工作室文化带动了团队精神的提升，工作室共同愿景、目标带动着每个人研修的热情和责任。农村班主任走进研修，首先需要在共同体中，获得自己作为独立个体的认同感，在宽松、自在、平等、融洽的氛围下贡献自己的资源与智慧。我们可以从"心缘工作室"的"刊首语"中的一段话获得更直接的感受：

"心缘工作室"的"刊首语"（节选）

有一种学习，没有积极参与，就不会知道精彩纷呈；有一种教诲，没有认真聆听，就不会知道受益匪浅；有一个平台，没有全心投入，就不会知道温馨如家。2014 年 4 月 28 日，我们以饱满的工作热情和如饥似渴的求知欲望，开始了我们的班主任培训之旅，创建了一个温馨的小家——"心缘工作室"。不经意间，时间犹如指间沙砾从岁月的指缝里悄然逝去，"心缘工作室"——今天它一周岁啦。

这本小册子记录了一年来导师们的殷殷教诲、专家们的悉心指导、室友们的精诚合作、我们沉甸甸的喜悦及对班主任工作的责任与忠诚！经过一年修炼的我们，将如同一粒粒充满激情的饱满种子，撒播在班主任培训这片肥沃而广阔的土地上。我们相信，当人生智慧的行囊鼓起来时，我们将会以更加自信的步伐踏上讲台，扬起希望的风帆，破浪前行！

在团队精神带动下，工作室形成了共同的事业。研修本身也是研修的参与者共同审视"奶酪"、寻找"奶酪"的过程。通过研修，农村班主任与自己、与他人在活动中相遇，走进了共同体验的教育世界。就具体活动方式而言，农村班主任研修共同体成员个体之间相互学习，是与开展的多样化的研修活动密切关联的。由此可见，人的学习在与情境中的各种因素建立起自觉的联系后，收获的就是真实、生动与鲜活的，对个人专业成长的进一步激发。

（二）班主任专业素养在参与中的固化

1. 活动的参与

参与农村班主任研修共同体的不管是项目组织者、导师团队还是班主任，都以一种积极的参与态度和他人交往，在团队中贡献自己的力量。例如，共同体中的组织者及导师团队人员对"目标""有效课程设计""研修的有效方法与策略""基本模式构建"和参与人员的关系协调等的思考与探索，研修共同体中的班主任对关于"我是谁""我想干什么""我能干什么"等班主任职业道德素养层面的拷问、学习与反思，以及参与班级管理与教学活动"如何说话""如何做事""如何与不同的学生、家长交往"等等，就是实践过程，因为参与的过程就是实践的过程，如表7-3所示。

表7-3　柳江县第一期管理人员开展专题研究活动信息一览表
（2012～2014年）

各种研修学习讲座、报告	4个工作坊独立开展的主题研修活动	连片主题班会研究课	工作坊连片研修与现场会人次	专家团队等相关专业人员参与次数
80次以上	64次以上	20节以上	约2000人次	45人次以上

表7-3所反映的是两年的时间里，柳江县农村班主任研修共同体构建过程中，以培养研修共同体管理团队为目标的3个工作室所开展的研修实践活动。这些活动引发了学员们的积极参与，同时对改善参与者所在的学校的班级管理与促进班主任专业发展有直接的影响作用。

2. 参与中固化

在"做中学"获得的知识需要以一种显性的知识，如班级管理故事、班级管理行动研究案例、魅力主题班会课教学设计、班主任班级管理随笔等可视化地表达出来，并加以保存、交流与传播。而这种在参与中固化的实践知识又反过来作用于个体的实践，让个体的实践行动更有理论依据，路径更清晰，方法策略更科学。正如，王红艳博士（2011）在《新手教师在学校实践共同体中的学习》一书中指出："比如词语作为人类意义的投射，它是一种固化。但在面对面的交流中，词语本身影响了人与人之间意义与协商，因而又是一种参与。意义本身由于参与和固化的影响，形成一个整体。"参与和固化相辅相成，彼此互补。柳江县第一期研修共同体研修活动成果如表7-4所示。

表7-4　柳江县第一期研修共同体研修活动成果一览表

序号	成果类型	数量	序号	成果类型	数量
1	成果依托项目立项文件	8个	6	班级管理故事	520个
2	农村班主任研修共同体构建指导意见及过程管理等制度性文件	27个	7	班会课教学设计方案	120个
3	班主任工作艺术国家级精品视频公开课	1节	8	班主任班级管理行动研究案例	460个
4	公开出版著作	12部	9	班本德育课程课例光盘资源	128课时
5	相关论文发表	52篇	10	跟班学习等研修日记等	890篇

　　表 7-4 中的数据说明，如果说参与是一种促进农村班主任专业成长的动态的过程，那么固化就是将这些参与的思想与成长痕迹保留下来，变得可视化、对象化，成为学习的历史和资源的过程。这个过程一方面给自己的成长留下足迹；另一方面让农村班主任在研修共同体中得到他人认可，找到归属感。在熟悉和领会共同体其他成员或共享资源库中的固化物时，也生发和创造新的知识和经验，从而为之添加新的内容，推动班主任专业素养的不断发展的过程。在第六章中提及的三位老师的故事，以及下面这篇出自柳江县农村班主任研修共同体第一期骨干班龙老师的班级管理故事——"火麒麟"班级变形记，就是其中的典型代表。

"火麒麟"班级变形记

　　我的学校是一所农村乡镇初级中学。我接手初二（4）班时，全班共有 42 名学生。听说这个班级的学生纪律涣散、学习成绩差、普遍不爱劳动。我了解了一下学生的家庭情况，学生的家长均是农民。留守儿童有 7 名，其余的均有一方父母进城务工，留在家里的家长大都溺爱孩子，或缺少教育孩子的方式方法，以致孩子们成为了所谓的"小皇帝""小马虎""小懒虫""小邋遢"。一开始接手这个班级时，为了振奋大家的精神，我鼓励班级同学为自己起一个响亮的班名，不知谁提议了"火麒麟"这个名字，得到了全班同学的热烈响应。火麒麟，是神话传说中的神兽。传说中，它体型硕大，是炎帝（神农）的坐骑。好吧，那就让我成为这些孩子的"坐骑"，从培养劳动习惯开始，和他们一起成长……

劳动，可以如此动人

　　脏兮兮的地面、凌乱的书桌、蜘蛛网随着电扇旋转起舞，这就是我第一眼看到的这个班。犹如进盘丝洞，我这个唐僧要渡这些"小妖们"了。我决定从卫生开始抓起。走近正在走廊上打闹的孩子们："同学们，和老师一起把教室打扫干净，好吗？"孩子们虽不大情愿，可还是拿起劳动工具，和我一起打扫起来，孺子可教啊。

　　大家开始分工劳动，洒水，扫地，擦窗，洗瓷砖墙。"墙上的纸印污迹很难擦掉。"有同学开始抱怨了。这时，一个小胖子男生叫起来："你们应该用铁丝球擦拭，最管用，我家的墙就是这样洗干净的。"我笑着说："这就叫劳动出真知。"小胖子男生洋洋得意地，干得更起劲了，不用我指挥，专捡最脏的活来干。"老师，教室吊扇的扇叶还有一层灰呢，太高了擦不到，怎么办？"马尾辫女生急问道。"是呀，吊扇太高了，擦拭时要注意安全，首先关掉电闸，然后再怎么擦？谁有好主意？"我又把问题抛出。"我有办法。"只见高个子男生把抹布系在竹竿上，准备去擦扇叶。可是吊扇叶是会旋转的，没有固定点支撑，这样擦不了。小胖子见此状况后说："应该站在人字梯上，才能擦干净扇叶。""真是个好注意！"我表扬了他。我借来了人字梯，刚放平，他就第一个爬了上去，要擦拭扇叶。我不时提醒他要当心脚下，注意安全。可话音未落，他一个趔趄掉了下来。说时迟，那时快，旁边的同学及时抱住了他。还好他没摔伤，否则，后果不堪设想。我刚想做其他的安排，可这小胖子不服输，坚持要完成任务。于是，我让两位同学扶梯，另外的同学观察，帮忙扶人。大家还不时鼓励他，做得好。"功夫不负有心人"，他终于完成了任务。"呀，真干净。""哈，教室变得漂亮了。"孩子们兴奋地欣赏着自己的劳动成果。

劳动结束后，我让他们写劳动的感受，大家几乎不约而同地感叹："与老师在一起劳动很快乐，从没有感受到教室是如此的干净和美丽。是劳动让我们变得勇敢、智慧、团结。原来劳动，也可以如此动人。"在后来的日子里，孩子们对待劳动的态度逐渐好转，班级的卫生量化评比分在学校名列前茅。

给宿舍起名字

开学第二周的班级例会上，值日班干部按惯例进行小结："本周咱班宿舍卫生被扣分很严重，排全校倒数第二名。"几个同学私底下还窃窃私语，漠不关心，不以为意。

虽然我们班之前已经有了班名、班规、班干、班服，但看来还要给我们班级的管理更细化些才行。首先，就要让大家明白，宿舍卫生被扣分，后果很严重；大家是班级的主人，这是与大家相关的事情。以宿舍文化建设为抓手，我开始迁移我们班主任研修工作坊团队建设的模式，着手班级的团队建设。

我们的班级共有42名学生，分为4个宿舍（男女生各两间）。一个宿舍为一个小组，舍长即组长，按照纪律、卫生、学习等三大方面进行评比，分等级奖励。宿舍要有舍名、舍规、口号、舍歌、舍花、舍训等。我给他们一周的时间来完成宿舍文化的建设。孩子们从没有经历过此种新鲜事情，积极性很是高涨，海阔天空地讨论起来。

一周后的班会课上，我让他们的宿舍长在黑板上写舍名和口号。女生1号宿舍名叫"星辰"，口号是"星星之光辉，引领我们成长"；女生2号宿舍名叫"青春姐妹"，口号是"青春姐妹，魅力无限"；男生1号宿舍名叫"斧头帮"，男生2

号宿舍名叫"金钱"。全班哄笑起来，我觉得这是个很好的教育契机："同学们，大家说说看，哪个小组名字起得好？班长先说自己的看法，好吗？""我觉得女生的宿舍名起得还可以接受，但男生的必须改。"班长说出了她的感受。"男生宿舍名字为什么要改？"我又追问全班同学。学习委员站起来，一语道破我的心思："因为'斧头帮'，有点帮派的味道，感觉很暴力；'金钱'，又有点俗气了，上不了台面。"男生们有点不好意思，面对女生们的质疑，他们由原来的洋洋得意变为保持沉默。我继续发问："他们的名字要怎么改，才能高大上起来？""老师，我想改成'金钱豹'？"矮个的小男生说道，"因为金钱豹奔跑的速度超快，我们要向它学习"。我笑着说："有创意，改得好。希望你们都能像金钱豹那样善于奔跑，超越自我。"另一组男生也不甘示弱："我们宿舍名也改了，改成'金斧头'。"女生笑着问："为啥要学人家用'金'字？"他们齐声答道："因为'浪子回头，金不换'。""哈哈。"这节班会就在大家的欢笑中结束了。

班级"劳动之星"评选

在开学之初，针对班级不爱劳动、不讲卫生等不良行为习惯，我开展了评选班级"劳动之星""学习标兵"等活动，对学生的表现进行成果交流，验收鉴定，树立榜样，促进学生争优创先，以使他们达到自我教育、自我完善之目的。

经过一个学期的努力，我们的班级在德智体美劳等方面都有所进步，每个月都被评为校文明班级。这很让人欣慰！这与每位学生的努力是分不开的。终于等到了期末，班级之星表彰会要开始了。但"劳动之星"的最后定夺，却让我很头疼。

我最初的设想方案是：经过班级投票，先选出候选人，然后科任教师再投票给候选人，票数高的，即是班级之星。经过同学和老师的投票，各星都已经实至名归，唯独"劳动之星"，出现5人同票。其中有2位是班干部，剩下的分别是平时学习、体育、纪律等综合表现不佳的小波、志海和青全三位同学。我很纠结，迟迟未下决定。一天晚修，我踱步到学生宿舍窗外，听到一些同学的议论："班主任一定会把'劳动之星'发给成绩好的同学，我们学习不好，没有希望的，别做白日梦了。"他们的话让我陷入深思："只奖励成绩好的学生，并不是我最初的设想。每个孩子在他进步了、努力了的时候，都应该被认可。在此5人之中再选拔，成绩不好的一定会被淘汰，这是个问题。为什么只能有一人得一颗星？其实我可以让这五个人共享'劳动之星'的荣誉，这样就可以激发更多孩子的内驱动力。榜样的效果就更显著了。"当我把这一决定在班里宣布时，得到了同学们的掌声和认可。我很开心，有这样共赢的结果。

我和我的学生，还有我们的班级的变形记还在继续……在教中学，在学中教，教育是在师生互动中完成，你永远不知道下一刻是什么，却永远有继续下一刻的智慧。这是一个很美妙的历程。

（摘自龙老师班级管理故事）

从"'火麒麟'班级变形记"案例故事的作者班级管理行为变化中，我们看到农村班主任专业能力的形成是一个交叉联系、循环上升的过程，在这个过程中，行动—反思、参与—固化"有（名）迹可循"，参与和固化的辩证统一就像开垦荒地的人、垦荒的过程、开垦过的土地、种下的种子、收获的果实、垦荒人的欢欣……构成一个整体，人在整个过程中给自己积累经验。即使有些农村班主任的参与"只是在边上看"或是不算成功，最后也没有什么可保留的思考与实践的成果产生，但从这种在某个情境中没有达到预期学习成效的所谓"失败"中，他们通常也会习得某些其他东西。（温格，1998）因此，带有参与固化的农村班主任研修学习同样对个体有重要意义。

（三）成为独立而又"共舞"的伙伴

每个班主任都会带着自己对教育理解、自我潜能、身份认同、行动反思的特定的思维方式与性情倾向和习惯进入实践共同体，并对其产生影响。"让每个班主任教师成为独特的个体，让每个工作坊团队成为具有独特性的团队"是区域农村班主任研修共同体顶层方案设计中的基本理念。伴随研修项目活动的推进，研修活动的个体差异不仅激活和生产基于研修情境的班级管理知识的获得与形成，同时让研修成为促成的班主任专业成长的可能性变为现实。

1. 个体差异成就整体

研究发现，个体差异成就首先表现在学习方式中。与许多班主任一样，农村班主任也是带着自己的性情倾向、教育背景、经验差异，不断地接近他人，在农村班主任研修共同体系统运行中，不断地超越合作、超越差异、成就自己和整体的。正如第五章中提到的钟老师，他因为其乐于助人的、在研修团队中积极分享和参与的特点，很快成为团队中的"核心人物"；龙老师因善于反思工作中的成败，寻找准确的定位，敏感和善于抓捕别人在班级管理中的亮点和经验的特点，也很快成为研修团队中的"佼佼者";韦老师的最大特点就是在积极参与研修过程的同时,大量阅读、写作和反思,这些使他成为思想型的班主任。可见,研修中农村班主任之间的差异性并不是一个孤立存在的要素,每位班主任都带有自己的学科、性别的特征,带有个人专业发展的关注重点,带有班主任所处的农村学校教育氛围的深刻印记。正因如此,研修活动才会生发出精彩纷呈的交流、争辩,直到最后形成的 "共舞"伙伴。

其次,个体的差异还表现教育经验的差异上。在柳江县及 2016 年 3 月加入到共同体项目中的金城江区农村班主任研修共同体的建设过程中,尽管总体说来,大家对参与研修是普遍认可的,但是在每一次活动后的反馈中,依旧可以发现学习者对于研修本身有不同看法。例如,有的班主任"希望多学习些更具有操作性的班级管理的方法",有的班主任"希望能更多的听一些优秀班主任的经验介绍"等。因此,以一线农村班主任的班级管理经验为资源给予充分开发和利用成为农村班主任研修共同体主要的策略之一。参与者任务的驱动形式和班级管理故事、班级管理行动研究的案例比赛和分享,每个学员完成 1~2 节的主题班会课设计,给本校班主任的分享与培训等,以及项目组组成的导师团队对班主任研修资源的研究与开发促使农村班主任研修学习资源库形成。其中钟老师的中学生班本《青春期男女生课程》、李教授的《班主任工作艺术》与国家级精品课程公开课等大量的研修学习资源,既可以满足学习者的需要,又体现出学习者的差异性。

2. 整体的"共舞"成就个体

在研修中,上课专家和导师不再是单纯地向参与者"发布"知识,而是以共同体为载体,促进班主任之间知识、经验和资源聚合与协商。班主任开展网络交流,及时上传班主任的管理班级反思,并提出许多教育中的问题,进而展开互助交流。很多班主任将班会实录、班级文化建设方案上传到网络,形成共享的资源库。班主任研修共同体使得班主任形成了良好的同伴关系,他们合作研究,互助交流,在相对独立的情况下,完成了研修的任务,实现了个体依靠自身和群体形式的班主任专业化发展。

"跟着团队走,改变自己"

今天开始,我们"星辉工作室"要在十四中进行一周的跟班学习。经过了一年多的研修学习,我们团队的每一个成员都有了巨大的进步,用广西师范学院的导师周国强的话说，"从你们自信的脸上就可以看出来，你们已经脱胎换骨！"我虽然不敢用脱胎换骨来概括自己，但是，我真的是收获了作为班主任的一份淡定。能赶上这一个项目培训是我的这辈子的福气，因为我的性情、我的心态、我的思想理念都在这两年里面有了巨大的转变。人生不求太多，只要能把一件有意义的事做好就已经不错了，而我现在就是想把班主任当好，当得有人生味道。也许能碰上这一次项目培训，是我命运的一个转折点，我要努力。

晚上，我们工作室聚餐，天南海北聊了一番后，室长就召集我们到宾馆商量着学习的计划，交代一些注意事项。室长真是一位有责任心和爱心的好室长，方方面面安排得妥当有序，细节中见证能力啊！

（摘自韦老师研修日记）

在农村班主任研修共同体的构建过程中，"某些最重要的价值存在于无形的成果中，比如，它们在人们之间建立起来的关系，它们创造的归属感，它们产生的探索精神，以及它们给予成员的职业信心和职业身份"（温格，1998）。这些无形的价值可以在研修共同体不断合作中，让农村班主任前行的动力得到持续增强，在工作上始终形成无形的榜样力量，促进班主任不断鞭策自己，不断审视自己，实现个体和工作室的共同发展。这种"共舞"让研修共同体实现再生产，不断循环发展下去。

关于研修共同体中的个体与整体的关系，我们可以发现：①农村班主任研修共同体中的个体参与过程，是教师的实践性知识得以获得和个性化发展的一个契机；②农村班主任研修共同体中的个体差异性，是教师学习发展的独特资源，已成为教师研修中难得的自组织力；③促进农村班主任专业发展是组织者、主讲教师与学习者共同协作努力的结果；④农村班主任研修共同体中个体参与研修，在实践性知识方面的建构特点，是从基于教师需求到不断丰富教师知识、唤醒新的状态和新的需求，再到教师不断提升专业发展需求、不断体验个人成长。

二、研修中班主任个体激情唤醒与幸福感增加

教育是什么？班主任的使命是什么？这不仅是班主任专业发展中的一个最基

本的问题，也是统领班主任职业道德素养的及其班级管理的思想与行动基础。从某种角度来说，班主任专业发展首先是班主任对于教育本质的理解和其使命感的体悟。

（一）领悟与理解班主任工作的本质和内涵

班主任做教育的意义，必定在学生的变化发展中生成。当学生有了转变时，教育作为迷恋人的成长的意义在这里显现出来。当班主任不断将对学生的关注传达到学生的心灵深处时，我们说，促进学生成长的专业价值正在显现。研修共同体的成立引领着所有参与的班主任发生着关于教育的独白、自省和对话。研修与班主任已有的经验建立起联系，发生着对于教育学生的意义的重构。我们可以从研修前后对选择"当班主任的原因"的问题回答上看出来这种改变，如图 7-2 所示。

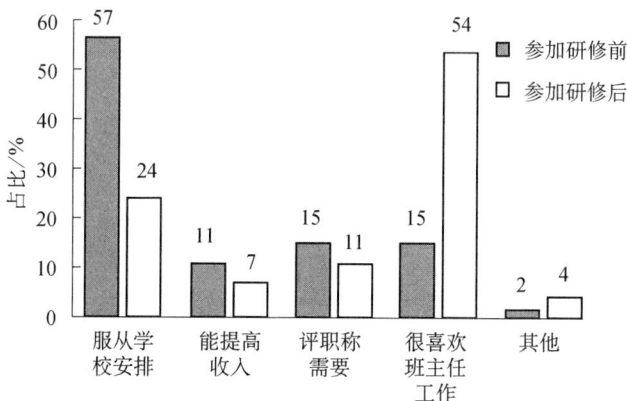

图 7-2　选择"当班主任的原因"调查数据对比表

图 7-2 调查数据呈现出，参加农村班主任研修共同体项目学习前，仅有 15%的学员选择"喜欢班主任工作"，研修后这个数据上升到 54%。这说明研修共同体中理论与行动、参与和固化、行动与研究融为一体的研修学习活动，促进了农村班主任对教育意义与内涵更深层、更切实的认识，班主任工作所包含的思想、道理和价值在他们的实践体验中也变得真实与适切了，浸润在实践中的成就感唤醒他们当好一名班主任的梦想，从以下这篇《老班你在做什么》的学员研修日志中，我们更是体会到了农村班主任在研修活动中找到自己的价值、教育的意义及班主任工作幸福感的那份喜悦。

"老班你在做什么"

匆忙的 2015 年已经向我们告别了，可是一写下日期，还是习惯性地写下了 2015 这个年份，也许是因为这一年里我们所付出的太多太多，所努力的依旧历历在目，但成功与失败都终将成为过去，沉淀下来的是我们不断宁静的心灵、我们强大的内心。

今天，我在办公室里看着我们群里的聊天记录，班上的三个女孩子站在门口，把头往里面伸，当我一望过去的时候，她们都满脸笑容，同时问道："老班，你在做什么？"我听到这一问，感到一阵欢乐之情立即涌上心头，好像有老朋友来到家里串门一样。我立即把她们招呼进了到办公室："来来来，快进来！"当她们都围到我的身边，我给她们看了我们班的歌咏比赛视频，然后就天南地北地聊起来了。几分钟后，上课的铃声响了起来，孩子们都余兴未尽地回教室上课去了。

这学期，我虽然累，但是，孩子们对我真的很好，总想找机会来和老班聊一聊，帮我扯扯白头发，并一边扯着一边说，这一根是因为某某惹着你才变白的吧，这一根又是谁谁惹的……我像一个大功臣一样在享受着孩子们的拥簇和依恋。唉，人生有太多的幸福和宁静都不是用钱所能买到的哦！

（摘自韦老师研修日记）

我们从韦老师从一个不喜欢班主任工作的男教师转变为开始用教育思维去审视、思考自己的班主任工作的成长历程可以看出，农村班主任研修共同体的构建实践，为农村班主任提供了一种"走出"个人"狭隘天地"的机会，让农村班主任在研修中"实现意义和关系上的编织"，发现和体会教育的意蕴，直到最后"享受职业，赢得尊严，学生爱戴，同行敬佩，家庭幸福，衣食无忧，超越自己"。

（二）自我潜能的重新发现和身份认同

在班主任研修共同体运行中，班主任有机会将自己的教育经验向同伴们敞开，不仅给大家提供了"做"教育的一种真实感，更使听者懂得了班主任身份的可为与难为之处，使言者寻找着班主任身份的尊严和信心。这些都是柳江县"名班主任培养工程"项目所真实生成的研修情境。班主任的身份认同就是在这种共同体中获得的一种安全感，进而产生悦纳自己、悦纳学生的认同感。

共同体之间的交流因为班主任差异而愈加具有新鲜感、触动感和互动性。在相互倾听、观察他人行动策略中，班主任可以从中发现差异，与他人的自我认同相遇，并且在工作室中，每个人的"有用感"、归属感逐渐生成，促进了班主任自我认同与他人认同的同一性的作用，构建新的身份认同。

特殊的教师节

时光飞逝，岁月如歌。又是一年教师节。

下午，班长阿斌特意跟我说："老班，今晚您一定要来教室啊！"我一阵愕然，下意识地追问："怎么？发生什么事了？"

我的思绪不禁飞到了本学期开学前。新学期开始了，按照学校的规定，我本应该接手高一年级的新班级。但因学校工作的需要，我被安排接高二年级一个理科班：62名学生中有1/3左右的学生因违反学校纪律被处以记过、记大过和留校察看，甚至是多次协议就读，期中期末成绩平均分都排在全年级末尾。这个班级注定要让人操心了。

"没什么大事，我们班的小富明天要去部队当兵，今晚我们将举办一个送别小仪式，他说希望您能来。"他微笑着回答我。我没有多想，就答应了。

当天晚上，在接到班里面班干部的几通电话后，我就从与朋友的小聚上辞别，匆忙赶回学校，参加大家给小富参军的饯行。

"老班来了，快关灯。"在楼道的拐角处我隐约听到这样的对话。看来大家都到齐了，就等我了，我赶紧微笑地走进教室。话还没来得及说，小富就从教室的后面捧着一个点着一支蜡烛的蛋糕缓缓向我走来。"你问我爱你有多深，我爱你有多真……"歌声响起，平时就活泼好动的黎民同学领着大家一起唱起《月亮代表我的心》。"难道是给我的吗？"我还没从惊喜里缓过神来，歌声萦绕在耳边，一切仿佛不真实，却又太真实得让人怀疑。

"老班，我们爱您！"全班同学异口同声。我这才发现原来自己已经热泪盈眶。这些孩子啊……作为老师，在从教的第十个年头，获得犹如生日般的庆祝。

记得，刚开学的时候，我详细地做了一份班级计划书；和同学们见面的第一天，我上了一节"相逢是首歌"的主题班会课。我们这个班在高一的下学期就进行了文理分科，一年的时间使得有些学生还没有从初中的状态中转型过来，好的学习习惯没有养成；但我相信，每个孩子都有花期，可塑性很强，我所要做的就是引导他们。我认真观察班级里大家的点点滴滴，和大家谈心，找特别顽皮的学生聊"将来，你想做什么？"从班风整肃到学风塑造，时间一天天地过去，整个班级有了明显的变化。学习积极的同学相对增加，班级氛围变得快乐一些，纪律散漫的同学有了质的飞跃，慢慢地，我们班的孩子得到了领导和老师们的认可。我们1402班获得了第一次流动红旗、第一份学校活动的获奖荣誉证书、第一次"校级优秀班集体"……

我始终记着对他们的承诺："无论之前的你们做了什么，错了什么，我都不在乎；我在乎的是你们的现在和将来；看到你们如此用心，我相信你们也可以用心做人，用心学习，我希望我们会和谐快乐地走下去。我对你们充满信心，你们有没有？""有！"

认真倾听，慢慢地，会等来孩子花开的声音，我选择的是等待与陪伴。

（摘自覃老师班级管理故事）

研修过程中，我们看到的最大的改变就是学员们的心境、信念。我们从笑容中看到了他们重拾的自信，在言谈举止间看到了他们对班主任这份工作的全新理解，在字里行间感受到了他们对教育的热爱。下面的两段文字摘自 M 班张老师的研修学习总结报告。

研修学习总结报告

收获一：学习才会成长。加入研修共同体之前，我正处于人生低谷，内心的焦虑和职业倦怠感时刻充斥着我，我好累！加入骨干研修班近两年来，在不断的研修学习中，在导师和团队成员的帮助下，我懂得了如何更爱自己，如何远离负面情绪，逐渐找回了简单、快乐的生活和工作状态。"当有成绩时，要常照镜子；没有成绩时，学习不停止……"每次耳边回荡起《习主席寄语》时，我内心深处就会涌起无限的感恩，感恩学校让我加入骨干研修班学习，让我遇到那么好的导师。是的，每一个生命都不要停止学习，都不要停止成长，只要愿意改变，不断在学习中实践，在实践中探索，任何人都可以享受到成功的快乐！

收获二：善于学习，成长才更快。三人同行，必有我师，我们不仅要向有经验的人学习，更要学会从孩子身上得到启示。每一个孩子都是我们的镜子，作为班主任，我们要善于从孩子存在的问题中吸取教训，实现自我成长。真正的爱是无条件的，爱孩子的优点时也接纳孩子的不足。水满自溢，当我们的内心成长到足够宽容时就会无条件地接受孩子，无论发生任何事都不会用负面的语言去压制孩子，而会像水一样包容万物，用正面的语言去激励孩子，让孩子在成长中自由选择，自由经历，而每一段经历都会成为孩子生命中的一笔财富。

坚定信念，彼此信任，勇于实践，就会产生奇迹！

（三）行动研究生发班主任工作智慧

行动研究是农村班主任研修共同体构建过程中的基本行动策略，项目启动初期，对参与研修的第一期骨干班的 50 名学员进行的问卷调查显示：在研修之前，仅有 4%的学员在班级中开展过班级管理行动研究，随着研修活动的不断深入，行动研究表现为从集中理论学习到范式提供，再到行动研究案例撰写与评比分享等一系列的活动，行动研究逐步普及到每一个共同体中的农村班主任老师，以 两 年为周期的第一期后期调研显示，将近 96%的学员采用行动研究的方式对自己的班级开展了行动研究活动，如图 7-3 所示。在研修共同体的行动研究中，研究的主题涉及"班级文化建设行动研究""班级后进生转化行动研究""班级德育建设行动研究""班干部培养行动研究"等。

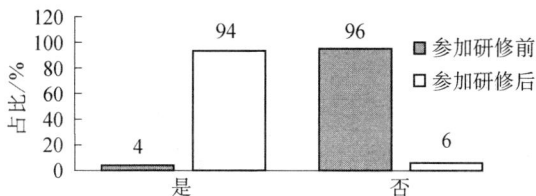

图 7-3　"进行班级行动研究"研修前后对比

农村班主任在班级管理行动力不断增强的同时，其最短板和薄弱环节部分——研究力也在不断改善。在短短的两年多的时间里，第一期骨干班学员留下了长达 20 多万字的可供借鉴的农村班级管理行动日记，以下的《今天教学生打架》是其中的一篇。

今天教学生"打架"

今天下午放学后，班级学生覃××因为和黄××在跳绳过程中，由打闹变成了打架，事后覃××继续找黄××到偏僻的饭堂后面去"单挑"，还邀上了韦×

×做帮凶，把黄××打败后就走了，而黄××怕他们再找麻烦想逃到亲戚家去避难。

原来我处理学打架的时候，最后都经常让他们相互握手，但是我知道，学生们在老师面前的握手，是不可能在当时就除掉他们心中的疙瘩和别扭的，很多是装给老师看的，于是我就改变了这种解决方式。

因为是初一的小孩子，我干脆就给他们玩一把。我说，既然不打不相识，那我们就再加深点印象，你们两个到下面的草地上摔一次跤，不准用手捶打，三打二胜，我和韦××做裁判。刚开始他们以为我是在开玩笑，都说不来了。我就和他们很认真地说："一个男人学会打架是很正常的，我们就在下面认真地玩一下，有老师在，不会出什么事的，去吧，把心里的疙瘩给摔掉。"在我的鼓励下，我们四个人就来到草地，我教他们怎么抱腰，怎么用力，并让他们把各自的手都放到对方的肩膀上之后就喊"开始"了。刚开始他们都不好意思，转了一圈后覃××就干脆假装倒下了，算输了一局。第二局开始的时候，我特别强调不许装输。于是他们俩开始尝试着用了下力之后，覃××觉得不是对手，就又主动倒地了。比赛就这样结束了，我们又围在草地上聊了一会儿，就各自回去休息了，走的时候他们三个是并排走的。

（摘自韦老师研修日记）

"教学生打架"看似有趣，实质上包含着一名班主任的教育智慧和热情。善于用其他方式代替批评，用真心代替视而不见，抓住每一次教育的机会，运用适当的方法进行引导，理性化程度提高，方法技巧运用熟练，这样班级的成功试目以待。"教学生打架"班级管理案例，折射出研修共同体中的班主任身份角色不断在学生和班主任之间相互转换。在这种心理转换中，班主任开始有意识地去主动观察学生、发现学生，在体验学生角色中理解学生。

此外，调研数据表明，在研修实践活动中，越来越多的农村班主任已经开始研修集中学习中收获的教育学、心理学知识并将其运用到学生班级管理之中，如图7-4所示。

通过图7-5的数据对比，我们发现参与研修的农村班主任的自信心不断得到增强，班级管理、学生管理的"招数"越来越多，而这些"招数"又通过班主任研修日记的撰写加以固化，生成新的班级管理资源。

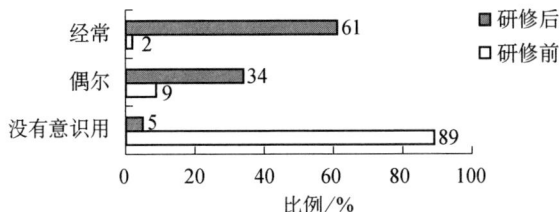

图 7-4　"运用心理学知识进行学生管理"研修前后对比

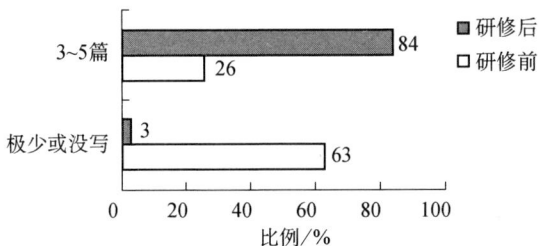

图 7-5　"每个月写读书笔记或管理日记篇数"研修前后对比

我们从上面的图表可以看到：农村班主任研修共同体有效运行与实施，培养了农村班主任班级管理能力，如主题班会设计能力等。在"每学期开展主题班会次数"的调研中，研修前 56% 的农村班主任从来没有开展过主题班会，也不太了解如何开展，两年的研修任务完成后，几乎所有的学员都学会了如何进行主题班会的设计，并且有将近 68% 的学员每周开展 1～5 次。班会课获得学生好评的达到 68%，如图 7-6 所示。

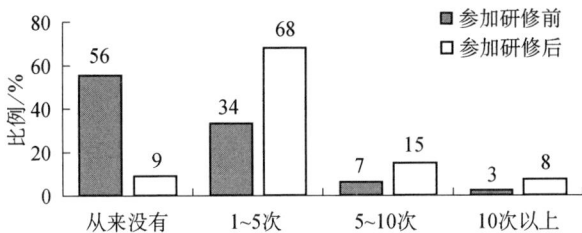

图 7-6　"每学期开展主题班会活动的次数"研修前后对比

此外，关于"班级管理中是否形成了班级文化主题"的问题回答，参加研修共同体学习之前，河池市金城江区的乡村班主任仅有 7% 表示自己在班级管理中会运用到"文化"管理方法，但运用起来还是"不够成熟""没有形成系列"；参加研修共同体的系统研修学习之后，有 84% 的农村班主任已经在自己的班级管理中进行了"班级文化"管理的尝试，学会了班级文化的构建，例如，班级还制订了全新的班级制度、班级公约、班歌、班徽班服、班级口号、班级干部培养轮流制度等。有的班级形成了以"感恩教育""快乐学习""书香班级"等为特色的班级文化。由此可见，研修学习帮助农村班主任打开管理思路和想象力。同时，他们在研修共同体中学到的新方法和新知识反哺自己的学校及所在片区的学校，并形成了积极的引领和辐射作用。

"穿山甲工作室"送教下乡活动纪要

为了扩大研修成果的辐射范围，"穿山甲工作室"组织了 V 片区，五个乡镇学校的送教下乡活动。送教的主要内容是"穿山甲工作室"在柳江县班主任研修共同体举行的农村班主任工作技能比赛活动中获得一等奖的一节主题班会课——"老师，您辛苦了"，这节课是工作室的导师与全体团队成员智慧的成果。"穿山甲工作室"的全体成员一起把这节课，以及在研修共同体活动中，学到的许多班级管理的先进理念及方法"送"到了五个学校。送教活动由现场课、教学设计分享、互动评课等环节组成。送教活动中，"穿山甲工作室"全体成员对所到之处的参与活动的班主任提出的问题，进行了耐心地解答。他们的这个举动受到广大农村学校的学校领导的欢迎和好评，体现了柳江第一批骨干班主任的风范。

（摘自"穿山甲工作室"的总结报告）

在研修共同体中，农村班主任的学习研究潜能得到开发，这种实践性的能力又通过工作室的实践平台迁移和外化，进而带动其他学校的班主任共同进步，这种影响力的不断扩张，让参与研修共同体的学员的"有用感"不断得到增强，专业身份认同得到提升。

（四）班级管理促进学生学业成绩提升

班主任做教育的意义，必定是在学生的变化发展中生成的。班级管理活动中的精神活动、内心的体验、情感的变化、价值的生成虽然是无法直接观察到的，但教育活动的效果"严格地说，没有什么最后的产品——没有什么人接受教育后能够成为完美的人；但是，教育会培养那些向我们展示进步和成长的人"（内尔·诺丁斯，2003）。这就是教师工作的价值。只有当学生得到健康发展时，教育作为迷恋人的成长的意义在这里显现出来。下面的分析报告来自我们研修共同体中的"学生非智力干预"课题研究团队。

SSEQ 项目 LG 乡初中二（6）实验班级
中期有效评价（节选）

背景：在全年级当中，六班的学习成绩总体上排在学校同年级倒数第二。全班共 43 名学生，其中父母外出打工的留守儿童有 8 名，来自单亲家庭有 4 名，来自残疾家庭的有 1 名。班级学生综合学业成绩差异很大，大部分学生综合成绩在班级的中下水平，但班里有几个较为勤奋好学的学生，班级体育竞赛在学校颇有名气，运动会篮球赛全校总分第二名，班级气氛整体上比较活跃。项目组与班主任紧密配合，结合班级具体情况制定各种非智力因素干预措施。

1）加强家校联系，了解学生原生家庭情况，对家长的教育方式进行干预。家庭是学生学习的第二课堂，家长是学生学习的监督者与引导者。在研究团队和班主任 P 老师共同的大力支持和家长的配合下，我们开展了深度家访活动。在家访过程中，我们对学生及家长的情况有了更多的了解。通过与家长的沟通交流，我们进一步掌握了学生在家里的学习、生活情况，并针对学生不良的行为习惯提出了解决方法，让学生在学校的学习得到了更强有力的支持。

2）个别辅导与集体辅导相结合。成立学习小团队，小团队辅导老师由班级学科教师自愿担任，根据学生学业成绩情况将学生分成 4 个团队，每位辅导老师与 10～15 位学生结对子联系沟通，后来从学科成绩好的学生中选拔了 4 个第一批辅导老师助理，增加辅导力量，同时又是对尖子学生一种强化训练。团队成立之初，团队开展团队文化建设，提出团队口号和目标，每个成员也有目标承诺书，每个团队的成员还制定了团队公约，有的公约规定，如果团队成员不能按时完成辅导老师的任务，就会触动"雷区"，触动"雷区"3 次就要被警告，5 次的就要被"剔出"团队。团队还不定时开展 PK 比赛，当然这个比赛的内容广泛，不仅包括学习任务目标的完成度，还包括一些体育游戏活动的完成情况。此外，我们还会安排一些集体干预活动。在初一的时候，我们主要是以集体干预为主，利用班会课进行主题教育、抓住班集体活动的有利时机，及时对学生的非智力因素进行调试与干预。到了初二我们把个别辅导与集体辅导相结合，在集体辅导的基础上，更注重课余时间对学生的个别辅导。

3）通过多种渠道与学生进行互动交流。首先，我们在 2 班的教室里设置了邮箱，方便学生把心里的困惑、遇到的问题、对老师和家长的一些愿望等写下来，并投进信箱，我们每周去取信并给学生答疑解惑，或者根据学生提出的希望，与老师、家长进行沟通。其次，制作小卡片。我们买来彩纸，亲手裁剪出精美的小卡片，根据学生最近的表现及考试成绩，在卡片上写下有针对性的鼓励话语或者建议。在母亲节的时候，我们要求每个学生在卡片上写下对母亲的感激与祝福，并送给自己的母亲，事实上，这种方式效果不错，对学生的影响比较大。然后，我们充分利用 E-mail、QQ 群等网络途径，对学生的学习非智力因素进行干预。周末学生上网的人数比较多，我们以哥哥姐姐或者朋友的身份在 QQ 上督促学生们按时完成作业，并对他们在学习、生活等方面遇到的疑惑进行解答。

实践证明，我们对学生学习非智力因素的干预取得了一定的成效，一年过后，6 班的学业成绩排名上升至年级第二，班级凝聚力增强，旷课、睡觉的学生明显减少。具体的学生学业变化我们可以通过对二年级 6 班的 2 个个案分析总览全局。

案例1：二（4）班陈同学初二学习状况分析

一年以来，陈同学的成绩一直保持在80 ～ 100分，是该班英语学科辅导团队的助理。从各科目及各次考试的分析表格中可以发现，陈同学的英语、数学、物理及历史等大部分科目的成绩都呈提高趋势，英语及历史比其他科目更为稳定、突出，特别是英语学科，可见，担任英语学科的辅导教师对陈同学的英语学科学习是有着激励和推动作用的。从二（6）班陈同学初二学习状况分析图（图7-7）我们可以看到，陈同学在第五、六次月考中各科成绩均有下降趋势，为此导致第五、六次月考成绩由原来一直在班级排名的前20名分别突降到38名、40名，陈同学的学业变化，被班主任 P 老师及时发现，P 老师不仅找了该同学谈心分析原因、制订改进措施，更为重要的是，P 老师还与相关的教师对陈同学进行诊断，班主任和老师们给予了陈同学极大的肯定和表扬，并建议她参加了其他学科的辅导团队活动。在后几次月考中，她的各科成绩都有所提高，班级排名提升到16名，如图7-7所示。

(a) 班级名次

(b) 六科总分

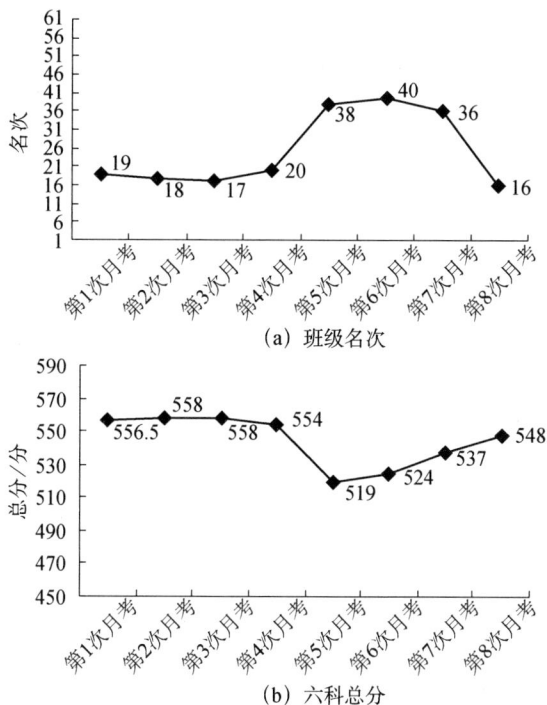

图 7-7 二（6）班陈同学初二学习状况分析图

案例2：二（6）班吴同学初二学习状况分析

吴同学在班里属于比较文静的女同学，学习成绩在班里处于中下水平。学习方法和学习的适应性上有困难，进入初二之后，经过采用个体谈心、经验分享、思维导图学习法训练等干预和调整，学习方法和学习适应上有所改观，在班里的排名开始上升，但是也有起伏；语、数、英三科偏科较重，数学处于下降趋势，经常不及格，如图 7-8 所示。

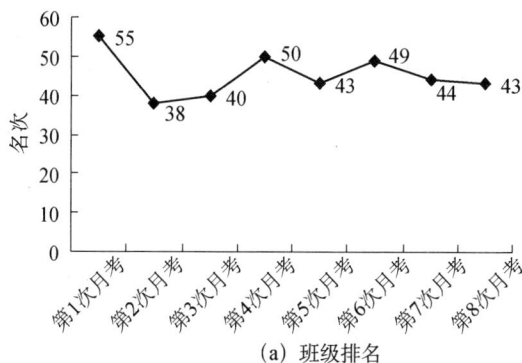

(a) 班级排名

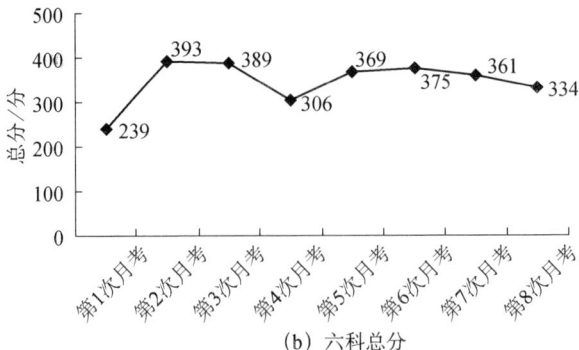

（b）六科总分

图 7-8 二（6）班吴同学初二学习状况分析

由于篇幅所限，在这里我们只是节选了"学生非智力干预（SSEQ）项目"组工作报告中很小的一部分与大家分享，从所节选的两个案例分析中，我们发现，班主任对学生的"非智力干预"是有效的，并且这种干预与研修共同体的终极目标："促进学生的发展"相匹配，并始终贯穿于研修活动始终。学业发展是学生健康发展的核心和基石，只有当班主任对学生的这种关注传达到学生的心灵深处，从而唤醒他们的学习积极性和获得学业提升那份自信的时候，班主任的专业价值才能得到真正的显现。研修中的农村班主任在这个方面所取的成效，还能从研修活动中韦老师所撰写的案例故事"班主任的签名"再次得到佐证。

班主任的签名

现在，我们的师生关系已经很融洽，孩子们在心里已经把我放在他们生命中的重要位置。我们在草地上聊天时，班上的语文领读员曾对我说，"老师，不知为什么我们就是特别喜欢你，觉得你好好的，又有点怕你"，我说，"是吗？我也好喜欢你哦，你读书的声音好好听，很甜美，是个优秀的领读员"。每当我静静地走在教室的中间，我心里已经能明显感到作为有一个班主任的温馨和幸福。这里就像一个家，一个幸福的教室，孩子们在静静地做试卷，我的思绪就开始纷飞起来：当班主任到现在，还从没有感受到心灵像现在这样宁静和安详，也许是幸运于这一届的学生没有特别捣蛋的吧，或者是自己真正能走进了每一个学生的心灵，我们有了默契的沟通，有效沟通下的班级管理很容易顺风顺水。孩子们很可爱，也很善良，教室的墙壁上到处都是他们自写自乐的喜爱的词句，经典名言，这里正能量很足，可是，他们的成绩还总是不能上来，这让我一直很困惑。现在，我却很坚信，这么乖巧的孩子们，她们的成绩一定可以上来的，只要我多注意他们的学习状态，注意方法的引导，增强他们的学习团队的意识，发挥团队的力量，就一定会有水到渠成的那一天。

既然孩子们把我当成明星一样看待了，那我为何不和孩子们耍点明星派头呢？于是我便心生一计。

孩子的英语成绩不是很理想，那我就从英语课文的朗读开始吧。我找来了班上十个成绩比较好的学生，我说，大家的英语在班上还算不错，但要有更高层次的提高，我们还要对自己有更高更严格的要求：我们英语的每一个模块的第一、二篇课文是重点文章，我们要把它们读透，读通，能翻译。这样既可以增强我们对重点单词和短语的记忆，还能够增强我们的语感和阅读能力。到了一定层次之后，我们还要选择部分课文来背诵，那么，我们就从现在开始我们的英语提升活动吧。来，谁来先朗读？如果觉得没有底气的，今天找时间来进行练读，晚读之前，我来到教室进行检查，段考之前的所有课文都可以选。我说完，学习委员就自告奋勇来试读了，她选的是第一模块的第一单元，读得很好，我就拿笔过来在她的课本的这一单元上签了字：优秀，泉，2015 年 10 月 15 日。同学们看到区××的书上竟然可以得到班主任的签字了，很是羡慕。区××也特满足地捧回自己的课本，而我俨然像一个明星一样，在接受着粉丝们的签名请求。接着我宣布，以后区××和班长张××的课文检查签名由我直接签名，而其他同学的朗读检查可以由他们两个或者其他的能够得到优秀级别的同学的来检查和签名。这样得到优秀的同学立即就变成了检察官，那股成就感带给了他们更多的自信。

后来我就叫这些同学晚修之后都留了下来，利用十分钟的时间进行朗读的训练和检查签名工作。参与这项活动的同学越来越多，并且我开始分层次设定要求，如每一个模块的单词朗读检查的、单词背诵检查的、句子朗读检查的、课文朗读和背诵检查的。看着同学们开始形成了一个个有生命力的学习团队，我心里也有了一种成就感。这个活动已经坚持一个月，今天我还和语文老师进行了经验的交流，并希望把这经验推广到各科去。

由于这里是农村寄宿制学生，家长对孩子学习的帮助几乎为零，平时想让家长对孩子的学习进行一些督促也是很难的，让家长在学生的试卷或作业上进行签字也是不可能的。于是，我就想到，既然家长不能签字，那班主任的签名来代替也不错哦。经过实践，这还真是个好方法，好像比家长签字还要有效果，因为学生一旦崇拜了你这个班主任，那你的字在她们的眼中就宝贵了，甚至胜过家长。而学生能够为学生签字，也更起到了一个相互督促和帮助的作用，真是一举多得啊。

马卡连柯曾经说过：高度熟练、真才实学、有本领、有技术、手艺高超、实事求是、不辞劳苦——这才是最吸引孩子们的东西。班主任的专业形象不是职业本身赋予的，是由班主任素养、文化、气质、胸怀、智慧等方面综合组成，而一个在学科教学中把课上得很好，在某方面有很深的造诣或有一技之长的班主任就具有了专业的人格魅力，这个"班主任的签名"的案例已经为农村班主任在研修共同体中的专业成长过程与方式做了最好的证明。

三、农村班主任研修共同体运行体系创新价值

农村班主任研修共同体运行体系所体现的农村班主任研修实施的实践性、群体的互动性之间、个体的参与性的明显特征，成为影响班主任研修与班主任专业发展关系的三个基本维度，也成为农村班主任研修作为教师教育实践，具有了主体性、意向性、情境性和整体性的生动表达。农村班主任研修共同体运行体系既是本书的研究发现，又是继续开展班主任研修与班主任专业发展研究的新的起点。

（一）促进农村班主任研修的参与性、实践性、互动性的有机融合

促进农村班主任研修的参与性、实践性、互动性的有机融合应立足于中小学班主任专业发展，突破了传统教师培训教学目标、内容、方法、手段、评价等单一的局限。区域农村班主任专业研修共同体构建了一个五元协同运行机制，如图7-9所示。

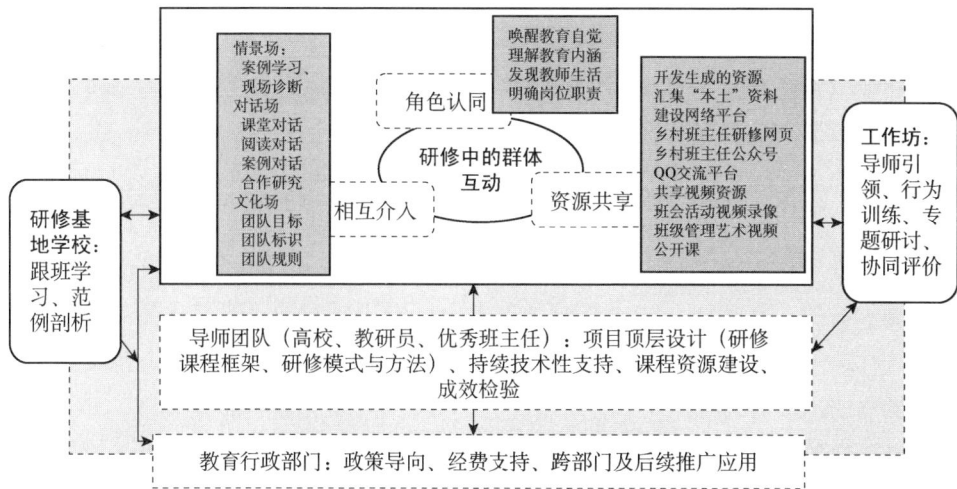

图7-9　区域农村班主任研修共同体实施五元协同运行机制示意图

我们从图 7-9 中发现：五种不同层次的力量，聚焦班主任专业成长研修共同体，体察农村班主任学习状态多样性、遵循班主任教育经验差异性、坚持"团队学习"理念，注重建立团队文化，将团队软实力与硬实力有机结合在一起，促进农村班主任研修的参与性、实践性、互动性的有机融合。

（二）促进研修活动始终指向学校和教师的教育实践

研修之所以存在，是基于时代发展对学校教育、对从事教育工作的人员不断提出的新挑战和新要求。农村班主任研修共同体在构建过程中，加强农村班主任研修的需求调查，兼顾教师所处区域教育的整体发展实际，基于教师已有教育经验，利用教师身边的教育资源，创新研修的互动方式，重视研修过程的适时反馈等是不可忽视的环节。此外，研修的组织和导师（主讲教师），既是"导师"也是研修中的学习者，不断触动着每位参与者的学习与反思，让人在其中体验成长、乐于成长是农村班主任研修共同体组织与实施的价值理念。

（三）指向专业发现，实现研修学习从平面向立体化研修模式的转变

研修本身就是一种有效的学习过程。这种学习不仅关注了教师的知识系统的提升，更促进了教师多种经验的不断改造。在农村班主任研修共同体构建活动中，我们开发了研修共同体构建的顶层设计方案、研修学习课程群，建构起以个人、工作室、学校、网络、区域等场域为纬，以班主任专业发展为经的班主任专

业发展的研修共同体，突破了以短期集中培训为主的平面性班主任培训课程，实现了班主任培训从平面性培训向立体化研修模式的转变。每个环节的学习分享都以"全息投影"般投射着教师教育实践智慧和行动中的专业水平。

（四）建构"四习一体"的研修模式，促进研修主体间的互动共生

教师在研修中不是孤独地学习，而是与同伴交往、互助。农村班主任研修共同体建构并推广运用了与中小学班主任专业标准相匹配的"四习一体"班主任研修共同体运行模式，增强了研修环节的系统性、教师群体的互动广度与深度、教师个体参与的态度与高度，从而有效地促进了班主任自我潜能的重新发现，开展关注班主任研修的行动反思，有效地促进其对班主任专业身份的认同与职业幸福感的获得，并实现了开放的学习资源、充足的人力资源等不断整合。

第二节　研究的不足与反思

由于研究视野与专业水平的局限，对问题把握的肤浅，加之研究过程中一些因素的干扰，本书还存在着不足之处。

一、研究的不足

（一）理论体系有待完善

实现班主任研修共同体理论观念不断革新，其中魏会廷提出要坚持"五个贯彻始终"，始终贯彻"正确的指导思想""形成组织与能力""注重学习实践性知识""基于合作并超越合作"，深入理论学习，针对培训理论、管理理论、团队学习理论、中小学教师专业发展标准等，还要进行不断地学习，对现有的模式理论基础再次进行推敲与修正，使得模式更为科学有效。

（二）运行体系有待优化

班主任研修是一个很值得研究的领域，涉及班主任的继续教育、终身学习，班主任的竞争力的不断提升，如何提供研修的科学性和艺术性、研修活动编列的

规范性、可行性等，因此，班主任研修研究理论框架，可以更丰富，更优化。人们经常提出这样的疑问："什么样的研修最有效？"本书提出的研修共同体运行体系同样不是万能的，只能在某种程序上解决班主任研修中存在的某些问题，在一定程度上优化时间和空间对研修的支持，具有比较强的操作性。但是终究会受到传统培训时空的限制，研究的分析框架和运行模型依旧是稚嫩的，我们只能积极地朝着好的方向改进，让班主任领会研修共同体运行的理念，最大化实现专业化发展。

（三）研究的合理性与深刻性有待提高

本书借鉴了国内外已有的关于教师研修与教师发展的相关文献，同时将实践共同体理论、情境认知理论、知识的新生产模式等主张融合，建立起本书的分析框架；通过研究，建构出关于教师研修三维坐标与促进教师专业发展的运行关系模型。但是，由于不同研究文献的表述差异，以及基于研修本身的资料分析，分析框架和关系模型在整个研究始终都处于摇摆不定、此消彼长的调整与架构中。加上对于理论还缺乏更深刻的领会和内化，因此，研究所构建的分析框架和运行模型依旧是稚嫩的，所引出的研究结论与建议显然还处于表层，缺乏深刻性，有待在后继的研究中进一步加强理论建设，将研究继续引向深入。

（四）研究方法的合理性与有效性有待提高

结合有关课程学习和当前教育研究的基本走向，在研究方法的设计序列中，力图以个案描述、数量分析、行动研究等混合方法来解释农村班主任研修的存在及其相关问题的讨论。由于本书实践载体涉及 3 大区域和若干学校，在整个研究过程中，由于一直与其他工作的开展交织进行，使研究在时间、精力的投入上显得不足；此外，对方法没有较深的了解，导致按照个人臆想进行推断与个案的深度挖掘上显得力不从心。另外，调查问卷的编制、抽样与统计中难免有不当之处。这些使研究在信度、效度上有待继续改进。

二、研究的反思

（一）注重研修过程动态调节

班主任研修共同体运行模式、机制和策略不是一成不变的，它具有一定的灵活性。它是以一种开放、动态的形态存在的，并依据环境不断变化的。由于研修历时长，在这个过程中运行模式的主体框架保持基本不变，运行的方式方法会随着学员、环境等因素进行适时变化。

在运行中，我们首先要注重学员学习过程中的生成性，从而收集更多的教育资料。其次要注重研修经验，生成性的知识与经验。这种生成性正是项目组和笔者研究中最需要的，意味着我们需要做出一定的调整和改变。最后，还要注意到班主任研修共同体构建不是一蹴而就的，而是一种辩证的发展过程。因此，在班主任研修共同体运行过程中，把握班主任成长的变化和社会发展节奏，从而更有效地将班主任培养成适应当代社会发展和教育改革要求的人。

（二）坚持"基于合作并超越合作"

①合作的目标要在班主任专业化发展的基础上不断细化、不断全面化。②合作对象要凸显多样性、超越差异，有助于激发合作群体思维。③合作过程要具有深入性，改变流于形式的合作，实现班主任深度会谈，不仅是相互分享与交流，还要推动成员之间批判性的专业对话，促使班主任积极反思。④合作要超时空性和持久性，要借助网络科技的力量，打破空间的束缚，实现远距离研修与交流。研修班只是研修的起点，并非终点，要实现班主任研修后还能持续长久的合作学习，真正将研修合作关系延续下去，促进专业发展。

（三）丰富唤醒班主任参与的研修方式

班主任参与的研修活动就是透过研修来促进班主任的教育行为或教育能力发生持久的变化，这种变化必定来自班主任的教育实践和班主任不断充盈的教育体验。创设班主任研修学习情境，使班主任研修的具体实施与真实的教育生活、班主任个体的生活体验有机联系。在参与式学习活动中，创设安全、受尊重的研修氛围，设计互动对话的研修活动、真实感受研修体验、组织基于问题的学术引领等，都使研修的实施过程与资源利用不断激活班主任的潜在智慧，激活其交流的愿望和方式。因此，创新班主任研修活动，应以共同体为载体，丰富成员的互动参与。

本书通过对相关文献分析及教师共同体等理论学习，以及对柳江县农村班主任研修共同体组织实施真实情景关照，试图揭示农村班主任研修生活现实规律，考察个体和群体互动中，促进班主任专业发展的可能性。同时，我们在研究中关注农村班主任研修的专业发展意向性、整体性、情境性等特征，尝试形成本书的特色。由于研究在理论建构等方面都不同程度存在着不足，研究农村班主任研修共同体与班主任专业发展现实存在及其规律又成为新研究的起航点。

参考文献

阿哈，霍利，卡斯腾. 2002. 教师行动研究：教师发展之旅. 黄宇译. 北京：中国轻工业出版社.

阿吉里斯，等. 2000. 行动科学. 夏林清译. 台北：远流出版事业股份有限公司.

埃利亚斯. 2003. 个体的社会. 翟三江，陆兴华译. 南京：译林出版社.

巴拉布，达菲. 2002. 从实习场到实践共同体：学习环境的理论基础 // 戴维·H. 乔纳森. 学习环境的理论基础. 郑太年，任有群译. 上海：华东师范大学出版社.

白雪玲. 2013. 谈心——班主任工作的永恒话题. 科教文汇，(5)：2-3.

布迪厄，华康德. 1998. 实践与反思. 李猛，李康译. 北京：外交教学与研究出版社.

陈芬萍. 2007. 中小学教师专业发展面临的困境及对策研究. 课程·教材·教法，(11)：78-81.

陈家刚. 2007. 从教研组走向合作型教研组织. 辽宁教育研究，(2)：32-35.

陈向明. 2000. 质的研究方法与社会科学研究. 北京：教育科学出版社.

陈向明. 2003. 实践性知识：教师专业发展的知识基础. 北京大学教育评论，(1)：104-112.

陈向明. 2003. 在参与中学习与行动——参与式方法培训指南. 北京：教育科学出版社.

陈向明. 2008. 理论在教师专业发展中的作用. 北京大学教育评论，(1)：39-51.

陈永明. 1999. 现代农村班主任论. 上海：上海教育出版社.

程琳. 2012. 专业发展视角下的教师学习共同体研究. 曲阜师范大学硕士学位论文.

戴维·H. 乔森纳. 2002. 学习环境的理论基础. 郑太年，任有群译. 上海：华东师范大学出版社：3.

邓涛. 2007. 西方教师专业合作研究述评. 外国教育研究，(7)：14-18.

丁雪婷. 2015. 区域视角下教师专业学习共同体构建策略研究. 东北师范大学硕士学位论文.

杜育红. 2004. 论学习型学校. 北京师范大学学报（社会科学版），(2)：24-29.

高立强，郑文玉. 2010. 关于基础教育教学行为转变的探讨. 中国电力教育，(35)：87-88.

高文. 1999. 维果茨基心理发展理论与社会建构主义. 外国教育资料，(4)：10-14.

高熏芳. 2002. 师资培育：教学案例的发展与应用策略. 北京：九州出版社.

龚森. 2002. 中小学教师培训的内容、模式（方法）及评价研究. 教学与管理,（16）: 27-29.

巩子坤, 宋乃庆. 2008. 数学教育研究中值得关注的问题——热点与反思. 数学教育学报,（1）: 75-78.

古斯基. 2005. 教师专业发展评价. 方乐, 张英, 等译. 北京: 中国轻工业出版社.

顾明远, 梁忠. 2000. 教师教育. 长春: 吉林大学出版社.

黄英. 2008. 教师的学习特征与在职培训. 教育探索,（1）: 138-139.

纪红艳, 刘春蕾. 2008. 儿童同伴关系研究综述. 长春教育学院学报, 24（1）: 6-8.

教育部. 2006. 关于进一步加强中小学班主任工作的意见.

教育部. 2009. 关于印发《中小学班主任工作规定》的通知.

金美福. 2005. 教师自主发展论——教学研同期互动的教职生涯研究. 北京: 教育科学出版社.

金生铉. 2000. 理解与教育. 北京: 教育科学出版社.

经柏龙. 2012. 教师专业素质: 形成与发展. 北京: 中国社会科学出版社.

克里希那穆提. 2004. 重新认识你自己. 若水译. 北京: 群言出版社.

寇冬泉, 张大均. 2006. 教师职业生涯"高原现象"的心理学阐释. 中国教育学刊,（4）: 72-75.

莱芙, 温格. 2004. 情境学习: 合法的边缘性参与. 王文静译. 上海: 华东师范大学出版社.

黎进萍. 2007. 专业学习共同体中的教师专业发展: 美国的实践及启示. 兰州: 西北师范大学.

李红, 韦寒泉. 2017. 在改变中寻找班主任的幸福感——农村班主任研修共同体中个体专业成长叙事研究. 广西教育: 义务教育,（4）: 10-12.

刘亭亭. 2016. 经验学习圈理论下班主任研修共同体构建研究与实践. 广西师范学院硕士学位论文.

马克斯·范梅南. 2001. 教学机智——教育智慧的意蕴. 李树英译. 北京: 教育科学出版社: 22-23.

马克斯·范梅南. 2003. 生活体验研究——人文科学视野中的教育学. 宋广文, 等译. 李树英校. 北京: 教育科学出版社: 47-55.

内尔·诺丁斯. 2009. 幸福与教育. 龙宝新译. 北京: 教育科学出版社.

芮先红. 2010. 有效教师专业学习共同体——英国EPLC项目的经验及启示. 上海: 上海师范大学.

舍恩. 2008. 培养反映的实践者: 专业领域中关于教与学的一项全新设计. 郝彩虹, 张玉荣, 雷月梅, 等译. 北京: 教育科学出版社.

石晓莲. 2011. 小学班主任专业化发展策略研究. 长春: 东北师范大学.

王荷君. 2012. 西部地区中小学信息技术教师专业发展的调查研究. 华中师范大学硕士学位论文.

王海燕. 2011. 实践共同体视野下的教师发展. 重庆: 重庆大学出版社.

王红艳. 2011. 新手教师在学校实践共同体中的学习. 重庆: 重庆大学出版社.

维果斯基. 1997. 思考与语言. 李维译. 杭州：浙江出版社.

魏会廷. 2013. 社会互依理论视阈下的高校教师学习共同体研究.软件导刊（教育技术），-2013-08-23

魏会廷. 2014. 教师学习共同体：促进教师专业化发展的新途径. 武汉：武汉大学出版社.

温格. 1998. 实践共同体：学习、意义和身份. 上海：华东师范大学出版社.

吴群. 2010. 以区域教师研修共同体的构建促进教师的专业发展. 湖南：湖南师范大学.

严卫林，贝新华. 2007. 透视新课改教师培训的"五大顽症". 湖南教育，（1）：16-17.

杨秀治. 2002. 校本培训：当代西方师资培训的新模式. 山东教育科研，（2）：30-31.

叶飞. 2006. "场域"压迫与教师的职业倦怠. 师资培训研究，（1）：10-13.

叶澜，白益民，王枬，等. 2001. 教师角色与教师发展新探. 北京：教育科学出版社.

营永霞. 2011. 美国中小学教师专业学习共同体研究. 重庆：西南大学.

袁桂林. 1995. 英国教师在职培训的六阶段模式. 外国教育研究，（1）：13-14.

约翰·杜威. 1989. 人的问题. 傅统先，邱椿译. 上海：上海人民出版社.

约翰·杜威. 2001. 民主主义与教育. 王承绪译. 北京：人民教育出版社.

约瑟夫·祁雅理. 1987. 二十世纪法国思潮. 吴永泉，等译. 北京：商务印书馆.

岳燕. 2014. 构建区域高端教师研修共同体之探析. 继续教育研究，（1）：98-99.

赵健. 2006. 学习共同体. 上海：华东师范大学出版社.

郑葳. 2005. 学习共同体：文化生态学习环境的理想架构. 北京：教育科学出版社.

郑燕祥. 2006. 教育范式转变：效能保证. 上海：上海教育出版社.

钟启泉. 2005. 为了"实践性知识"的创造. 全球教育展望，（9）：3-4，14.

周成海，衣庆泳. 2007. 专业共同体：教师发展的组织基础. 教育科学，（1）：49-54.

周济. 2009. 在"2008 年万名中小学班主任国家级远程培训"开班典礼仪式上的讲话. 北京：教育科学出版社.

周南照，赵丽，任友群. 2007. 教师教育改革与教师专业发展——国际视野与本土实践. 上海：华东师范大学出版社.

朱桂琴. 2007. 教师培训中实践性知识的缺失及其对策. 中小学教师培训，（1）：18-20.

佐藤学. 2004. 学习的快乐——走向对话. 钟启泉译. 北京：教育科学出版社.

哈格里夫斯. 2003. From improvement to transformation. Keynote address to the sixteenth annual：9.

Brookfield S D. 2002. 批判反思型教师 ABC. 张伟译. 北京：中国轻工业出版社.

Fesslel R，Christensen J. 2005. 教师职业生涯周期——教师专业发展指导. 董丽敏，高耀明，等译. 北京：中国轻工业出版社.

Fielstein L，Phelps P. 2002. 教师新概念：教师教育理论与实践. 王建平，等译. 北京：中国轻工业出版社.

Gazda G M，Balzer F J，Childers W C，等. 2006. 教师人际关系培养. 吴艳艳，杜蕾，陈伟嘉译. 北京：中国轻工业出版社.

Good T，Brophy J. 2012. 透视课堂. 陶志琼，等译. 北京：中国轻工业出版社.

Miles M B，Huberman A M. 2008. 质性资料的分析：方法与实践. 张芬芬译. 重庆：重庆大学出版社.

Wenger E，McDemott R，Snyder W M. 2003. 实践社团：学习型组织知识管理指. 南边婧译. 北京：机械工业出版社.

附　录

附录1　"农村学校班主任研修共同体"项目研究调查问卷

对班主任个体发展影响的调查问卷

尊敬的项目组学员：

您好！本次调查的目的是了解参与项目组的班主任成长状况，寻求有利于农村班主任专业发展的有效策略。本问卷仅供调查与研究之用，不会涉及对任何学校和个人的评价。您不用署名，不必有任何顾虑。您的回答越真实，对本次调查的意义就越重要。请根据自己的实际情况和真实想法（而非您心目中的理想情形）放心填写，非常感谢您的合作！

请从下面的选项中选择最符合您真实情况的一个选项。

1. 您做班主任的态度是（　　）

A. 主动　　　　　　　　B. 随意　　　　　　　　C. 被动

2. 您做班主任的主要理由是（　　）

A. 能体现个人价值　　B. 对自己的评级有帮助　C. 没有办法的选择

3. 您认为班主任这个职业（　　）

A. 不是人人都能做好　B. 经过培训才能做好　C. 人人都可以做好

4. 您认为班主任的发展前景（　　）

A. 比较好　　　　　　　B. 一般　　　　　　　　C. 没有前途

5. 目前您的班主任专业发展理想是（　　）

A. 优秀班主任　　　　　B. 普通班主任　　　　　C. 还没有理想目标

6. 您对自己工作的倦怠程度是（　　）

A. 无倦怠感　　　　　　B. 有点倦怠感　　　　　C. 特别有倦怠感

7. 如果让您自主选择，您希望下学期继续做班主任吗（　　　）

A. 继续做　　　　　　　B. 无所谓　　　　　　　C. 不做

8. 您喜欢做班主任这个工作吗（　　　）

A. 喜欢　　　　　　　　B. 一般　　　　　　　　C. 不喜欢

9. 您是否愿意终身从事班主任工作（　　　）

A. 愿意　　　　　　　　B. 为难　　　　　　　　C. 不愿意

10. 您个人职业发展的最高目标是（　　　）

A. 学校管理者　　　　　B. 学科带头人　　　　　C. 学者型教师

11. 您认为目前您在专业知识方面的特征是（　　　）

A. 博而专　　　　　　　B. 博而不专　　　　　　C. 专而不博

12. 您是否经常向学生介绍所教学科的最新进展（　　　）

A. 经常　　　　　　　　B. 偶尔　　　　　　　　C. 从不介绍

13. 任教以来，您感觉自己的教育、教学水平和能力（　　　）

A. 已经有质的飞跃　　　B. 有提高但较缓慢　　　C. 基本上没有提高

14. 您会运用教育心理学知识进行班级管理吗（　　　）

A. 经常　　　　　　　　B. 偶尔　　　　　　　　C. 从来都不

15. 您是否开展过班级管理行动研究（　　　）

A. 是的　　　　　　　　B. 不清楚　　　　　　　C. 从来没有

16. 您是否经常阅读班级管理和教育理论方面的书籍（　　　）

A. 经常　　　　　　　　B. 偶尔　　　　　　　　C. 从不阅读

17. 您每学期撰写班级管理的读书笔记或教育反思日记的情况是怎样的呢（　　　）

A. 4 篇以上　　　　　　B. 1～3 篇　　　　　　　C. 从来不写

18. 您在公开发行的刊物上发表文章或论文的篇数是（　　　）

A. 4 篇以上　　　　　　B. 1～3 篇　　　　　　　C. 没有

19. 目前您所带班级学生的学业成绩总体表现是（　　　）

A. 位居前列　　　　　　B. 位居中等　　　　　　C. 落后

20. 目前您所教课程的学生学科成绩总体表现是（　　　）

A. 位居前列　　　　　　B. 位居中等　　　　　　C. 落后

21. 您认为您的团队合作能力的程度是（　　　）

A. 比较好　　　　　　　　B. 一般　　　　　　　　C. 不好

22. 目前您是否有明确的班级管理方案（　　　）

A. 有　　　　　　　　　　B. 边干边说　　　　　　C. 没有

23. 您每学期开展有效的主题班会的次数是（　　　）

A. 4 次以上　　　　　　　B. 1~3 次　　　　　　　C. 从来没有

24. 您对一节有效的主题班会的设计有了解吗（　　　）

A. 比较了解　　　　　　　B. 有点了解　　　　　　C. 不了解

25. 您是什么类型的班主任（　　　）

A. 朋友式　　　　　　　　B. 严师式　　　　　　　C. 家长式

26. 您评价好学生的重要标尺之一是（　　　）

A. 学习潜能　　　　　　　B. 个性及品质　　　　　C. 学习成绩

27. 您经常与学生互动沟通吗（　　　）

A. 经常　　　　　　　　　B. 不多不少　　　　　　C. 偶尔

28. 您认为您管理学生的能力（　　　）

A. 比较好　　　　　　　　B. 一般　　　　　　　　C. 不好

29. 您每学期与家长交流沟通的程度如何（　　　）

A. 经常　　　　　　　　　B. 有事才沟通　　　　　C. 主要是在家长会上

30. 目前您所带班级的学生对您的评价是（　　　）

A. 优秀　　　　　　　　　B. 中等　　　　　　　　C. 不是很好

对班级学生变化的调查问卷

亲爱的同学：

你好！这是一项关于班级学生变化的调查问卷，本问卷的调查结果将作为我们课题研究的重要依据，故此调查纯属研究需要，所有反映的情况不作为对填表人评价的依据，填写时请勿有所顾虑，也不用署名。对于你提供的信息我们严加保密，请你根据实际情况认真填写，非常感谢你的合作！

请在下面的选项中选择最符合你真实情况的一个选项。

1. 目前你的综合学业总成绩是（　　　）

A. 中上　　　　　　　　　B. 中等　　　　　　　　C. 中下

2. 你成绩差的科目与授课老师的教学水平有关系吗（　　　）

A. 关系很大　　　　　　　B. 有点关系　　　　　C. 没关系

3. 你经常得到班主任的关注和指导吗（　　　）

A. 经常　　　　　　　　　B. 偶尔　　　　　　　C. 很少

4. 你的父母经常陪伴在你身边吗（　　　）

A. 经常　　　　　　　　　B. 偶尔　　　　　　　C. 很少

5. 你觉得你学习的总环境是否很好（　　　）

A. 很好　　　　　　　　　B. 凑合　　　　　　　C. 不好

6. 你是否经常和老师讨论问题（　　　）

A. 经常　　　　　　　　　B. 偶尔　　　　　　　C. 几乎没有

7. 你对学习的兴趣（　　　）

A. 很浓　　　　　　　　　B. 一般　　　　　　　C. 比较差

8. 你学习的自觉性和主动性的程度（　　　）

A. 很好　　　　　　　　　B. 一般　　　　　　　C. 比较差

9. 你参加班级活动的积极度（　　　）

A. 很高　　　　　　　　　B. 一般　　　　　　　C. 比较差

10. 你的班级荣誉感（　　　）

A. 很强　　　　　　　　　B. 一般　　　　　　　C. 比较差

对学校发展影响的调查问卷

尊敬的学校领导：

　　您好！这是一项关于学校发展影响的调查问卷，本问卷的调查结果将作为我们课题研究的重要依据，故此调查纯属研究需要，所有反映的情况不作为对填表人评价的依据，填写时请勿有所顾虑，也不用署名。对于您提供的信息我们严加保密，请您根据实际情况认真填写，非常感谢您的合作！

　　请在下面的选项中选择最符合您真实情况的一个选项。

　　1. 作为学校领导，您对学校教师专业发展的重视程度是（　　　）

　　A. 比较重视　　　　　　B. 重视　　　　　　　C. 不重视

　　2. 作为学校领导，您对校本教研活动开展的重视程度是（　　　）

　　A. 比较重视　　　　　　B. 重视　　　　　　　C. 不重视

　　3. 作为学校领导，您是否能带动教师开展校本教研活动（　　　）

　　A. 可以　　　　　　　　B. 看情况　　　　　　C. 不能

4. 作为学校领导，您是否参与各种教研科研活动（　　　）

A. 积极参与　　　　　　　B. 偶尔参与　　　　　　　C. 从不参与

5. 作为学校领导，您认为校本教研活动应（　　　）

A. 重视内容　　　　　　　B. 内容形式兼顾　　　　　C. 重视形式

6. 作为学校领导，您认为学校制定的管理制度是否有利于教师的专业发展（　　　）

A. 有利于　　　　　　　　B. 还需改进　　　　　　　C. 不利于

7. 您所在学校的教师是否愿意参与评优评先的竞争（　　　）

A. 愿意　　　　　　　　　B. 不愿意　　　　　　　　C. 没资格

8. 您所在学校的教师对参加赛课的积极性（　　　）

A. 积极参加　　　　　　　B. 被动参加　　　　　　　C. 拒绝参加

9. 您所在学校的教师在各种教育教学能力的比赛的得奖率（　　　）

A. 经常得奖　　　　　　　B. 偶尔得奖　　　　　　　C. 没得过奖

10. 您所在学校的教师在公开发行的刊物上个人发表文章或论文的篇数是（　　　）

A. 4 篇以上　　　　　　　B. 1～3 篇　　　　　　　　C. 没有

附录 2　我的成长足迹
——农村学校班主任专业成长记录册

姓　名：

学　校：

工作坊：

> 一、请你认识我
> 二、学习需求
> 三、我的队友
> 四、目标任务
> 五、研修学习
> （一）俱进工程
> 1. 班级管理提升计划
> 2. 项目学习日记

（1）集中培训

（2）跟班学习

（3）学习随笔

3. 行动研究案例

4. 项目学习总结

5. 团队中的我（工作坊、学校、辐射功能）

　　——让别人因我的存在感到幸福

（二）启智工程

1. 班级管理故事

2. 主题班会活动设计

3. 行动研究中的发现（重要观点、策略、方法等）

（三）素养工程

1. 养心阅读

（1）阅读过的书（好观点摘要）

（2）读书心得

2. 经典诗文鉴赏

3. 我学会的手语操

4. 音乐鉴赏

5. 我的作品（绘画、书法、摄影、厨艺、服饰等）

（四）特色工程

1. 我和我的学生（图文均可）

2. 我的班级文化介绍（班徽、班名、口号、班训等）

3. 我的班级管理理念

4. 我的班级特色活动

六、附件资料

（一）学员"个人班级管理提升计划"基本框架（模版）

（二）工作坊研究主题选项、行动研究参考学习资料

（三）阅读书目推荐、团队手语操、音乐曲目推荐

【请你认识我】

我的名字：　　　　　　　　我来自　　　　　　　　学校

我已经当了　　　年的老师，其中当了　　　年班主任。

我在学校承担的是　　　　　学科的教学，我曾经教过：

我的个性是：

我擅长的事情：

我想做但还做不到的事情：

我有点想改变我自己的是：

我比较喜欢的书：

我比较喜欢的一句格言：

我还想告诉你我的其他方面：

我的自画像：不一定形似，但尽量要神似。如果实在不会画，就请贴上一张最能代表你的一张生活照吧！

【学习需求】（活页印制）

我对班主任工作的看法（参加项目前）

我用一句话来形容班主任工作：

我认为做一个好班主任，最重要的是：

我喜欢班主任工作，因为：

我的一些同事，不太喜欢班主任工作，因为；

我在班级管理中，最有特色的是：

我在班级管理中，感觉比较头疼的是：

如果可以选择，我选择（做/不做）班主任，因为：

我要做一个班主任，学校应该给予我的支持是：

我对班主任工作的看法（参加项目后）

我用一句话来形容班主任工作：

我认为做一个好班主任，最重要的是：

我喜欢班主任工作，因为：

我的一些同事，不太喜欢班主任工作，因为；

我在班级管理中，最有特色的是：

我在班级管理中，感觉比较头疼的是：

如果可以选择，我选择（做/不做）班主任，因为：

我要做一个班主任，学校应该给予我的支持是：

【我的队友】（名单省略）

附表1　我的队友

第一组（小学）

导师组成员：

序号	学校	姓名	性别	召集人
1				
2				
3				
……				

第二组（中学）

导师组成员：

序号	学校	姓名	性别	召集人
1				
2				
3				
……				

项目管理办公室成员：

金城江教育局：

广西师范学院教育科学学院：

【目标任务】

金城江区农村班主任研修共同体构建

——乡村"名班主任培养工程"实施执行方案（节选）

（2016 年 10 月至 2018 年 10 月）

根据河池市金城江区人民政府办公室关于印发《河池市金城江区乡村教师支持计划实施方案（2015—2020 年）》（金政办发〔2016〕18 号）和《金城江区教育局关于实施金城江区中小学乡村名班主任培养工程的通知》（金教发〔2016〕18 号）的精神和要求，经三方（广西师范学院教育科学学院、北京感恩励志教育咨询中心、河池市金城江区教育局）商讨和研究，决定联合组织实施金城江区乡村"名班主任培养工程"项目，为确保该项目顺利与高效运转，实现预期目标，特制定该项目实施方案。

一、培训目标

（一）总目标

以提升金城江区乡村班主任队伍的专业素养、培养造就一支德才兼备的乡村中小学班主任团队，探索乡村班主任专业成长的有效途径为切入点，以辐射和带动全县班主任队伍综合素质和整体育人水平的提高为终极目标。

（二）具体目标

1）培育一个优秀班主任共同体。这个共同体应是具有较高的师德素养和现代班级管理理论水平，具有扎实的班主任专业技能，有个性、善合作、积极向上的群体。打造一批具有辐射与示范引领的乡村班级管理"品牌"班级与"品牌"班主任，引领并促进全县班主任队伍建设。

2）搭建一个农村骨干班主任专业成长支撑平台。构建班主任专业成长研修共同体——乡村班主任工作坊，每工作坊配备两名导师，为学员营造共同学习、共同探究、共同分享、共同发展及资源共享的环境；发挥工作坊孵化、培训功能，探索具有金城江区特色的农村班主任专业成长的有效途径。

3）形成一套具有推广、宣传和借鉴作用的金城江区乡村"名班主任培养工程"项目个案和经验（最佳实践）成果。

（三）成果物化目标

1. 个人物化成果

1）一项计划：成员对所在学校班级管理的实际情况展开分析，制订一份具有针对性、特色鲜明、操作性强的"个人班级管理提升计划"。

2）一份班级管理案例（故事）：根据"个人班级管理提升计划"，完成一份反映班级管理特色建设与发展的行动研究案例或班级管理故事。

3）一次展示活动：成员在本学校或工作坊活动中完成展示或分享交流活动不少于一次。

4）一本培训活动手册：记录集中学习培训的感悟与体会；提炼在岗实践的经验与收获；反映荡涤心灵的读书历程。

2. 项目综合物化成果：《金城江乡村班主任优秀班级管理案例精选》

二、项目实施模式

"名班主任培养工程"项目建设期为两年，采用三大模块联合与"四习一体"的培养环节交叉循环推进方式实施。

1. 三大模块联合

模块一：班主任专业理论系统学习与项目监控与评价；

模块二：乡村班主任研修共同体工作坊引领与实施；

模块三：成果物化与辐射。

2. 四个环节交叉循环

1）集中学习。集中学习包括集中理论和技能培训和跟班学习两个阶段。该阶段重点是夯实各学员的班主任工作的基本功，根据个人实际制订一份"个人班级管理提升计划"；组建班主任工作坊，给予技术支持和专业引领。

2）团队研习。以班主任工作坊为载体，以"专家引领—任务驱动—自主建构—精细实践—交流共享—反思提升"为基本理念，以有效实施"个人班级管理提升计划"为基本任务驱动。

3）在岗实习。开展"个人班级管理提升计划"实践行动研究，形成行动研究案例、班级管理故事。

4）展示演习。以评比促培训、培训促评比的模式促进培养对象——班主任工作专业素养，通过个人及工作坊开展相关的展示活动及成果结集出版，充分发挥示范、引领、辐射、带动功能。

三、培训对象

由金城江区教育局遴选 65 名乡村骨干中小学班主任参加项目培训。

四、任务分解及时间表

任务分解及时间表如附表 2 所示。

附表 2　任务分解及时间表

阶段	主要任务及完成时间	任务分解及预期成果		
		参训学员	工作坊及导师组	项目管理办
第一阶段：2016 年 10 月至 2017 年 2 月	1）集中理论（学习一）+班主任专业素养与能力训练【项目一】（2016 年 10 月前）；2）班主任专业素养与能力训练【项目二】：优秀集中学习心得及跟班学习日记、"个人班级管理提升计划"评选（2017 年 2 月）；3）建立与完善工作坊运行管理系统：①2016 年 9 月完成"工作室"运行管理系列文件；②2016 年 10 月完成 5 个工作坊（中学 2 个，小学 3 个）的组建，明确工作室成员分工与任务，建构工作室的团队文化；③2016 年 10 月前召开工作坊导师团队工作坊负责人第一次培训研讨工作，明确工作计划和任务，与工作坊成员对接，指导工作室计划制定与建立学员电子档案袋；④制订与完善工作坊工作执行计划与"个人班级管理提升计划"。4）建立项目互动学习交流平台：①"班主任学习共同体"微信公众信息平台；②QQ 团队交流平台；③班主任共同体网页建设；5）建立项目学习资源库，提供相关著作阅读书目	1）集中学习感悟 1～2 篇；2）向所在的工作坊提交经过导师签名的"个人班级管理提升计划"；（跟班学习完成后）3）自选一篇作业参加本工作坊的"优秀集中学习心得及跟班学习日记、'个人班级管理提升计划'评选"与交流活动（2017 年 1 月下旬）	1）工作坊文化识别系统建设（名称、口号、愿景、基本理念、分工、规则等）；2）研讨工作坊研究主题及年度执行计划（2016 年 10 月至 2017 年 7 月）；3）建立本工作室学员 QQ 或微信信息交流平台；4）开展"个人班级管理提升计划"诊断活动；5）收集学员参评作业，开展工作坊的学习交流活动，推荐学员优秀作业各 2～3 份参加项目办的评优活动；6）本阶段工作坊项目活动大事记	1）制定项目管理系列文件（2016 年 10 月前）：①集中培训课程计划；②行管理规定；③师工作职责；④工作室评优方案；⑤培训手册；2）建立学习资源库、提供相关学习资源；3）编印项目简报第一期（2016 年 10 月，培训结束一周）；4）组织"优秀集中学习心得及跟班学习日记、'个人班级管理提升计划'评选"活动；5）本阶段项目活动大事记
第二阶段：2017 年 3 月至 2017 年 8 月	1）集中学习（学习二）：基地学校跟班学习研修（2018 年 5 月前，一周）；2）遴选学员优秀作业在《广西教育》发表；3）工作坊年度工作总结会+【项目三】："走进经典、阅读经典、感悟经典"活动（2017 年 8 月前）：①读书心得评比赛活动；②经典诵读比赛（团队+个人）	1）跟班学习研修日记 2～3 篇+活动照片不少于 3 张；2）班级管理行动研究案例（故事）1～2 篇；3）读书心得体会 1～2 篇；4）"个人班级管理提升计划"本学期实施活动大事记一份和过程性照片资料	1）工作坊主题研讨与团队比赛活动备战；2）工作坊跟班学习简报（跟班学习结束一周后上传）；3）本阶段工作坊活动大事记记录+工作室主题活动开展的计划、过程材料及图片过程证明资料；4）提交工作坊年度工作总结（2017 年 8 月前	1）实施集中学习二；2）组织实施班主任专业素养与技能比赛活动三、四项；3）第二次导师研讨会过程材料；4）编制项目通讯报道第二、三期；5）遴选优秀案例在《广西教育》发表；6）本阶段项目活动动大事记

阶段	主要任务及完成时间	任务分解及预期成果		
		参训学员	工作坊及导师组	项目管理办
第三阶段：2017 年 8 月至 2018 年 2 月	集中理论（学习二）+班主任专业素养与能力训练【项目四】魅力班会课比赛（2017 年 10 月）：①团队风采：团队手语操比赛；②主题班会活动课（说课、上课、反思）	1）主题班会活动教学设计一价；2）"个人班级管理提升计划"实施大事记+过程资料收集	1）工作坊开展【项目四】专项讨论，形成活动开展的计划、过程材料及图片过程证明资料；（2017 年 9 月）2）本阶段工作室活动大事记及过程资料收集	1）组织实施班主任专业素养与能力评比【项目四】；2）编印项目培训通讯报道第四期；3）本阶段项目活动大事记资料归档
第四阶段：2018 年 3 月至 2018 年 10 月	1）班主任专业素养与能力训练【项目五】："个人班级管理提升计划"研究案例、班级管理故事、个人成长记录册比赛；2）遴选学员优秀作业在《广西教育》发表；3）班主任专业素养与能力评比【项目六】：项目优秀学员评比；4）工作坊特色成果汇报及展示暨项目终期总结分享、表彰活动+班主任专业素养与能力训练班主任专业素养与能力训练【项目七】：团队风采展示（教师礼仪与着装秀）；5）项目工作成果总结、汇编与出版	1）提交行动研究案例或日记或班级管理故事 1～2 篇；2）编印个人成长记录册	1）工作坊面向全县学校班主任开展特色成果汇集及展示活动；2）工作坊项目项目总结报告，要求图文并茂	1）组织实施【项目五、六、七】；2）第二次遴选学员优秀作业在《广西教育》发表；3）结集出版项目工作成果

五、组织管理

本项目采用在金城江区乡村"名班主任培养工程"工作领导小组领导下的项目负责人负责制，聘请广西师范学院教育科学学院李红教授担任项目总负责人，开展项目的实施与管理工作。

六、评价管理

1. 学习参与率评价

1）各种项目培训活动无故缺席 3 次以上者，视为本人为自动放弃参训资格。

2）本项目采用在金城江区农村班主任研修共同体项目工作领导小组领导下的项目负责人负责制，聘请广西师范学院教育科学学院李红教授担任项目负责人，开展项目的实施与管理工作。

2. 学习基本任务完成情况评价

1）各种项目培训活动无故缺席 3 次以上者，视为本人为自动放弃参训资格。

2）个人对照个人成长记录册中的个人目标任务填写完成情况，各种项目活动无缺勤及任务全部完成可填 70 分。

3. 任务完成质量评价

参照一期项目任务管理评价方式，评价指标主要由学习任务完成量+学习任务完成质（对应各种获奖及文章发表的等级分值填写）+辐射、带动功能（工作坊中的角色、学校工作及其辐射作用等）三个方面设计。培训后考核合格者颁发培训合格证书，优秀者（根据总分情况，约占学员人数的 50%），颁发优秀学员证书。

【附件资料】

学员"个人班级管理提升计划"基本框架（省略空白处）

（　　年　月至　　年　月）

学校_____　班级_____班主任

一、班级现状分析

（一）问题描述

（二）原因分析

二、班级管理指导思想或基本理念

三、班级管理改进基本思路（突出与上一学期或者上一个班级管理相比更新的思路）

（一）拟解决的问题（尽量根据本工作坊的选题，确定自己班级改进的切入点）

（二）目标（目标要尽可能具体化、量化和可检测）

四、班级管理提升执行计划（即通过什么活动或方法与手段达到上述发展目标，包括实施时间、预期成效及检测措施）

五、特色化的研究内容

（一）拟重点尝试的新举措

（二）拟重点研究的学生（个体或小组）或问题

工作坊研究主题选项

经过对参训学员培训前的需求调研，大家一致认为以下问题为当下金城江区乡村中小学班级管理中迫切需要研究和改进的问题，请各工作坊选取其中的 2～3

个问题作为工作坊两年的研究方向，以便聚焦，群策群力地寻找解决问题的方法与路径，形成本工作坊的研究成果。学员的"个人班级管理提升行动计划"也尽可能与个人所在的工作坊研究主题的选项相吻合。

1）农村留守儿童的管理问题。

2）如何建设良好的班级文化（精神文化：班风、学风、班级凝聚力等；制度文化：班规制定与有效实施）？

3）如何培养学生自主管理能力（班干部培养、寄宿制学生自主管理能力的养成、农村学生的行为规范与养成）？

4）农村学生的作业问题（作业的布置与完成）。

5）学困生帮扶问题。

6）班主任个人职业成长的困惑和思考。

7）农村学校如何有效进行家校联系（如何让农村家长配合班主任工作）？

8）魅力班级活动的设计（心理团辅活动、主题班会活动等）。

9）如何提升班主任对学生的影响力？

10）学生学习方法与能力的提升。

行动研究与案例撰写学习参考资料（省略）

【养心与启智】（阅读书目推荐）

教育理论视野

《教育者的自我修炼》林格　清华大学出版社

《学生管理心理学智慧》刘儒德　华东师范大学出版社

《窗边的小豆豆》〔日〕黑柳彻子　南海出版社

《给教师的建议》〔苏〕B. A. 苏霍姆林斯基　教育科学出版社

《教育漫话》〔英〕洛克　武汉出版社

《致教师》朱永新　长江文艺出版社

《教师的五重境界》万玮　中国人民大学出版社

《影响教师一生的 100 个好习惯》宋运来　江苏人民出版社

《特立独行做教师》梅洪建　华东师范大学出版社

《教育中的心理效应》（第 2 版）刘儒德　华东师范大学出版社

《教师最喜欢的教育名言》朱永新　福建教育出版社

《教师行动研究指南（3版）（教师实践指导）》〔美〕杰夫·米尔斯　重庆大学出版社

《倾听课堂：教师行动研究例析》胡庆芳　教育科学出版社

人文视野

《班主任推荐的经典阅读（珍藏版）》（春、夏、秋、冬卷）石油工业出版社

《构筑合宜的大脑》铁皮鼓　天津教育出版社

《读书成就名师》张贵勇　福建教育出版社

《遇见未知的自己：都市身心灵修行课》（修订新版）张德芬　湖南文艺出版社

《遇见最好的自己：写给未来的999封信》姜卓　中国画报出版社

班级、课堂管理视野

《课堂上究竟发生了什么》吴非　中国人民大学出版社

《第56号教室的奇迹》〔美〕雷夫·艾斯奎斯　中国城市出版社

《用服务的态度做教师》万玮　福建教育出版社

《让教师都爱上教学：307个好用的课堂管理策略》〔美〕洛登、基梅尔　中国轻工业出版社

《彻底走出教学误区：开启轻松智能课堂管理的45个方法》迈克尔·林辛　中国青年出版社

《做一个不再瞎忙的班主任》梅洪建　福建教育出版社

《一个学期打造优秀班集体》钟杰　福建教育出版社

《设计和管理最优班级实用手册》〔美〕斯普林格、亚历山大、伯斯安尼　中国青年出版社

《创建幸福教室的35个秘密》梁岗　华东师范大学出版社

《这样做班主任才高效》钟杰　中国人民大学出版社

《做最好的班主任》李镇西　漓江出版社

《班主任兵法3——震撼教育36计》万玮　教育科学出版社

《班主任工作漫谈》魏书生　译林出版社

《创造一间幸福教室》李虹霞　教育科学出版社

《做一个幸福的班主任——16位知名年轻班主任讲演录》福建出版社

《优秀班主任60个管理创意》陈海滨、徐丽华　华东师范大学出版社

《遭遇问题学生——问题学生的教育与转化技巧》万玮　中国轻工业出版社

《与学生家长"过招"》郑学志　中国轻工业出版社

《小活动　大德育：活动体验型主题班会的设计与实施》李季、梁刚慧、贾高见　暨南大学出版社

《班级体验式心理拓展活动 100 例》张付山、陈艳　山东文艺出版社

《学校团体心理游戏教程与案例》杨敏毅、鞠瑞利　上海科学普及出版社

《小学班级团体心理辅导主题方案》王真　蓝天出版社

《让学生爱上学习的 165 个课堂游戏》〔美〕卢安·约翰逊　中国青年出版社

《班主任工作艺术一百例》李虞南　人民教育出版社

《优秀班主任 99 个成功的教育细节》陈兴杰　华东师大出版社

《好心态成就好学生：学生问题剖析与对症下药》李韦遴　西南师范大学出版社

《破解班主任难题》张万祥　福建教育出版社

《早恋，怎么看？怎么办？》王晓春　福建教育出版社

【综合素养】 音乐曲目

《蜗牛》、《最好的未来》、《好大一棵树》、《怒放的生命》、《从头再来》、《我的未来不是梦》、《真心英雄》、《阳光总在风雨后》、《我们走在大路上》、《我的中国心》、《我的祖国》、中国经典歌剧唱段 17 个片段等。

【综合素养】 班级手语操（歌词省略）

①《最好的未来》；②《把爱传下去》；③《我相信》；④《从头再来》；⑤《感恩的心》；⑥《阳光总在风雨后》；⑦《真心英雄》；⑧《我的未来不是梦》；⑨《我的中国心》。

后　记

有梦才会有原动力

梦境常常是朦胧的、离奇的、美妙的、富有诗意的。在这个奇妙的梦幻世界中，我们的心灵在进行着顿悟的旅行，智慧的火花在心灵深处闪耀。有梦，我们才有生活的原动力，才能找到人生极至的指路航标，才能去赢回属于自己的那份情感和自信。

农村学校班主任专业成长研修共同体探索与实践的历程，曾经是一路颠簸、一路艰辛、一路惊喜、一路欢笑。在所有关爱、帮助我们的人的支持及对梦想的憧憬之下，我们走过来了。同时，一块属于自己的美好天地——《农村学校班主任专业成长研修共同体的构建》变成了印刷的文字。在这块天地里，我要跟大家分享有梦人的教育研究轨迹，听听我们的心声，摸摸我们跳动的脉搏，交换一下彼此的思想，岂不是一件"精神互动与灵魂双赢"的快乐之事？

文稿的重新整理，让我们那段忙忙碌碌的工作、从来没有停歇过脚步的农村班主任专业发展研修探索之旅展现在眼前。可以说，写作本书既是对多年来农村班主任的专业成长培训与研究生涯的盘点，更是对那一群可爱、可敬的农村班主任，以及他们在研修过程中表现出来的紧张、兴奋、智慧与创造的记录。无数次，我们聚在一起，谈论着生活的沉重、生命的不易与坚韧，因为彼此之间不断聚拢在一起的教育志趣而感到信心倍增；我们寻找的，或许也不是另一条新路，而是要从具体的存在中获得一种新的体验，无论痛苦还是喜悦，生命都更真实、真挚，生命因为爱和责任而在尘土上展开自己梦想的翅膀。

感谢我的研修指导教师团队与项目管理团队的伙伴们，正是他们用追求梦想、最具创造性的精神活动，用充满理想主义激情的人文情怀和独具个性的思想之光，唤醒无数的农村班主任沉睡的梦想。教育者只有有了梦想，才会表现出自觉的行为，并将其贯穿于教育的每个环节和整个过程。正是这样一群有梦想的人，以及他们的信任与慷慨，成就了成千上万个农村孩子的梦想与本书。

有梦，我们才有原动力；有梦，我们才会有收获。

衷心感谢所有给过我关心和帮助的人！

李　红

2017 年 3 月 10 日